Über dieses Buch Der Schelm und Volksheld Hodscha Nasreddin ist der Till Eulenspiegel des Morgenlandes. In der prunkenden und märchenhaft anmutenden Welt des mittelalterlichen Orients, wo der Emir und seine Wesire uneingeschränkt ihre gewalttätige Herrschaft ausüben, ist Nasreddin derjenige, der das Volk gegen die Blutsauger aufwiegelt. Seine listigen Streiche, sein Witz, seine Schlagfertigkeit richten sich stets gegen die Reichen, die auf Kosten der Ärmsten ein Leben im Überfluß führen.
Leonid Solowjow erzählt, wie Nasreddin nach längerer Abwesenheit in seine Heimatstadt zurückkehrt, dort zunächst nicht erkannt wird – was sein Glück ist, denn auf seinen Kopf ist eine hübsche Prämie ausgesetzt –, sich dann aber durch einschlägige Streiche schnell wieder ins Gerede bringt. Im Mittelpunkt der romanhaft erzählten Handlung steht die abenteuerliche Geschichte von der schönen Güldschan, die Nasreddin aus des Emirs Harem befreit und zu seiner Frau macht.
Diese Schelmenstreiche, deren Fabulierkunst den erfinderischen Frechheiten von Till Eulenspiegel oder den Lügengeschichten des Baron Münchhausen nicht nachstehen, hat Leonid Solowjow zauberhaft, spannend, witzig und mit aller gebotenen orientalischen Pracht erzählt.

Der Autor Leonid Solowjow, 1906 in Tripolis, Libanon geboren, starb 1962 in Leningrad. Er publizierte mehrere Erzählungsbände; die in drei Teilen erzählten Schelmenstreiche gelten als sein bedeutendstes Werk.

Leonid Solowjow
Die Schelmenstreiche des Hodscha Nasreddin

Aus dem Russischen von
Ena von Baer

Fischer Taschenbuch Verlag

Veröffentlicht im Fischer Taschenbuch Verlag GmbH,
Frankfurt am Main, Juli 1990

Lizenzausgabe mit freundlicher Genehmigung
der Vito von Eichborn GmbH & Co. Verlag KG, Frankfurt am Main

Umschlaggestaltung: Buchholz/Hinsch/Hensinger
unter Verwendung eines Aquarells von Edmund Dulac
Druck und Bindung: Clausen & Bosse, Leck
Printed in Germany
ISBN 3-596-29591-2

Erster Teil

„Ferner wird erzählt, daß ein Dummkopf
einmal seines Weges dahinging, in der Hand ein Seil,
an dem er einen Esel hinter sich herzog."
(Dreihundertachtundachtzigste Nacht
der Schehrezâd)

Erstes Kapitel

Sein fünfunddreißigstes Lebensjahr trat Hodscha Nasreddin auf der Wanderschaft an.

Mehr als zehn Jahre hatte er bereits in der Verbannung zugebracht und war von Stadt zu Stadt, von Land zu Land gezogen. Er hatte Meere und Wüsten überquert, hatte im blassen Schein der Hirtenfeuer auf der nackten Erde geschlafen oder in den engen Höfen der Karawansereien genächtigt, deren staubige Finsternis bis zum Morgengrauen erfüllt war vom Seufzen der Kamele und vom dumpfen Klang ihrer Glocken. Düstere, verräucherte Schenken dienten ihm als Herberge. Hier lagen in buntem Durcheinander Bettler, Kameltreiber, Wasserträger – allerlei elendes Volk, dessen gellendes Geschrei schon am frühen Morgen auf dem Basar und in den engen Straßen der Stadt erscholl. Manchmal freilich ruhte Nasreddin auch auf prächtigen Seidenkissen, im Harem eines persischen Würdenträgers, der zur gleichen Zeit mit seiner Wache in sämtlichen Schenken und Karawansereien nach dem Vagabunden und Gotteslästerer Nasreddin suchte, um ihn auf einen Pfahl zu spießen …

Durch das Fenstergitter schimmerte ein schmaler Streifen des Himmels, an dem die Sterne allmählich verblaßten. Sanft strich der feuchte Morgenwind durch die Bäume, und vor dem Fenster gurrten die fröhlichen Tauben und putzten ihr helles Gefieder. Nasreddin küßte die schöne, schlaftrunkene Frau und flüsterte:

„Es ist Zeit! Leb wohl, du unvergleichliche Perle, und vergiß mich nicht!"

„Warte", antwortete sie und schloß ihre weichen Arme um seinen Hals. „Gehst du für immer? Warum? Heute abend, wenn alles dunkel ist, schicke ich die Alte wieder nach dir."

„Nein. Schon zu lange hab ich die Zeit vergessen, da ich zwei Nächte hintereinander unter einem Dache schlief. Ich hab's eilig und muß fort."

„Du mußt fort? Hast du so dringende Geschäfte in einer anderen Stadt? Wohin fährst du?"

„Ich weiß es nicht. Der Morgen graut schon, bald werden die Stadttore geöffnet, und die Karawanen ziehen in die Ferne. Hörst du die Glocken der Kamele? Wenn ihr Geläut erklingt, ist mir, als erwache in mir ein rastloser Geist, der mich zwingt, sonder Rast und Ruh zu wandern."

„Wenn es so ist, dann geh", sprach die schöne Frau zornig, doch an ihren langen Wimpern glänzten Tränen; „aber sag mir wenigstens zum Abschied deinen Namen."

„Meinen Namen soll ich dir sagen? Nun, so wisse: Du hast die Nacht mit Hodscha Nasreddin verbracht. Ich bin Hodscha Nasreddin, der Empörer und Unruhestifter, derselbe, dessen Name auf allen Märkten ausgerufen wird und auf dessen Kopf dreitausend Toman Belohnung ausgesetzt sind. Ich habe schon überlegt, ob ich meinen Kopf für diesen Preis nicht verkaufen sollte. Du lachst, mein Sternchen! Komm, reiche mir zum letztenmal deine Lippen. Einen herrlichen Smaragd würde ich dir schenken, wenn ich ihn hätte, aber ich besitze keinen. Nimm statt dessen diesen einfachen kleinen Stein zum Andenken an mich!"

Er warf seinen zerrissenen Rock über, den die Funken der nächtlichen Lagerfeuer an vielen Stellen versengt hatten, und schlich hinaus. Vor der Tür lag laut schnarchend, den Turban auf dem Kopf und weiche Schuhe mit hochgebogenen Spitzen an den Füßen, der faule, dumme Eunuch – ein nachlässiger Hüter des köstlichsten Schatzes, den dieser Palast barg. Überall schliefen auf Teppichen und Pfühlen die Wachen, den blanken Jatagan griffbereit unter dem Kopf. So gelang es Nasreddin jedesmal, sich unbemerkt davonzuschleichen, als wäre er unsichtbar.

Und wieder hallte die steinige Straße unter den Hufen seines Esels, und weiße Staubwolken stiegen auf. Die Sonne strahlte vom blauen Himmel herab; Nasreddin konnte zu ihr emporblicken, ohne die Augen zusammenzukneifen. Taubedeckte Felder und trockene Wüsten, wo Kamelgerippe im Sande bleichten, Gärten und schäumende Flüsse, düstere Berge und grüne Weiden lauschten Hodscha Nasreddins Liedern. Immer weiter und weiter führte ihn sein Weg. Er schaute nie zurück, bedauerte nie Vergangenes und fürchtete sich nie vor der Zukunft, und in den Städten, in denen er geweilt, blieb die Erinnerung an ihn lebendig.

Die Mollas und die Würdenträger wurden blaß vor Zorn, wenn sie seinen Namen hörten. Aber abends in den Schenken erzählten sich Weber und Sattler, Kupferschmiede und Kameltreiber seine

Abenteuer, aus denen er immer als Sieger hervorging. Die schöne, schmachtende Frau im Harem betrachtete oft den weißen Stein und verbarg ihn in einem Perlmuttkästchen, wenn sie die Schritte ihres Herrn vernahm.

„Uff", keuchte der dicke Würdenträger und rang nach Atem, während er seinen Brokatrock auszog. „Dieser Landstreicher, dieser verfluchte Hodscha Nasreddin bringt mich noch um! Im ganzen Reich stiftet er Unruhe! Ich habe heute von meinem alten Freund, dem hochverehrten Gouverneur von Chorassan, einen Brief erhalten. Stell dir vor, kaum war der Halunke Nasreddin in der Hauptstadt dieser Provinz, in Meschhed, aufgetaucht, da weigerten sich schon sämtliche Schmiede, ihre Steuern zu zahlen, und auch die Gastwirte wollten nicht länger die Wache umsonst beköstigen. Das schlimmste ist jedoch, daß es dieser Dieb, dieser Schänder des Islams, dieser Sohn der Sünde gewagt hat, sich in den Harem des Gouverneurs einzuschleichen und dessen Lieblingsfrau zu entehren. So einen Verbrecher hat die Welt wahrhaftig noch nicht gesehen! Ich bedaure nur, daß dieser zerlumpte Spitzbube es nicht versucht hat, in meinen Harem einzudringen, dann säße sein Kopf schon längst auf einem Pfahl."

Die schöne Frau schwieg und lächelte verstohlen. Ihr war fröhlich und zugleich traurig ums Herz.

Und die Hufe des Esels klapperten auf der steinigen Straße, Staubwolken stiegen auf, und Nasreddins Lied erklang. In den zehn Jahren seiner Wanderschaft war er überall gewesen, in Bagdad, Istanbul, Teheran, Bachtschissarai, Tiflis, Damas-
 kus, Trapezunt. Er kannte alle diese Städte und

noch viele andere, und überall war die Erinnerung an ihn lebendig.

Nun aber kehrte er in seine Heimatstadt Buchara zurück, wo er unter fremdem Namen ein wenig von seinen endlosen Wanderungen ausruhen wollte.

Zweites Kapitel

Hodscha Nasreddin schloß sich einer großen Handelskarawane an, überschritt die Grenze von Buchara und sah nach achttägiger Wanderung in der Ferne die bekannten Minarette der großen, ruhmreichen Stadt aus dem staubigen Dunst auftauchen.

Von Durst und Hitze erschöpft, feuerten die Treiber mit heiserem Geschrei ihre Kamele an und trieben sie zu rascherer Gangart. Die Sonne ging unter. Sie mußten Buchara erreichen, bevor die Stadttore geschlossen wurden. Nasreddin ritt am Ende der Karawane, die von dichten, schweren Staubwolken umhüllt war. Doch das war der vertraute, heilige Staub seiner Heimat. Ihm schien, als rieche er anders, besser als der Staub fremder Länder. Hustend und niesend sagte er zu seinem Esel:

„Nun sind wir endlich zu Hause. Ich schwöre dir im Namen Allahs, daß Glück und Erfolg uns hier erwarten."

Die Karawane erreichte die Stadtmauer, als die Wache gerade die Tore schloß. „Im Namen Allahs, haltet ein!" rief der Karawanenführer und zeigte eine goldene Münze. Doch die Tore waren schon zugefallen, klirrend wurden die Riegel vorgeschoben, und die Wachen standen bereits auf den Türmen bei den Kanonen. Ein kühler Wind strich über den Sand. Der letzte rote Schein der sinkenden Sonne verschwand hinter einem Dunstschleier, deutlich zeichnete sich die schmale Sichel des zunehmenden Mondes am abendlichen Himmel ab. Durch die Stille der Abenddämmerung ertönten von den zahlreichen Minaretten die hohen, traurigen Stimmen der Muezzins und riefen die Gläubigen zum Abendgebet.

Die Kaufleute und Karawanentreiber fielen auf die Knie. Nasreddin ging mit seinem Esel leise beiseite.

„Diese Kaufleute haben allen Grund, Allah zu danken. Sie haben gut zu Mittag gegessen und werden sich bald zum Abendbrot niedersetzen. Aber du und ich, mein treuer Esel, haben nicht zu Mittag gegessen und werden auch jetzt nicht essen. Wenn Allah unsere Dankbarkeit wünscht, dann mag er mir eine Schüssel voll Pilaw und dir einen Arm voll Klee schicken."

Er band den Esel an einen Baum, streckte sich auf der Erde aus und bettete seinen Kopf auf einen Stein. Über ihm funkelte in der durchsichtigen Klarheit des nachtdunklen Himmels der Sternenreigen. Er kannte jedes Sternbild, so oft hatte er in den letzten zehn Jahren unter freiem Himmel geschlafen. Und er fand, daß diese Stunden des schweigenden Betrachtens ihn reicher machten als den Allerreichsten. Der Reiche aß zwar aus goldgetriebenen Schüsseln, doch übernachten mußte er im Hause, unter dem Dach, und es war ihm nicht vergönnt, in mitternächtiger Stille den Flug der Erde durch den kühlen blauen Sternennebel zu fühlen …

Mittlerweile flammten in den Schenken und Karawansereien, die an die Außenseite der gezinnten Stadtmauer stießen, unter den großen Kesseln die Feuer auf, und die Hammel, die zum Schlachten geführt wurden, blökten kläglich. Der erfahrene Nasreddin hatte sich vorsorglich so gelagert, daß der Wind ihm nicht den Speisegeruch zutragen und ihn dadurch zum Geldausgeben verleiten konnte. Er wußte um die Gesetze von Buchara und wollte sein letztes Geld für die Steuer am Stadttor aufheben.

Lange warf er sich hin und her. Der Schlaf floh ihn, doch nicht sein nagender Hunger war die Ursache dafür. Bittere Gedanken quälten Nasreddin, und selbst der sternklare Himmel vermochte ihn diesmal nicht zu trösten.

Er liebte seine Heimat, liebte sie mehr als alles auf der Welt, dieser schlaue, lustige Mann mit dem schwarzen Bärtchen und den verschmitzt funkelnden hellen Augen in dem von der Sonne kupferrot gebrannten Gesicht. Je weiter ihn sein Weg von Buchara fortführte, je mehr er sich in seiner geflickten Kleidung, mit dem speckigen Käppchen und den zerrissenen Stiefeln von der Heimat entfernte, um so heißer liebte er sie, um so größer war seine Sehnsucht nach ihr. Stets dachte er in seiner Verbannung an die engen Gassen, in denen die Karren zu beiden Seiten die hohen Lehmmauern streiften, an die schlanken Minarette mit ihren reichornamentierten Dächern, auf denen morgens die ersten und abends die letzten Sonnenstrahlen glühten, an die fröhlichen Schenken im Schatten rauschender Pappeln, an den Rauch und Dunst der Garküchen, an das fröhliche Treiben auf dem Basar, an die Berge und Flüsse seiner Heimat, an ihre Dörfer und Felder, ihre Weiden und Wüsten, und wenn er in Bagdad oder Damaskus einen Landsmann traf, den er am Schnitt seines Rockes und an der Verzierung seiner Kappe erkannte, dann setzte sein Herzschlag aus, und er atmete mühsam.

Bei seiner Rückkehr sah er, daß seine Heimat noch unglücklicher war als in den Tagen, da er sie verließ. Der alte Emir war schon lange tot. Dem neuen Emir war es gelungen, Buchara in acht Jahren völlig zugrunde zu richten. Nasreddin sah verfallene Brücken, kümmerliche Gersten- und Weizensaaten, ausgetrocknete Bewässerungsgräben, deren Boden rissig geworden war von der Hitze. Die Felder waren von Steppengras und Dornengestrüpp überwuchert, die Gärten verschmachteten vor Durst. Die Bauern besaßen weder Brot noch Vieh; Bettler säumten in langen Reihen die Wege und flehten die Vorübergehenden, die ebensowenig besaßen wie sie, um ein Almosen an. Der neue Emir hatte überall Wachen aufgestellt und den Einwohnern befohlen, sie kostenlos zu verpflegen. Er hatte den Grundstein zu zahlreichen Moscheen gelegt und den Einwohnern befohlen, sie fertigzubauen. Er war sehr fromm, der neue Emir, und er fuhr zweimal im Jahr zum Grabe des heiligen, unvergleichlichen Scheichs Bogeddin in der Nähe von Buchara, um dort zu beten. Er führte drei zusätzliche Steuern ein, setzte Brückengelder für das Überschreiten der Brücken fest, erhöhte die Zölle und Amtsgebühren und ließ schlechtes Geld prägen. Das Handwerk ging zugrunde, der Handel lag danieder. Traurig war der Empfang, den die geliebte Heimat Hodscha Nasreddin bereitete.

Früh am Morgen sangen wieder von allen Minaretten die Muezzins; die Tore öffneten sich, und die Karawane zog langsam in die Stadt ein.

Hinter dem Tor hielt die Karawane an. Wachen versperrten ihr den Weg. Es waren ihrer viele; einige hatten Schuhe und Kleider an, andere, denen es noch nicht gelungen war, sich in des Emirs Diensten zu bereichern, waren barfuß und halbnackt. Sie stießen einander, schrien, zankten sich und verteilten schon im voraus die Beute. Schließlich trat der Zolleinnehmer aus der Schenke – fett, schläfrig, in einem schmuddeligen Seidenrock, Pantoffeln an den bloßen Füßen. Sein gedunsenes Gesicht verriet, daß er ein ausschweifendes Leben führte. Er musterte die Kaufleute mit gierigem Blick.

„Ich heiße euch willkommen, o Kaufleute, und wünsche euch Erfolg in euren Geschäften", sagte er. „Es wird euch wohl bekannt sein, daß der Emir befohlen hat, jeden, der Waren verbirgt, mit dem Stock zu Tode zu prügeln."

Erschrocken und verlegen strichen sich die Kaufleute ihre gefärbten Bärte. Der Zolleinnehmer wandte sich zu seinen Wachen um, die schon vor Ungeduld hin und her tänzelten, und winkte mit seinen dicken Fingern. Das war das Zeichen. Mit wildem Geschrei stürzten sich die Wachen auf die Kamele. In der Eile zerschnitten sie mit ihren Säbeln die Säcke, trennten Ballen auf, warfen Seide, Samt und Brokatstoffe, Kästen mit Pfeffer, Tee und Ambra, Kannen mit kostbarem Rosenöl und tibetanischen Arzneien auf den Weg.

Die Kaufleute waren stumm vor Entsetzen.

Nach zwei Minuten war die Kontrolle beendet, und die Wachen stellten sich wieder hinter ihrem Herrn auf. Ihre Röcke beulten sich über den prallgestopften Taschen. Nun wurden der Zoll und eine Gebühr für das Betreten der Stadt eingezogen. Nasreddin besaß keine Waren und brauchte eigentlich nur die Gebühr für das Betreten der Stadt zu entrichten.

„Woher kommst du, und was willst du hier?" fragte der Zolleinnehmer. Der Schreiber tauchte die Gänsefeder ins Tintenfaß, um Nasreddins Antwort aufzuschreiben.

„Ich komme aus Isfahan, hoher Herr, meine Verwandten leben in Buchara."

„So", sagte der Zolleinnehmer, „du kommst zu Besuch, also mußt du auch die Besuchssteuer zahlen."

„Ich komme ja gar nicht zu Besuch", widersprach Nasreddin. „Wichtige Geschäfte führen mich hierher."

„Geschäfte", rief der Beamte, und seine Augen leuchteten auf. „Du kommst also zu Besuch und willst gleichzeitig Geschäfte machen. Dann zahlst du die Besuchssteuer, die Geschäftssteuer und einen Beitrag zum Schmuck der Moscheen, um Allah zu ehren, der dich unterwegs vor Räubern bewahrt hat."

Er hätte mich lieber vor diesen Räubern bewahren sollen, dachte Nasreddin. Unterwegs hätte ich mich ihrer schon erwehrt. Aber er schwieg, denn er wußte, daß man ihm für jedes Wort neue Abgaben auferlegen würde. Er griff in den Gürtel und zählte die verlangte Summe ab, während ihn die Wachen mit gierigen Augen beobachteten. Der Beamte warf ihnen einen drohenden Blick zu, und sie wandten sich ab. Der Schreiber beugte sich über sein Buch, und seine Feder kratzte über das Papier.

Nasreddin zahlte und wollte gehen, doch der Beamte hatte bemerkt, daß er noch einige Münzen besaß.

„Halt!“ rief er ihm zu. „Wer zahlt denn für deinen Esel? Wenn du zu Verwandten auf Besuch kommst, dann tut es doch dein Esel auch?“

„Du hast recht, weiser Herr“, antwortete Nasreddin demütig und griff abermals in den Gürtel. „Mein Esel besitzt tatsächlich viele Verwandte in Buchara, sonst hätte man euren Emir mit seinen Gesetzen schon längst vom Thron gejagt, und du, verehrter Herr, wärst für deine Habgier aufgespießt worden.“

Ehe der Beamte seine Fassung wiedergewinnen konnte, sprang Nasreddin auf den Esel, stieß ihm die Fersen in die Seiten und verschwand in einer Seitengasse. „Schnell, schnell“, rief er ihm zu, „streng dich an, treuer Freund, sonst muß dein Herr noch seinen Kopf als Abgabe entrichten!“

Nasreddins Esel war ein kluges Tier, er begriff sofort. Mit seinen langen Ohren hörte er den Lärm und das Geschrei am Stadttor und raste so schnell dahin, daß sich sein Herr nur mit Mühe auf ihm halten konnte; die Beine hochgezogen, umklammerte er mit beiden Armen den Hals des Esels. Hinterher jagte mit heiserem Gekläff eine Hundemeute, und die Vorübergehenden drückten sich ängstlich an den Zaun und schauten der wilden Jagd kopfschüttelnd nach.

Inzwischen durchsuchten die Wachen am Tor die Menschenmenge nach dem frechen Kerl. Die Kaufleute grinsten und flüsterten einander zu:

„Das ist eine Antwort, die sogar Hodscha Nasreddin zur Ehre gereicht hätte.“

Um die Mittagszeit sprach bereits die ganze Stadt von dieser Antwort. Die Händler auf dem Basar flüsterten sie ihren Kunden zu, die sie weiterverbreiteten, und alle erklärten einmütig: „Worte, die Hodscha Nasreddins würdig wären."

Und keiner wußte, daß es Nasreddin selbst war, der diese Worte gesprochen, und daß er, der berühmte, unvergleichliche Hodscha Nasreddin, hungrig und ohne eine Münze in der Tasche durch die Straßen der Stadt irrte, auf der Suche nach Verwandten oder alten Freunden, die ihm zu essen geben und ihn für die erste Zeit beherbergen könnten.

Drittes Kapitel

In Buchara fand Hodscha Nasreddin weder Verwandte noch alte Freunde. Er fand nicht einmal mehr sein Elternhaus mit dem schattigen Garten, in dem er als Kind gespielt, wo an klaren Herbsttagen gelbes Laub im Wind raschelte, wo reifes Obst mit dumpfem Laut zur Erde fiel, wo hohe, zarte Vogelstimmen ihre Lieder zwitscherten, wo Sonnenflecke auf duftendem Gras zitterten, wo fleißige Bienen summten und die letzten Gaben der verblühenden Blumen sammelten, wo leise der Quell murmelte und dem Jungen endlos geheimnisvolle Märchen erzählte ... Jetzt war an dieser Stelle eine Wüste: tiefe Furchen und von Disteln überwucherte Erdhügel, rußgeschwärzte Ziegel, verfallene Mauerreste, Stücke von vermoderten Schilfmatten. Keinen einzigen Vogel, keine einzige Biene erblickte Nasreddin. Nur unter einem Stein, über den Nasreddin stolperte, glitt ein matt glänzendes Band hervor, verschwand aber gleich wieder unter einem anderen Stein. Es war eine Schlange, einsame und furchtbare Bewohnerin jener Stätten, die der Mensch für immer verlassen hat.

Mit gesenktem Kopf stand Nasreddin lange in Schweigen versunken, er fühlte, wie der Kummer ihm das Herz zusammenpreßte.

Plötzlich hörte er hinter seinem Rücken jemand husten und wandte sich um.

Ein Greis, von Not und Elend gebeugt, kam den zugewachsenen Pfad entlanggeschritten. Nasreddin sprach ihn an:

„Friede sei mit dir, o Greis! Möge dir Allah noch viele glückliche und gesunde Jahre schenken! Sage mir, wessen Haus stand früher hier?"

„Hier wohnte einst der Sattler Schir Mamed", antwortete der Alte. „Ich habe ihn gut gekannt. Er war der Vater des berühmten Hodscha Nasreddin, von dem du sicherlich schon manches gehört hast."

„Ja, ich habe einiges über ihn gehört. Aber sage mir, was ist aus dem Sattler Schir Mamed und seiner Familie geworden?"

„Leise, leise, mein Sohn! In Buchara gibt es Tausende von Spionen, und wenn uns einer hört, ist das Unglück da. Du kommst offenbar von weit her und weißt nicht, daß es in dieser Stadt streng verboten ist, Nasreddins Namen zu nennen. Darauf steht Kerker. Neige dich zu mir, und ich werde dir etwas erzählen."

Seine Erregung verbergend, beugte sich Nasreddin zu dem Alten hinab.

„Das war noch unter dem alten Emir", raunte der Greis. „Anderthalb Jahre nach der Verbannung Nasreddins verbreitete sich auf dem Basar das Gerücht, daß er nach Buchara zurückgekehrt sei und Spottlieder auf den Emir dichte. Dieses Gerücht kam auch dem Emir zu Ohren. Er sandte Wachen aus, die Nasreddin suchen sollten, doch sie fanden ihn nicht. Da befahl der Emir, Nasreddins Vater, seine zwei Brüder, seinen Onkel und alle seine Verwandten und Freunde einzukerkern und sie so lange zu foltern, bis sie aussagten, wo sich Nasreddin aufhalte. Preis sei Allah, der ihnen so viel Mut und Kraft gab, daß sie Nasreddin nicht verrieten. Doch sein Vater, Schir Mamed, erkrankte bald nach der Folterung und starb, und die Freunde und Verwandten verließen Buchara, um sich dem Zorn des Emirs zu entziehen. Niemand weiß, wo sie jetzt weilen. Da befahl der Emir, ihre Häuser zu zerstören und die Gärten zu verwüsten, um in Buchara jede Erinnerung an Nasreddin auszulöschen."

„Weshalb hat man sie denn gefoltert?" rief Nasreddin aus, und Tränen rannen über sein Gesicht. Der Alte sah schlecht und bemerkte die Tränen nicht. „Weshalb nur? Nasreddin war damals nicht in Buchara. Das weiß ich genau!"

„Niemand weiß das", versetzte der Alte. „Nasreddin erscheint, wo er will, und verschwindet, wann er will. Er ist überall und nirgends, unser unvergleichlicher Hodscha Nasreddin!"

Mit diesen Worten schlurfte der Alte ächzend und hustend weiter. Nasreddin bedeckte sein Gesicht mit beiden Händen und trat zu dem Esel.

Er umarmte ihn und drückte sein tränennasses Gesicht an das warme, weiche Fell des Tieres. „Du siehst, mein treuer Freund", sagte er, „ich habe niemand mehr außer dir. Du bist mein einziger Kamerad." Der Esel schien den Kummer seines Herrn zu fühlen. Er stand ganz ruhig und hörte sogar auf zu kauen, und die Distel blieb in seinem Maul hängen.

Doch bald fand Nasreddin seine Fassung wieder, und die Tränen trockneten auf seinem Gesicht. „Wohlan denn!" rief er aus und klopfte dem Esel auf den Rücken. „Man hat mich in Buchara noch nicht vergessen. Wir werden Freunde finden.

Und jetzt bekommt der Emir von mir ein Lied zu hören, daß er vor Zorn platzt und seine stinkenden Därme an den Palastwänden klebenbleiben. Vorwärts, mein treuer Esel, vorwärts!“

Viertes Kapitel

Es war eine schwüle, stille Nachmittagsstunde. Der Straßenstaub, die Steine, die Wände und Lehmmauern glühten, alles atmete träge Hitze, und der Schweiß auf Nasreddins Gesicht trocknete schneller, als er ihn abwischen konnte. Über den Häusern flimmerte es, als stiege Dampf von den Dächern empor.

Mit innerer Bewegung erkannte Nasreddin die bekannten Straßen, die Schenken und Minarette. In den zehn Jahren seiner Abwesenheit hatte sich in Buchara nichts verändert. Wie früher schliefen räudige Hunde vor den Brunnen, beugten sich schlanke Frauen mit ihren schmalen tönernen Krügen über das dunkle Wasser und hielten mit braunen Händen, deren Fingernägel gefärbt waren, den Gesichtsschleier zurück. Fest verschlossen waren die Pforten der berühmten Medresse Mir-Arab, unter deren schweren Gewölben Ulemas in ihren Zellen saßen, die die Farbe des Frühlingslaubes, den Glanz der Sonne und das fröhliche Murmeln der Quellen schon längst vergessen hatten und mit düster brennenden Augen dicke Bücher zum Ruhme Allahs schrieben, in denen sie nachwiesen, daß man alle Ungläubigen bis ins siebente Glied vernichten müsse. Nasreddin stieß seinem Esel die

Fersen in die Seiten, um schneller von dieser furchtbaren Stelle wegzukommen.

Womit sollte er seinen Hunger stillen? Zum drittenmal seit gestern zog Nasreddin den Gürtel enger.

„Ich muß mir etwas ausdenken“, sagte er. „Halte an, mein treuer Esel, wir wollen überlegen. Ach, da sind wir gerade vor einem Teehaus.“

Er nahm dem Esel das Sattelzeug ab und führte ihn zu der Futterkrippe, die für die Pferde der Gäste bestimmt war. Dann schlug er die Rockschöße hoch und setzte sich an einen Abflußgraben, in dem trüb schäumendes Wasser dahinwirbelte. Wohin fließt das Wasser, und woher kommt es? Die Fluten wissen es nicht und denken nicht darüber nach, sann Nasreddin traurig. Ihnen geht es wie mir. Auch ich kenne nicht meinen Weg noch mein Ziel, noch ein Zuhause. Warum bin ich nach Buchara gekommen? Wohin werde ich morgen gehen? Und woher nehme ich das Geld für ein Mittagsmahl? Soll ich wieder hungrig bleiben? Dieser verfluchte Zolleinnehmer hat mich völlig ausgeplündert. Und dann schämt er sich nicht, mir etwas von Räubern zu erzählen.

In diesem Moment erblickte er den Urheber seiner Armut. Der Zolleinnehmer kam angeritten; er saß auf einem braunen arabischen Vollblutfohlen mit edlen, feurigen Augen, das zwei Mann seiner Wache führten. Den Hals leicht geneigt, tänzelte es nervös und ungeduldig, als sei ihm der fette Zolleinnehmer zuwider.

Ehrerbietig halfen die Begleiter ihrem Herrn beim Absteigen. Er trat in das Teehaus. Der Besitzer empfing ihn, vor Unterwürfigkeit zitternd; er setzte ihn auf seidene Kissen und kochte den besten Tee, den er in einer hauchdünnen chinesischen Tasse reichte. Man empfängt ihn gut auf meine Kosten, dachte Nasreddin.

Der Beamte pumpte sich voll Tee und schlief alsbald laut schnarchend ein. Alle übrigen Gäste wagten nur noch zu flüstern, um seinen Schlummer nicht zu stören. Seine Leute ließen sich links und rechts von ihm nieder und vertrieben ihm mit einem Wedel die aufdringlichen Fliegen. Als sie jedoch merkten, daß er fest schlief, gaben sie einander Zeichen, sattelten das Pferd ab, warfen ihm ein Bündel Klee hin, ergriffen ihre Nargilehs und verzogen sich in das Innere des Teehauses, aus dem bald darauf ein süßer Haschischgeruch drang.

Ich muß mich aus dem Staube machen, dachte Nasreddin, der sich seines Abenteuers am Stadttor erinnerte. Er fürchtete, daß die Wache ihn wiedererkennen könnte. Aber woher nehme ich einen halben Tanga, um mir etwas zum Essen zu kaufen? O allmächtiges Schicksal, du hast mir schon so oft geholfen, sei mir auch diesmal gnädig!

In diesem Augenblick rief ihn jemand an: „Heda, du Galgenstrick!" Er wandte sich um und erblickte einen reichverzierten geschlossenen Wagen, aus dem ein Mann herausschaute, der einen kostbaren Mantel und einen riesigen Turban trug.

Und noch ehe dieser Mann – wahrscheinlich ein reicher Kaufmann oder Würdenträger – sein Anliegen vorbrachte, wußte Nasreddin, daß seine Bitte an das Schicksal erfüllt werden sollte. Das Schicksal war ihm in schweren Stunden stets gnädig gesinnt.

„Mir gefällt dieses Fohlen", sagte der Reiche hochmütig und blickte über Nasreddin hinweg auf das arabische Vollblut. „Ist es zu verkaufen?"

„Es gibt kein Pferd in der Welt, das nicht zu verkaufen wäre", antwortete Nasreddin ausweichend.

„Du hast wohl nicht viel Geld in der Tasche?" fuhr der Reiche fort. „Hör zu! Ich weiß nicht, wem dieses Fohlen jetzt gehört, wo es herkommt und wem es früher gehörte. Ich frage dich auch nicht danach. Mir genügt es, daß du, nach deiner staubigen Kleidung zu urteilen, von weit her nach Buchara kommst. Hast du mich verstanden?"

Begeistert nickte Nasreddin mit dem Kopf. Er hatte sofort begriffen, und sogar mehr, als der Reiche ihm zu sagen beabsichtigte. Er flehte das Schicksal an, dafür zu sorgen, daß keine dumme Fliege dem schlafenden Beamten in den Mund oder in die Nase kroch und ihn weckte. Die Wachen ängstigten Nasreddin weniger. Sie gaben sich ihrem Laster hin; aus dem Halbdunkel des Teehauses wallten dichte grüne Rauchwolken.

„Du wirst jedoch verstehen", fuhr der Reiche hochmütig fort, „daß du in deinem zerschlissenen Rock nicht auf einem Vollblut reiten kannst. Das wäre sogar gefährlich für dich, denn jeder würde sich fragen: Wie kommt dieser Bettler zu einem so herrlichen Araberfohlen? Du könntest eingesperrt werden."

„Du hast recht, Hochwohlgeboren", antwortete Nasreddin bescheiden. „Dieses Pferd ist tatsächlich zu gut für mich. Mein Leben lang bin ich auf einem Esel geritten und wagte nicht einmal davon zu träumen, ein Vollblut zu besteigen."

Diese Antwort gefiel dem Reichen.

„Es ist gut, daß du trotz deiner Armut nicht vom Stolz geblendet bist. Der Arme muß demütig und bescheiden sein, denn die prächtigen Blüten, die einem Mandelbaum anstehen, passen der Distel nicht. Nun sage mir, ob du dir diesen Geldbeutel mit dreihundert Silbertanga verdienen willst!"

„Und ob!" rief Nasreddin, und ein kalter Schauer lief ihm über den Rücken, weil dem Beamten nun doch eine Fliege in das Nasenloch gekrochen war und dieser plötzlich nieste und sich bewegte. „Und ob! Wer würde dreihundert Tanga verschmähen! Das ist ja so, als fände man einen Beutel mit dreihundert Silbertanga auf der Straße!"

„Na, nehmen wir an, du hast etwas ganz anderes auf der Straße gefunden", sagte der Reiche mit feinem Lächeln. „Aber das, was du gefunden hast, tausche ich dir gegen dreihundert Tanga ein. Hier ist das Geld!"

Er reichte Nasreddin einen schweren Beutel und gab seinem Diener, der, sich mit dem Peitschenstiel den Rücken kratzend, aufmerksam zugehört hatte, ein Zeichen. Der Diener wandte sich dem Pferd zu. Nasreddin stellte fest, daß der Diener, nach seinem schlauen pockennarbigen Gesicht und dem frechen Grinsen zu urteilen, ein Erzgauner sein mußte, der seines Herrn würdig war. Drei Gauner auf einem Weg, das ist zuviel, da muß einer das Feld räumen, dachte Nasreddin. Er pries die Freigebigkeit des Reichen, sprang auf den Esel und stieß ihm so heftig die Fersen in die Seiten, daß der Esel im Galopp davonjagte.

Als sich Nasreddin gleich darauf umwandte, sah er, wie der pockennarbige Diener das Fohlen an den Wagen band.

Als er sich das nächste Mal umwandte, sah er, daß der Reiche und der Zolleinnehmer einander fast die Bärte ausrauften, während die Wache vergeblich bemüht war, die beiden zu trennen.

Der Kluge mischt sich nicht in fremden Streit.

Nasreddin ritt durch viele Gassen und Gäßchen, bis er sich endlich in Sicherheit wähnte. Da ließ er seinen Esel im Schritt gehen. „Halt, halt, jetzt brauchen wir nicht mehr zu eilen", sagte er.

Da hörte er ganz in der Nähe drohendes Pferdegetrappel.

„Vorwärts, mein treuer Esel, vorwärts!" rief Nasreddin, doch es war schon zu spät. Ein Reiter kam um die Ecke gesprengt. Es war der pockennarbige Diener des Reichen. Er ritt eines der Pferde, die vor den Wagen gespannt gewesen, jagte an Nasreddin vorbei, machte kehrt und verstellte ihm den Weg.

„Laß mich durch, guter Mann", sagte Nasreddin friedlich. „Auf engen Wegen reitet man geradeaus und nicht quer."

„Oha", rief der Diener schadenfroh. „Jetzt rettet dich nichts vor dem unterirdischen Kerker! Weißt du, daß der Besitzer des Fohlens meinem Herrn den halben Bart ausgerissen hat? Und mein Herr schlug auf ihn ein, bis ihm das Blut aus der Nase stürzte. Morgen kommst du vor des Emirs Gericht. Wahrlich, ich möchte nicht in deiner Haut stekken!"

„Was sagst du da?" rief Nasreddin. „Weshalb sind diese ehrwürdigen Männer denn so in Streit geraten? Und weshalb hältst du mich auf? Soll ich etwa ihren Streit schlichten! Die müssen sich schon selbst einigen."

„Genug geschwatzt!" sagte der Diener. „Komm jetzt mit zurück. Du bist für dieses Fohlen verantwortlich."

„Für welches Fohlen?"

„Du fragst noch? Für das Fohlen, für das du von meinem Herrn den Geldbeutel erhalten hast."

„Ich schwöre bei Allah, daß du dich irrst", antwortete Nasreddin. „Das Fohlen hat nichts damit zu tun. Urteile selbst – du hast doch das ganze Gespräch mit angehört. Dein edler, freigebiger Herr gedachte einem Armen zu helfen und fragte mich, ob ich dreihundert Tanga haben wolle. Natürlich sagte ich ja. Und er gab mir die dreihundert Tanga, möge Allah sein Leben verlängern! Doch vorher wollte er meine Demut und meine Bescheidenheit prüfen, um zu sehen, ob ich des Geschenkes würdig sei, und sagte mir: ‚Ich frage nicht, wem das Fohlen gehört und wo es herkommt.' Er sprach so, um zu sehen, ob ich aus falschem Stolz das Fohlen als mein Eigentum bezeichnen würde. Ich schwieg, und dein edler, freigebiger Herr freute sich darüber. Dann sagte er, daß dieses Fohlen zu gut für mich sei. Ich war ganz seiner Meinung, und er war wieder sehr zufrieden mit mir. Dann sagte er, daß er mir das, was ich auf dem Wege gefunden, gegen Silber eintauschen wolle, und spielte damit auf meinen Eifer und meine Festigkeit im mohammedanischen Glauben an, die ich mir während meiner Pilgerfahrten zu den heiligen Stätten erworben habe. Und dann belohnte er mich, um sich durch diese gute Tat den Eintritt ins Paradies zu erleichtern, denn der Weg dahin führt über die Todesbrücke, die schmaler ist als eines Schwertes Schneide, sagt der heilige Koran. In meinem nächsten Gebet werde ich Allah von der edlen Tat deines Herrn berichten, damit er ihm auf der schmalen Brücke ins Paradies rechtzeitig ein Geländer baue."

Der Diener hörte nachdenklich zu.

„O Pilger, du hast recht!" sagte er dann mit einem schlauen Lächeln, bei dem es Nasreddin ungemütlich wurde. „Warum habe ich es nur nicht sofort erraten, daß dein Gespräch mit meinem Herrn einen so frommen Sinn hatte! Aber wenn du schon beschlossen hast, meinem Herrn zu helfen, damit er ungefährdet über die Todesbrücke ins Paradies gelange, dann wäre es besser, die Brücke hätte zwei Geländer. Das ist noch sicherer. Auch ich würde gern für meinen Herrn beten, auf daß Allah zu beiden Seiten der Brücke ein Geländer baue."

„Dann bete doch!" rief Nasreddin. „Niemand hindert dich. Es ist sogar deine Pflicht! Der Koran gebietet den Sklaven und Dienern, täglich für ihre Herren zu beten, ohne einen besonderen Lohn dafür zu verlangen..."

„Kehre um mit deinem Esel", sagte der Diener grob und drängte mit seinem Pferd Nasreddin an die Mauer. „Schnell, ich verliere unnütz Zeit!"

„Halt!" unterbrach ihn Nasreddin eilig. „Ich habe noch nicht alles gesagt. Ich hatte vor, anläßlich der dreihundert Tanga, die ich erhielt, ein Gebet von dreihundert Worten aufzusagen. Aber ich glaube, zweihundertfünfzig Worte werden genügen. Das Geländer auf meiner Seite wird dann kürzer werden. Du müßtest dann ein Gebet von fünfzig Worten beten, und der weise Allah wird es schon fertigbringen, auch ein Geländer für deine Seite zu bauen."

„Was?" fragte der Diener. „Mein Geländer soll also fünfmal kürzer sein als deines?"

„Dafür wird es aber die gefährlichste Stelle schützen", entgegnete Nasreddin lebhaft.

„Nein, mit einem so kurzen Geländer bin ich nicht einverstanden", sagte der Diener. „So würde ein Teil der Todesbrücke ungesichert sein. Ich werde blaß, und der Angstschweiß bricht mir aus, wenn ich an die furchtbare Gefahr denke, die meinem Herrn dadurch droht. Ich finde, wir sollten beide ein Gebet von einhundertfünfzig Worten lesen, damit das Geländer auf beiden Seiten gleich lang wird. Meinetwegen soll es schwach sein, aber es soll von beiden Seiten Schutz bieten. Wenn du das nicht einsiehst, sehe ich darin eine böse Absicht gegen meinen Herrn. Du willst also, daß er von der Brücke herunterfällt. Ich rufe dann sofort die Wache, die dich einsperren wird."

„Ein schwaches Geländer", rief Nasreddin wütend, und es schien ihm, als ob sich der Geldbeutel an seinem Gürtel leise bewegte. „Der Ansicht nach genügen wohl Gerten, um die ins Paradies Wandernden zu schützen! Verstehe doch, daß auf einer Seite ein starkes Geländer sein muß, damit sich der Mann daran festhalten kann, wenn er stolpert und fällt."

„Die Wahrheit spricht durch deinen Mund", rief der Diener erfreut. „Das Geländer soll auf meiner Seite stärker sein. Ich werde keine Mühe sparen und ein Gebet von zweihundert Worten lesen."

„Ein Gebet von dreihundert Worten willst du wohl nicht lesen?" fragte Nasreddin böse.

Sie stritten sich den ganzen Weg. Die wenigen Vorübergehenden, die einzelne Brocken dieses Gesprächs auffingen, verbeugten sich ehrfürchtig, denn sie hielten Nasreddin und den pockennarbigen Diener für fromme Pilger, die die heiligen Stätten besucht hatten und nun zurückkehrten.

Als sie sich trennten, war Nasreddins Beutel um die Hälfte leichter geworden. Sie hatten sich dahingehend geeinigt, daß das Geländer der Todesbrücke für den Reichen auf beiden Seiten gleich stark sein sollte.

„Leb wohl, o Pilger", sagte der Diener. „Heute haben wir beide ein gottgefälliges Werk getan."

„Leb wohl, du guter, treuer und liebevoller Diener, der am Seelenheil seines Herrn einen so lebhaften Anteil nimmt. Ich glaube, wenn's ans Streiten geht, nimmst du's mit Hodscha Nasreddin auf."

„Wie kommst du ausgerechnet auf den?" fragte der Diener mißtrauisch.

„Nur so ... er fiel mir gerade ein", antwortete Nasreddin; insgeheim aber dachte er: Oho! Mir scheint, des Emirs Geld klimpert in seiner Tasche.

„Vielleicht bist du ein entfernter Verwandter von ihm?" fragte der Diener. „Oder kennst du einen seiner Verwandten?"

„Nein, ich habe ihn nie gesehen und kenne seine Verwandten nicht!"

„Ich will dir etwas anvertrauen." Der Diener beugte sich vom Sattel zu Nasreddin herab und flüsterte: „Ich bin ein Verwandter von Nasreddin, er ist mein Vetter. Wir haben die Kindheit zusammen verlebt."

Nasreddin sah, daß sein Argwohn gerechtfertigt war, und schwieg. Der Diener beugte sich nochmals herab.

„Sein Vater, sein Onkel und zwei seiner Brüder sind umgekommen. Du hast doch sicherlich davon gehört, Pilger?"

Nasreddin schwieg.

„Eine Gemeinheit vom Emir", rief der Diener heuchlerisch.

Aber Nasreddin schwieg.

„Alle Wesire von Buchara sind Dummköpfe", sagte der Diener plötzlich. Er zitterte vor Ungeduld und Habgier, denn für die Auslieferung eines

Freidenkers erhielt man von der Obrigkeit eine hohe Belohnung.

Doch Nasreddin schwieg.

„Und unser erlauchter Emir ist auch ein Dummkopf", sagte der Diener. „Und es ist noch gar nicht sicher, ob Allah im Himmel existiert oder ob es ihn gar nicht gibt."

Nasreddin schwieg, wenngleich ihm schon eine giftige Antwort auf der äußersten Zungenspitze saß. Der Diener, der sich in seinen Hoffnungen betrogen sah, hieb fluchend mit der Peitsche auf sein Pferd ein und verschwand mit zwei Sätzen hinter einer Straßenbiegung. Es wurde still. Nur der von den Hufen aufgewirbelte Staub flimmerte golden in den schrägen Strahlen der Sonne.

Nun habe ich doch noch einen Verwandten gefunden, dachte Nasreddin spöttisch. Der Greis hat nicht gelogen: In Buchara gibt es mehr Spione als Fliegen. Ich muß vorsichtiger werden, denn ein altes Sprichwort sagt, daß eine schuldige Zunge mitsamt dem Kopf abgehauen wird.

So ritt er noch lange weiter. Manchmal verdüsterte sich sein Gesicht, wenn er an den Verlust der hundertfünfzig Tanga dachte, aber dann lachte er wieder, wenn ihm die Prügelei zwischen dem Zolleinnehmer und dem reichen Kaufmann einfiel.

Fünftes Kapitel

Als Hodscha Nasreddin die andere Seite der Stadt erreichte, überließ er seinen Esel der Fürsorge eines Teehausbesitzers und ging, ohne Zeit zu verlieren, in eine Garküche.

Der enge Raum war voller Dunst und Rauch, es herrschte ein gewaltiger Lärm. Auf dem Herd loderten die Flammen empor und beleuchteten die schwitzenden, halbnackten Köche. Sie hatten es eilig, schrien, stießen einander und versetzten den Küchenjungen, die mit wilden Augen überall umherrannten und das allgemeine Gedränge vermehrten, lautschallende Ohrfeigen. In den riesigen Kesseln, deren runde Holzdeckel auf und nieder tanzten, brodelte es, Dampf stieg in dichten Wolken auf, und an der Decke wimmelte es von summenden Fliegen. Im blauen Rauch spritzte das Öl hoch, glänzte der aufgespießte Braten, von dem das Fett in die Glut heruntertroff und mit bläulicher Flamme zischend verbrannte. Hier bereiteten die Köche Pilaw, brieten Schaschlik, kochten Gekröse und buken mit Zwiebeln, Pfeffer, Fleisch und Schafschwanzfett gefüllte Pasteten; das Schwanzfett schmolz, sickerte durch den Teig und brutzelte in kleinen Bläschen auf der Kruste. Nasreddin fand mit Mühe einen Platz; mit Rücken und Ellbogen zwängte er sich so gewaltsam durch, daß die Leute ächzten. Doch niemand war gekränkt und verlor auch nur ein Wort darüber, Nasreddin erst recht nicht. Er liebte das Gedränge in den Garküchen und den ganzen Lärm, die Witze, die Zurufe, das Gelächter, das einträchtige Kauen und Schmatzen Hunderter von Menschen, die nach der schweren Tagesarbeit keine Zeit hatten, lange auszusuchen; die unermüdlichen Kiefer zermalmten alles – auch Sehnen und Knorpel, und der hungrige Magen nahm alles an. Hauptsache, es war viel und billig. Auch Nasreddin vertrug eine Menge. Er verschlang nacheinander drei Teller Nudelsuppe, drei Teller Pilaw und beiläufig zwanzig Pasteten. Die letzten Pasteten bereiteten ihm schon einige Mühe, doch er blieb seinem Grundsatz treu, nie etwas auf dem Teller zu lassen, wenn es einmal bezahlt war.

Dann drängte er sich, kräftig mit den Ellbogen arbeitend, wieder zum Ausgang durch, und als er glücklich draußen stand, war er schweißgebadet. Seine Arme und Beine waren so schwach, als käme er aus dem Bad, aus den Händen eines tüchtigen Masseurs. Mit müden Schritten, träge vom Essen und von der Hitze, schlich er in eine Teestube, bestellte Tee und streckte sich wohlig auf den Kissen aus. Die Augen fielen ihm zu, und angenehme, stille Gedanken bewegten ihn.

Ich habe jetzt gerade viel Geld, dachte er. Es wäre gut, dieses Geld irgendwie anzulegen, eine Töpfer- oder Sattlerwerkstatt zu kaufen. Auf diese Handwerke verstehe ich mich. Das Wanderleben habe ich satt. Bin ich etwa schlechter und dümmer als die anderen? Warum soll ich keine hübsche Frau haben, warum keinen Sohn auf meinen Armen tragen? Ich schwöre beim Barte des Propheten, daß dieser Junge ein Schelm wird. Ich werde schon dafür sorgen, daß er so weise wird wie sein Vater. Ja, dabei bleibt's: Hodscha Nasreddin gibt sein unruhiges Abenteuerleben auf! Zuerst freilich muß ich mir eine Werkstatt kaufen.

Er fing an zu rechnen. Eine gute Werkstatt kostete mindestens dreihundert Tanga, er besaß jedoch nur einhundertfünfzig. Fluchend gedachte er des pockennarbigen Dieners. „Möge Allah diesen Räuber mit Blindheit schlagen! Er hat mir genau die Summe gestohlen, die mir jetzt für die Werkstatt fehlt!"

Und wieder kam ihm der Zufall zu Hilfe. „Zwanzig Tanga", sagte jemand, und Nasreddin vernahm den Klang von Würfeln, die auf ein Kupfertablett geworfen wurden.

Neben der Futterkrippe, wo der Esel angebunden war, saßen in einem geschlossenen Kreis Männer, und hinter ihnen stand der Besitzer des Teehauses und schaute ihnen über die Köpfe hinweg zu.

Da wird gespielt, dachte Nasreddin und richtete sich ein wenig auf. Ich muß von weitem ein Weilchen zuschauen. Spielen werde ich natürlich nicht. Ich bin doch kein Dummkopf! Aber warum soll ein kluger Mann nicht ein paar Narren zusehen?

Er erhob sich und trat zu den Spielenden.

„Dumme Tölpel", flüsterte er dem Teehausbesitzer zu. „Sie hoffen, viel zu gewinnen, und riskieren dafür das Letzte. Hat nicht Mohammed das Spielen um Geld verboten? Glücklicherweise bin ich von dieser verderblichen Leidenschaft verschont geblieben. Was aber dieser rothaarige Spieler dort für ein Glück hat! Er hat schon viermal hintereinander gewonnen. Schau, schau, jetzt gewinnt er zum fünftenmal! Oh, der Wahnsinnige! Ihn lockt dieser trügerische Reichtum, und er weiß nicht, daß die Armut ihm schon eine Grube gegraben hat! Was? Er hat zum sechstenmal gewonnen! Noch nie hab ich erlebt, daß ein Mensch so viel Glück hat! Schau, er setzt wieder! Des Menschen Leichtsinn kennt wahrlich keine Grenzen. Er kann doch nicht immerzu gewinnen! So gehen die Menschen zugrunde, die sich auf das launische Glück verlassen! Diesem Rothaarigen müßte man eine Lehre erteilen. Sollte er noch das siebentemal gewinnen, dann setze ich gegen ihn, obwohl ich ein Feind dieser Glücksspiele bin und sie an des Emirs Stelle schon längst verboten hätte!"

Der rothaarige Spieler warf die Würfel und gewann zum siebentenmal.

Entschlossen trat Nasreddin vor, schob zwei Spieler auseinander und ließ sich in dem Kreis nieder.

„Ich möchte gegen dich setzen", sagte er zu dem Glückspilz, ergriff die Würfel und prüfte sie mit erfahrenem Auge.

„Wie hoch?" fragte der Rothaarige mit dumpfer Stimme. Er fieberte am ganzen Körper und wollte soviel wie möglich von dem flüchtigen Glück erhaschen, das ihm so plötzlich lächelte.

Nasreddin nahm seinen Beutel aus der Tasche, behielt für alle Fälle fünfundzwanzig Tanga zurück und schüttete das übrige aus. Das Silber klang und klirrte auf dem Kupfertablett. Die Spieler murmelten erregt, als sie den hohen Einsatz sahen. Ein großes Spiel begann.

Der Rothaarige nahm die Würfel und schüttelte sie. Lange wagte er nicht, sie zu werfen. Alles hielt den Atem an. Sogar der Esel reckte den Hals und spitzte die Ohren. Man hörte nur das Klappern der Würfel in der Faust des Rothaarigen, und dieses trockene Geräusch rief bei Nasreddin ein Schwächegefühl in den Beinen und der Magengegend hervor. Immer wieder schüttelte der Rothaarige die Würfel und konnte sich nicht entschließen, sie zu werfen.

Schließlich warf er sie doch. Die Spieler stürzten nach vorn und wichen mit einem tiefen Atemzug, der aus einer einzigen Brust zu kommen schien, wieder zurück. Der Rothaarige erbleichte und preßte stöhnend die Zähne zusammen.

Die Würfel wiesen nur drei Augen auf, und das hieß für den Spieler, daß er so gut wie verloren hatte, denn die Zwei wird ebenso selten geworfen wie die Zwölf. Jeder andere Wurf aber bedeutete für Nasreddin den Gewinn.

Er schüttelte die Würfel in der Faust und dankte im stillen seinem gnädigen Schicksal. Aber er hatte vergessen, daß das Schicksal launisch und unbeständig ist und leicht den Günstling verrät, wenn er zuviel verlangt. Es wollte wohl dem selbstbewußten Nasreddin eine Lehre erteilen und hatte als Werkzeug den Schwanz des Esels ausersehen, der mit Disteln und Kletten bespickt war. Der Esel stand rückwärts zu den Spielenden, schwang seinen Schwanz hin und her und schlug seinem Herrn damit auf die Hände. Die Würfel fielen. Mit einem Freudengeheul warf sich der Rothaarige auf das Tablett und deckte das Geld mit seinem Körper zu.

Nasreddin hatte eine Zwei geworfen.

Lange saß er wie versteinert da, bewegte lautlos die Lippen, und alles drehte sich und verschwamm vor seinem starren Blick. In seinen Ohren erklang ein seltsames Brausen.

Plötzlich sprang er auf, ergriff einen Stock und schlug auf den Esel ein.

„Du verfluchtes Vieh, du Sohn der Sünde, du stinkendes Ungeheuer, du Schande aller Lebewesen auf dieser Welt!" schrie er. „Du würfelst mit dem Geld deines Herrn und verspielst auch noch alles! Mögest du dein gemeines Fell verlieren, möge dir Allah unterwegs einen Graben schicken, damit du dir sämtliche Knochen brichst! Wann wirst du endlich krepieren und mich vom Anblick deines gemeinen Maules befreien?!"

Der Esel schrie, die Gäste lachten, und am lautesten lachte der Rothaarige, der nun endgültig an sein Glück glaubte.

„Spielen wir noch einmal", sagte er, als der ermüdete Nasreddin keuchend den Stock hinwarf. „Du hast ja noch fünfundzwanzig Tanga." Und er streckte seinen linken Fuß aus und bewegte ihn leicht zum Zeichen seiner Verachtung für Hodscha Nasreddin.

„Bitte, spielen wir!" rief Nasreddin. Ihm war jetzt alles gleich. Warum sollte er fünfundzwanzig Tanga sparen, nachdem er einhundertfünfundzwanzig verloren hatte?

Er ließ die Würfel nachlässig fallen, schaute gar nicht erst hin – und gewann.

„Ich gehe aufs Ganze", rief der Rothaarige und warf eine Summe in der Höhe der soeben verlorenen aufs Tablett.

Nasreddin gewann abermals.

Doch der Rothaarige wollte nicht glauben, daß ihm das Glück den Rücken gekehrt hatte.

 „Noch einmal das Ganze!"

Das wiederholte er siebenmal hintereinander, und siebenmal verlor er. Auf dem Tablett häuften sich die Münzen. Die Spieler wagten kaum zu atmen, nur der fiebrige Glanz in ihren Augen verriet die Leidenschaft, mit der sie das Spiel verfolgten.

„Du kannst doch nicht dauernd gewinnen, wenn nicht der Scheitan mit dir im Bunde steht", rief der Rothaarige aus. „Einmal mußt du verlieren! Hier auf dem Tablett liegen tausendsechshundert Tanga, sie gehören dir. Bist du bereit, noch einmal das Ganze zu setzen? Hier ist das Geld, mit dem ich morgen auf dem Basar Waren für meinen Laden einkaufen will. Diese Summe setze ich dagegen."

Und er holte einen kleinen Beutel hervor, der mit Gold gefüllt war.

„Lege dein Gold auf das Tablett", rief Nasreddin erregt.

Noch nie war in diesem Teehaus ein so großes Spiel gewagt worden. Der Wirt vergaß das kochende Teewasser, die Spieler atmeten schwer und keuchend. Der Rothaarige warf als erster die Würfel und schloß die Augen. Er hatte Angst, hinzuschauen.

„Elf!" riefen alle im Chor. Nasreddin begriff, daß er verloren hatte. Retten konnte ihn nur noch eine Zwölf.

„Elf! Elf!" schrie der Rothaarige in wilder Freude. „Du siehst, ich hab eine Elf! Du hast verloren, du hast verloren!"

Nasreddin lief ein kalter Schauer über den Rükken. Er ergriff die Würfel und wollte sie schon werfen, aber er ließ seine Hand wieder sinken.

„Dreh dich mit dem Schwanz zu mir", sagte er zu dem Esel. „Du hast gegen drei Augen verloren, nun mußt du gegen elf gewinnen, sonst führe ich dich in die Schlächterei."

Er nahm den Schwanz des Esels in die Linke und schlug damit auf seine Rechte, in der sich die Würfel befanden.

Ein Schrei aus vielen Kehlen erschütterte das Teehaus. Der Wirt griff sich nach dem Herzen und sank zu Boden.

Nasreddin hatte eine Zwölf geworfen.

Der Rothaarige erbleichte, seine Augen quollen aus ihren Höhlen und wurden glasig. Langsam stand er auf. „Weh mir, weh mir", rief er aus und ging schwankend davon.

Er soll seither nie wieder in der Stadt gesehen worden sein. Man erzählt sich, er sei in die Wüste geflohen und dort mit langem wildem Bart, schrecklich anzuschauen, durch Sand und Dorngestrüpp geirrt, immer wieder „weh mir, weh mir" rufend, bis ihn schließlich die Schakale fraßen. Niemand bemitleidete ihn, denn er war grausam und ungerecht gewesen und hatte viel Unheil angerichtet, indem er einfältigen Narren im Glücksspiel ihr Geld abnahm.

Nasreddin packte seinen Reichtum in die Tasche, umarmte den Esel, küßte ihn auf das warme Maul und bewirtete ihn mit köstlichem frischem Gebäck, was den Esel sehr verwunderte, denn noch vor wenigen Minuten hatte ihm sein Herr etwas anderes verabreicht.

Sechstes Kapitel

Eingedenk der weisen Regel, nach der es besser ist, sich von Menschen fernzuhalten, die wissen, wo man sein Geld hat, verließ Hodscha Nasreddin das Teehaus. Er ritt zum Basar und wandte sich mehrmals um, um zu sehen, ob man ihm folgte, denn die Gesichter der Spieler und selbst das des Wirtes waren wenig vertrauenerweckend.

Er war in freudig gehobener Stimmung. Nun konnte er sich jede beliebige Werkstatt kaufen, ja selbst zwei oder drei Werkstätten. Er beschloß, sogar vier Werkstätten zu kaufen, eine Sattlerei, eine Schneiderei, eine Schusterei und eine Töpferei. In jede Werkstatt setze ich zwei Meister, dachte er, und das Geld bekomme ich. In zwei Jahren bin ich ein reicher Mann, kaufe mir ein Haus mit Springbrunnen im Garten und hänge überall goldene Käfige mit Singvögeln auf. Ich werde zwei oder gar drei Frauen haben und von jeder Frau drei Söhne …

Er versank gänzlich in dem Strom seiner angenehmen Träume. Währenddessen nutzte der Esel, der die Zügel nicht mehr spürte, die Versunkenheit seines Herrn aus und beschloß, als sie an einen Graben kamen, nicht über die Brücke zu gehen, wie es Esel gemeinhin tun, sondern mit einem Anlauf hinüberzuspringen. Wenn meine Kinder erst erwachsen sind, dachte Nasreddin gerade, dann versammle ich sie um mich und sage ihnen … Aber warum fliege ich denn plötzlich durch die Luft? Hat mich Allah etwa in einen Engel verwandelt und mir Flügel geschenkt?

Doch da überzeugten ihn die Funken, die ihm plötzlich vor den Augen tanzten, daß er keine Flügel besaß. Er war aus dem Sattel geflogen und zwei Schritt vor dem Esel auf der Straße gelandet.

Als er ächzend und stöhnend wieder aufstand, über und über mit Staub bedeckt, wedelte der Esel freundlich mit den Ohren, setzte seine unschuldigste Miene auf und kam herangetrippelt, als wollte er Hodscha Nasreddin auffordern, wieder im Sattel Platz zu nehmen.

„O du verfluchtes Tier, das mich für meine Sünden und für die Sünden meines Vaters, Großvaters und Urgroßvaters straft, denn, bei der Gerechtigkeit des Islams, es wäre zu grausam, einen Mann allein für seine Sünden mit einem solchen Ungeheuer zu strafen", schalt Nasreddin mit zornbebender Stimme. „O du minderwertige Kreuzung von Spinne und Hyäne. O du …"

An dieser Stelle brach er ab, denn er bemerkte einige Leute, die nicht weit von ihm im Schatten einer verfallenen Mauer hockten.

Die Flüche erstarben Nasreddin auf den Lippen. Er wußte, daß ein Mensch, der sich vor anderen lächerlich gemacht hat, immer gut daran tut, am lautesten über sich selbst zu lachen. Er zwinkerte den Hockenden zu und grinste übers ganze Gesicht.

„Ha", rief er laut und lustig aus. „Da bin ich ja schön durch die Luft gesaust! Sagt mir, wie oft habe ich mich eigentlich überschlagen? Ich selbst konnte es nicht zählen. Du Schelm", fuhr er fort und klopfte dem Esel gutmütig mit der flachen Hand auf den Rücken, während er sich beherrschen mußte, um ihn nicht gehörig mit der Peitsche zu verprügeln, „du Schelm! So ist er! Kaum träume ich mal ein bißchen, da spielt er mir schon so einen Streich."

Und Nasreddin brach in fröhliches Gelächter aus. Er bemerkte jedoch zu seinem Erstaunen, daß niemand von den Leuten in sein Lachen einstimmte. Mit gesenktem Kopf und düsteren Gesichtern hockten sie da, und die Frauen, die Säuglinge auf den Armen trugen, weinten leise.

Da scheint etwas nicht zu stimmen, dachte Nasreddin und trat näher hinzu. „Höre, ehrwürdiger Grcis", wandtc cr sich an cincn Altcn mit wcißcm Bart und abgezehrtem Gesicht. „Sage mir, was geschehen ist. Warum sehe ich kein Lächeln auf euren Gesichtern, warum lacht niemand, und warum weinen die Frauen? Und weshalb hockt ihr hier in Staub und Hitze am Wege? Ist es nicht schöner, zu Hause im Kühlen zu sitzen?"

„Zu Hause ist es schöner, wenn man ein Haus hat", antwortete der Alte kummervoll. „Frage nicht, o Pilger! Das Leid ist groß, und helfen kannst du doch nicht. Ich bin alt und schwach, und ich bete zu Allah, daß er mich recht bald durch den Tod erlösen und zu sich holen möge."

„Wozu diese Worte", sagte Nasreddin vorwurfsvoll. „Der Mensch darf nie an so etwas denken. Erzähle mir dein Leid. Achte nicht darauf, daß ich so ärmlich aussehe. Vielleicht kann ich dir helfen."

„Ich habe nicht viel zu erzählen. Vor einer Stunde ging der Wucherer Dschafar mit zwei Mann von der Wache des Emirs durch unsere

Straße. Ich schulde ihm Geld, und morgen läuft die Frist ab. Nun hat er mich aus dem Hause gejagt, in dem ich mein ganzes Leben verbracht habe, ich habe keine Familie und nun auch keinen Winkel mehr, wo ich mein Haupt zur Ruhe betten könnte. Morgen verkauft Dschafar meinen ganzen Besitz: das Haus, den Garten, das Vieh und die Weinberge."

Tränen traten dem Alten in die Augen, seine Stimme zitterte.

„Wieviel schuldest du ihm?" fragte Nasreddin den Greis.

„Sehr viel. Zweihundertfünfzig Tanga."

„Zweihundertfünfzig Tanga!" rief Nasreddin. „Wegen lumpiger zweihundertfünfzig Tanga wünschst du dir den Tod? Steh mal still", wandte er sich an den Esel und nestelte den Beutel los. „Hier hast du zweihundertfünfzig Tanga, ehrwürdiger Greis. Gib sie dem Wucherer, jage ihn mit Schlägen aus deinem Hause und lebe glücklich und zufrieden."

Als die anderen den Klang des Silbers hörten, blickten sie auf. Der Alte brachte kein Wort hervor und dankte nur mit den Augen, in denen Freudentränen glänzten.

„Siehst du, und du wolltest mir dein Leid nicht erzählen", sagte Nasreddin, während er das Geld zu Ende zählte und überlegte: Macht nichts, statt acht Meistern stelle ich sieben ein, das reicht auch.

Plötzlich warf sich die Frau, die neben dem Alten hockte, Nasreddin zu Füßen und reichte ihm weinend ihr Kind hin.

„Schau", sagte sie schluchzend, „das Kind ist krank. Es hat ganz trockene Lippen und glüht vor Fieber. Und jetzt muß mein armer Junge irgendwo auf der Straße sterben, denn man hat mich aus meinem Hause gejagt."

Nasreddin betrachtete das blasse, magere Gesichtchen und die durchsichtigen Hände des Kindes und ließ dann seinen Blick über die anderen gleiten, die an der Mauer hockten. Als er die runzligen, leidgeprüften Gesichter und die vom vielen Weinen getrübten Augen sah, war ihm, als dränge ihm ein glühendes Messer ins Herz, ein Krampf schnürte ihm die Kehle zu, und das Blut stieg ihm in heißen Wellen ins Gesicht. Er wandte sich ab.

„Ich bin Witwe", fuhr die Frau fort. „Mein Mann ist vor einem halben Jahr gestorben. Er schuldete dem Wucherer zweihundert Tanga. Nach dem Gesetz muß ich sie nun bezahlen."

„Der Junge ist tatsächlich krank", sagte Nasreddin. „Er darf nicht in der Sonnenglut bleiben, denn die Sonnenstrahlen lassen das Blut dick werden, sagt Avicenna, und das wäre schlecht für den Jungen. Hier hast du zweihundert Tanga. Geh schnell nach Hause und mach dem Jungen kalte Umschläge um die Stirn. Hier sind noch fünfzig Tanga für einen Arzt und für Heilmittel."

Ich kann auch mit sechs Meistern auskommen, dachte Nasreddin.

In diesem Augenblick fiel ihm ein bärtiger Maurer von riesigem Wuchs zu Füßen, dessen Familie der Wucherer Dschafar am nächsten Tage für eine Schuld von vierzig Tanga in die Sklaverei verkaufen wollte. Fünf Meister sind ein bißchen wenig, dachte Nasreddin und öffnete seinen Beutel. Er hatte ihn noch nicht wieder geschlossen, als zwei Frauen vor ihm auf die Knie fielen, und ihre Erzählungen waren so mitleiderregend, daß Nasreddin ihnen ohne Zögern die Summe gab, die sie dem Wucherer schuldeten. Nach einigem Überlegen stellte er fest, daß das übriggebliebene Geld kaum ausreichte, um drei Meister zu unterhalten, und daß es sich nicht mehr lohnte, eine Werkstatt zu kaufen. Nun verteilte er seinen Reichtum freigebig an die Armen, die dem Wucherer Dschafar noch Geld schuldeten.

Im Beutel blieben nur noch fünfhundert Tanga. Da bemerkte Nasreddin einen Mann, der etwas abseits stand und nicht um Hilfe gebeten hatte, obwohl sein Gesicht schweren Kummer verriet.

„He, du, hör mal!" rief ihn Nasreddin an. „Du hast doch keine Schulden beim Wucherer? Warum sitzt du hier?"

„Auch ich bin verschuldet", antwortete der Mann dumpf. „Morgen wird man mich in Ketten auf den Markt führen, um mich als Sklaven zu verkaufen."

„Weshalb hast du denn die ganze Zeit geschwiegen?"

„O edler, freigebiger Pilger, ich weiß nicht, wer du bist, der heilige Bogeddin, der sein Grab verlassen hat, um den Armen zu helfen, oder Harun al Raschid. Ich habe mich nur deshalb nicht an dich gewandt, weil du für die anderen schon so viel Geld ausgegeben hast. Meine Schuld ist am größten – fünfhundert Tanga –, und ich fürchtete, wenn du mir diese Summe gegeben hättest, dann hätte dein Geld nicht für die Alten und die Frauen gereicht."

„Du bist gerecht, edel und gewissenhaft", sagte Nasreddin gerührt, „aber ich bin es auch, und ich schwöre, daß du morgen nicht in Ketten auf den Sklavenmarkt geschleppt wirst. Breite deinen Rock aus."

 Und er schüttete den Beutel bis auf den letzten

Tanga aus. Der Mann hielt mit der linken Hand den Rock, mit der rechten umarmte er Nasreddin. Tränen standen ihm in den Augen.

Nasreddins Blick glitt über die Leute, die er gerettet hatte. Er sah ein frohes Lächeln auf ihren Lippen und strahlendes Glück in ihren Augen.

„Du bist tatsächlich schön von deinem Esel heruntergesaust“, sagte der bärtige Mann lachend, und alle stimmten in sein Lachen ein, die Männer mit ihren groben, die Frauen mit ihren zarten Stimmen. Die Kinder lächelten und streckten Hodscha Nasreddin, der am lautesten lachte, ihre Händchen entgegen.

„Oh“, rief Nasreddin und bog sich vor Lachen. „Ihr kennt meinen Esel noch nicht. Das ist ein ganz verfluchter Esel!“

„Nein“, widersprach die Frau mit dem Säugling auf dem Arm, „das darfst du nicht sagen. Es ist der klügste, edelste, wertvollste Esel der Welt. Ich bin bereit, ihn mein ganzes Leben lang wie ein Kind zu pflegen, ihm das beste Futter zu geben, sein Fell zu bürsten und seinen Schwanz zu kämmen, denn wäre dieser einmalige Esel, der einer blühenden Rose gleicht und nur Tugenden hat, nicht über den Graben gesprungen und hätte dich nicht abgeworfen, so wärst du, o Pilger, nicht wie die Sonne in der Finsternis bei uns erschienen, du wärst vorbeigeritten, und wir hätten nicht gewagt, dich anzuhalten.“

„Sie hat recht“, sagte der Alte versonnen. „Wir sind diesem Esel, der eine Zierde des Landes ist und seinesgleichen wie ein Perle überstrahlt, wahrlich zu großem Dank verpflichtet.“

Alle fingen an, den Esel zu loben, reichten ihm Semmeln, gebratenen Mais, getrocknete Pfirsiche und Aprikosen. Der Esel wedelte mit seinem Schwanz die lästigen Fliegen weg und nahm die vielen Gaben ruhig und würdevoll entgegen. Nur einmal zwinkerte er mit den Augen, als er die Peitsche gewahrte, die ihm sein Herr heimlich zeigte.

Die Zeit verging, die Schatten wurden länger, und die rotbeinigen Störche kehrten schreiend und flügelrauschend in ihre Nester zurück, in denen die Jungen hungrig die Schnäbel aufsperrten.

Nasreddin verabschiedete sich.

Alle verbeugten sich vor ihm und dankten ihm.

„Wir danken dir. Du hattest Verständnis für unsere Not."

„Wie sollte ich eure Not nicht verstehen", sagte Nasreddin. „Ich habe heute vier Werkstätten verloren, in denen acht geschickte Meister für mich arbeiteten. Ich habe ein Haus mit einem Garten verloren, wo herrliche Springbrunnen im Licht der Sonne funkelten und wo an den Bäumen goldene Käfige mit Singvögeln schaukelten. Da sollte ich euch nicht verstehen?"

Der Alte lispelte mit zahnlosem Munde: „Ich habe nichts, um dir deine Güte zu vergelten, o Pilger. Das einzige, was mir geblieben ist, als ich mein Haus verlassen mußte, ist dieses heilige Buch, der Koran. Nimm es! Möge es dir ein Leuchtfeuer auf dem Meer des Lebens sein."

Nasreddin empfand keine Ehrfurcht vor heiligen Büchern. Aber er mochte den Alten nicht kränken, nahm den Koran, steckte ihn zu sich und sprang in den Sattel.

„Dein Name, dein Name", riefen alle im Chor. „Nenne uns deinen Namen, damit wir für dich beten können."

„Weshalb wollt ihr denn meinen Namen wissen? Wahre Güte bedarf des Ruhmes nicht, und was das Gebet betrifft, so hat Allah viele Engel, die ihm jede gute Tat berichten. Und falls die Engel faul sind und in den weichen Wolkenpfühlen schlafen, statt über alle guten und schlechten Taten auf der Erde zu wachen, dann helfen eure Gebete auch nicht, denn Allah wäre dumm, wenn er Menschenworten glauben würde, ohne sie sich von seinen Vertrauten bestätigen zu lassen."

Eine der Frauen stieß plötzlich einen leisen Schrei aus, gleich darauf eine zweite, und der Alte starrte Nasreddin mit großen Augen an. Nasreddin aber hatte es eilig und bemerkte nichts.

„Lebt wohl! Glück und Friede sei mit euch."

Von den Segenswünschen aller begleitet, bog er um eine Straßenecke und entschwand ihren Blikken.

Die Zurückgebliebenen schwiegen. Alle bewegte der gleiche Gedanke.

Der Alte brach das Schweigen. Er sagte ernst und feierlich:

„Nur ein Mann auf der ganzen Welt kann so handeln und reden; nur ein Mann hat eine solche Seele, deren Licht und Wärme allen Unglücklichen zum Trost gereicht, und dieser Mann ist unser ..."

„Schweig", unterbrach ihn hastig ein anderer. „Hast du vergessen, daß die Zäune Augen und die Steine Ohren haben und daß sich Hunderte von Hunden auf seine Spur stürzen würden?"

„Du hast recht", pflichtete ihm ein dritter bei. „Wir müssen schweigen, denn er tanzt auf einem Seil, und der leiseste Stoß kann ihn in die Tiefe stürzen."

„Lieber laß ich mir die Zunge ausreißen, als daß

ich seinen Namen nenne", sagte die Frau mit dem Säugling auf dem Arm.

„Auch ich werde schweigen", rief eine andere Frau. „Eher möchte ich sterben, als ihm durch eine Unvorsichtigkeit einen Strick drehen!"

So sprachen alle außer dem großen, bärtigen Maurer, der nicht mit Scharfsinn gesegnet war und nicht verstehen konnte, weshalb die Hunde der Spur dieses Pilgers folgen sollten, wenn er nicht ein Metzger oder ein Verkäufer gekochten Gekröses war. Und war er ein Seiltänzer, dann war nicht einzusehen, weshalb man seinen Namen nicht nennen durfte. Völlig unbegreiflich aber war es dem Maurer, warum die Frau eher sterben wollte, als dem Retter einen Strick zu schenken, den er doch sicherlich für seinen Beruf gut brauchen konnte. Hier verwirrten sich die Gedanken des Maurers vollends. Er schnaufte, atmete laut und beschloß, nicht mehr darüber nachzudenken, um nicht den Verstand zu verlieren.

Nasreddin war inzwischen weit weggeritten. Vor sich sah er noch immer die gequälten Gesichter der Armen und das kranke Kind mit den fiebrig geröteten Wangen und den aufgesprungenen Lippen. Er erinnerte sich an den weißhaarigen Alten, den man aus seinem Hause vertrieben hatte, und er fühlte, wie Zorn in seinem Herzen aufstieg.

Nasreddin hielt es nicht mehr aus im Sattel. Er sprang ab, ging neben dem Esel her und stieß die Steine, die auf dem Wege lagen, mit dem Fuß beiseite.

„Warte nur, du Wucherer, warte!" flüsterte er, und seine dunklen Augen glühten unheilverkündend. „Wir begegnen uns schon noch einmal, dann

 wird dein Schicksal bitter sein, wie auch das deine,

Emir! Zittere und bebe, denn ich, Hodscha Nasreddin, bin in Buchara! Oh, ihr verächtlichen Blutsauger, die ihr meinem unglücklichen Volk das Blut aussaugt, ihr gierigen Hyänen, ihr stinkenden Schakale, nicht ewig werdet ihr das Volk quälen und selber herrlich und in Freuden leben. Und was dich, Wucherer Dschafar, betrifft, so soll mein Name ewig mit Schimpf und Schande bedeckt sein, wenn es mir nicht gelingt, mit dir abzurechnen für alles Leid, das du den Armen zugefügt hast.“

Siebentes Kapitel

Dieser erste Tag in der Heimat war selbst für Hodscha Nasreddin, der doch schon manches erlebt hatte, zu unruhig und ereignisreich gewesen. Er war müde und strebte nach einem stillen Plätzchen, wo er sich ausruhen konnte.

„Oje!“ seufzte er, als er von weitem eine Menschenmenge erblickte, die sich um einen Teich drängte. „Mir ist es wohl heute nicht vergönnt, mich auszuruhen. Da ist, scheint's, wieder etwas geschehen.“

Der Teich lag abseits vom großen Weg, und Nasreddin hätte vorbeireiten können, doch er ließ sich nie eine Gelegenheit entgehen, sich in einen Streit oder eine Prügelei einzumischen.

Der Esel, der seinen Herrn seit Jahren kannte, wandte sich ohne Aufforderung dem Teiche zu.

„Was ist geschehen? Wer wurde ermordet? Wer wurde bestohlen?“ rief Nasreddin und lenkte seinen Esel geradewegs in die Menschenmenge hinein. „Macht Platz, ihr Leute! Platz da!“

Nachdem er sich durch die Menge gedrängt und den Rand des großen, mit grüner Entengrütze bedeckten Teiches erreicht hatte, erblickte er ein merkwürdiges Schauspiel. Drei Schritt vom Ufer entfernt ertrank ein Mensch. Er tauchte auf, ging wieder unter, und auf dem Wasser zeigten sich große Blasen.

Am Ufer liefen viele Menschen hin und her. Einige streckten die Hand nach dem Ertrinkenden aus und versuchten ihn am Rock zu fassen, doch sie erreichten ihn nicht und griffen immer wieder zu kurz.

„Streck die Hand aus, streck die Hand aus!" schrien sie aus vollem Halse.

Der Ertrinkende schien nichts zu hören, er tauchte immer wieder unter. Jedesmal, wenn er zum Vorschein kam, bildeten sich Wellenringe, die träge über den Teich liefen und leise ans Ufer plätscherten.

„Merkwürdig", sagte Nasreddin und beobachtete den Mann. „Sehr merkwürdig. Weshalb streckt er seine Hand nicht aus? Vielleicht ist er ein Taucher und taucht auf Grund einer Wette; aber weshalb ist er dann im Rock?"

Nasreddin überlegte, und während er überlegte, tauchte der Ertrinkende viermal wieder auf und blieb jedesmal länger unter Wasser.

„Sehr merkwürdig", wiederholte Nasreddin und sprang vom Esel. „Warte hier", sagte er zu dem Tier, „ich will mir den Mann näher betrachten."

Der Ertrinkende war wieder untergetaucht und erschien so lange nicht mehr an der Oberfläche, daß einige der Anwesenden schon die Totengebete anstimmten. Doch plötzlich tauchte er erneut auf. „Gib deine Hand, gib deine Hand!" brüllten die Leute und streckten ihm ihre Hände entgegen. Der Ertrinkende sah sie mit trüben Augen an, streckte seine Hand nicht aus und ging schweigend unter.

„Ihr Dummköpfe!" rief Nasreddin aus. „Seht ihr

nicht an seinem teuren Rock und dem seidenen Turban, daß das ein Molla oder ein reicher Würdenträger ist? Kennt ihr noch immer nicht den Charakter der Mollas und der Würdenträger und wißt noch nicht, wie man sie aus dem Wasser zieht?"

„Zieh ihn schnell heraus, wenn du es weißt", riefen die Leute. „Da, er taucht wieder auf, rette ihn!"

„Einen Augenblick", sagte Nasreddin. „Ich bin mit meiner Rede noch nicht fertig! Habt ihr schon jemals einen Molla oder einen Würdenträger gesehen, der einem etwas gab, frage ich euch? Denkt daran, ihr Narren: Mollas und Beamte geben nie, sie nehmen nur. Und aus dem Wasser rettet man sie auf eine besondere Art, die ihrem Charakter entspricht. Achtung!"

„Es ist zu spät", schrie die Menge. „Er taucht nicht wieder auf."

„Glaubt ihr etwa, daß die Wassergeister einen Molla oder Würdenträger so ohne weiteres bei sich aufnehmen? Da irrt ihr. Sie werden alles tun, um ihn wieder loszuwerden."

Nasreddin kauerte sich nieder, wartete geduldig und beobachtete die Blasen, die vom Grunde aufstiegen und langsam zum Ufer zutrieben.

Schließlich kam etwas Dunkles aus der Tiefe empor. Der Ertrinkende erschien an der Oberfläche, und es wäre wohl das letzte Mal gewesen, wenn nicht Nasreddin eingegriffen hätte.

„Da", rief Nasreddin aus und streckte ihm die Hand hin. „Da, greif zu!"

Der Ertrinkende packte so krampfhaft die ausgestreckte Hand, daß Nasreddin vor Schmerz zusammenzuckte.

Nachher am Ufer konnte man die Finger des Geretteten lange nicht auseinanderbiegen.

Einige Minuten lag er bewegungslos da, von Wasserpflanzen umhüllt, das Gesicht mit übelriechendem Schlamm bedeckt. Dann stürzte ihm das Wasser aus Mund, Nase und Ohren.

„Mein Beutel, wo ist mein Beutel?“ stöhnte er und beruhigte sich erst, als seine tastenden Finger den Beutel am Gürtel fühlten. Dann schüttelte er die Wasserpflanzen ab und wischte sich mit den Rockschößen den Schlamm aus dem Gesicht. Entsetzt prallte Nasreddin zurück, so häßlich war dieses Gesicht mit der flachen gebrochenen Nase, den großen, aufgestülpten Nasenlöchern und dem Star im rechten Auge. Obendrein war der Mann bucklig.

„Wo ist mein Retter?“ fragte er mit knarrender Stimme und ließ den Blick seines gesunden Auges über die Menge schweifen.

„Da ist er“, riefen alle und schoben Nasreddin nach vorn.

„Tritt näher, ich will dich belohnen!“ Der Gerettete langte in den Beutel und holte eine Handvoll nasses Silber hervor. „Übrigens“, fügte er mürrisch hinzu, „es ist nichts Besonderes, daß du mich gerettet hast, ich wäre auch allein herausgekommen.“

Während er sprach, gaben seine Finger – ob aus Schwäche oder aus anderen Gründen, ist schwer zu sagen – immer mehr nach, und eine Münze nach der anderen glitt in den Beutel zurück. Schließlich behielt er nur noch eine Münze in der Hand, einen halben Tanga, den er seufzend Nasreddin reichte.

„Da hast du Geld. Geh auf den Markt und kaufe dir eine Schüssel Pilaw.“

„Dazu reicht ein halber Tanga nicht aus“, sagte Nasreddin.

„Macht nichts, dann nimmst du eben Pilaw ohne Fleisch."

„Nun seht ihr", wandte sich Nasreddin an die Umstehenden, „daß ich ihn auf die richtige Art gerettet habe."

Und er ging zu seinem Esel.

Unterwegs hielt ihn ein großer, sehniger Mann an. Er hatte rußgeschwärzte Hände, trug eine Schmiedezange im Gürtel und schaute Nasreddin düster und unfreundlich an.

„Was willst du, Schmied?" fragte ihn Nasreddin.

„Weißt du", sagte der Schmied und maß Nasreddin von Kopf bis Fuß mit bösem Blick. „Weißt du, wen du da im letzten Moment vor dem Ertrinken gerettet hast? Und weißt du, wieviel Tränen jetzt deinetwegen fließen werden, wieviel Menschen ihre Häuser, ihre Gärten und Weinberge verlieren und in Ketten auf den Sklavenmarkt gehen werden?"

Nasreddin betrachtete ihn verwundert.

„Ich verstehe dich nicht, Schmied. Ist es denn eines Menschen und eines Mohammedaners würdig, an einem Ertrinkenden vorbeizugehen, ohne ihm die helfende Hand zu reichen?"

„Soll man denn deiner Meinung nach alle Schlangen, Hyänen und Raubtiere retten?" rief der Schmied empört, überlegte einen Augenblick und fügte plötzlich hinzu: „Bist du überhaupt aus dieser Gegend?"

„Nein, ich komme von weit her."

„Dann kannst du also nicht wissen, daß der Mann, den du gerettet hast, ein Bösewicht ist und ein Blutsauger. Jeder dritte in Buchara stöhnt und weint seinetwegen."

 Ein furchtbarer Verdacht stieg in Nasreddin auf.

„Schmied“, sagte er mit zitternder Stimme und voller Angst, seinen Verdacht bestätigt zu finden. „Sage mir rasch den Namen des Geretteten.“

„Du hast den Wucherer Dschafar gerettet. Möge ihn Allahs Fluch in diesem und im nächsten Leben treffen, möge ihn die Pest mit seiner ganzen Nachkommenschaft vernichten bis ins vierzehnte Glied.“

„Was?“ schrie Nasreddin auf. „Was sagst du da? Wehe mir, Schande auf mein Haupt! Habe ich mit meinen Händen ausgerechnet diese Schlange aus dem Wasser gezogen? Wie soll ich diese Schuld je wieder gutmachen? O Schmach, o Schande, o Unglück!“

Seine Reue rührte den Schmied, er antwortete etwas milder:

„Beruhige dich, Pilger, jetzt ist nichts mehr zu ändern. Mußtest du auch gerade in diesem Augenblick an den Teich kommen! Konnte nicht dein Esel irgendwo unterwegs störrisch werden und stehenbleiben? Inzwischen wäre der Wucherer ertrunken.“

„Dieser verdammte Esel“, sagte Nasreddin. „Der bleibt nur stehen, wenn er dadurch meine Taschen leeren kann, denn er schleppt nicht gern das schwere Geld. Wenn es aber gilt, mich durch die Rettung eines Wucherers mit Schmach zu bedekken, dann kannst du sicher sein, daß mich der Esel rechtzeitig hinbringt!“

„Ja“, sagte der Schmied, „aber geschehen ist geschehen, wir können den Wucherer nicht wieder in den Teich jagen.“

Nasreddin ereiferte sich.

„Ich habe eine böse Tat vollbracht, aber ich werde sie sühnen! Höre, Schmied: Ich schwöre dir beim Barte meines seligen Vaters, daß ich den Wucherer Dschafar noch ertränken werde, in diesem Teich hier! Denke an meinen Schwur! Ich habe noch stets mein Wort gehalten. Der Wucherer wird ertrinken! Und wenn du auf dem Basar davon erfährst, dann wirst du wissen, daß ich meine Schuld an den Einwohnern von Buchara gesühnt habe."

Achtes Kapitel

Die Dämmerung senkte sich bereits auf die Stadt herab, als Nasreddin den Platz des Basars erreichte.

In den Garküchen flammten helle Feuer auf, und bald umgab ein Kranz von Lichtern den Platz. Am nächsten Tag sollte großer Basar sein. Eine Kamelkarawane nach der andern schritt weich und ruhig vorüber und verschwand in der zunehmenden Dunkelheit. Der traurige, gleichförmige Klang ihrer Glöckchen wollte nicht enden. Kaum war in der Ferne das Geläut der einen Karawane verstummt, da ertönte schon das der nächsten, die den Platz erreichte, und das hörte nicht auf, als wäre es die Finsternis selbst, die das leise zitternde Tönen erzeugte. Von allen Enden der Welt war das Geläut hierhergebracht worden, es kam von indischen, ägyptischen, arabischen, afghanischen und iranischen Glöckchen, und Nasreddin hätte diesem Geläut bis in alle Ewigkeit lauschen mögen. Aus dem Teehaus nebenan erscholl der dumpfe Rhythmus eines Tamtams, von den Klängen eines Dutars – einer zweisaitigen Zupfgeige – begleitet. Und die Stimme eines unsichtbaren Sängers schwang sich zu den Sternen empor, pries die Geliebte und klagte über sie.

Dieses Lied folgte Nasreddin, als er sich ein Nachtlager suchte.

„Ich habe für mich und meinen Esel nur einen halben Tanga", sagte er zum Besitzer der Herberge.

„Für einen halben Tanga kannst du auf der Matte schlafen, aber ohne Decke", entgegnete dieser.

„Und wo lasse ich meinen Esel?"

„Als ob ich mich um den auch noch kümmern könnte!"

In dieser Herberge gab es keinen Pferch für die Pferde.

Nasreddin ertastete im Dunkeln eine eiserne Klammer, die irgendwo herausragte. Daran band er seinen Esel, ohne sich darum zu kümmern, was das für eine Klammer war. Dann ging er in die Herberge und legte sich sogleich zur Ruhe, denn er war sehr müde.

Im Halbschlaf hörte er plötzlich seinen Namen nennen. Er öffnete die Augen.

Unweit von ihm saßen im Kreise einige Männer, die zum Basar gekommen waren, und tranken Tee. Es waren ein Hirt, ein Kameltreiber und zwei Handwerker. Einer von ihnen erzählte halblaut:

„Nasreddin, so heißt es, ging eines Tages in Bagdad über den Basar. Plötzlich hörte er Lärm und Geschrei aus einer Garküche. Wie ihr wißt, ist Nasreddin sehr neugierig. Er ging sogleich hinein und sah, wie der dicke, rotmäulige Wirt einen Bettler am Kragen schüttelte, weil der Bettler nicht zahlen wollte.

‚Was ist denn das hier für ein Lärm?' fragte unser Nasreddin.

‚Dieser Landstreicher', brüllte der Wirt, ‚dieser verfluchte Strolch, kam in meine Küche – mögen seine Eingeweide verdorren! Er holte einen Brotfladen aus der Tasche und hielt ihn so lange über den Bratspieß, bis er nach Hammelfleisch roch und noch einmal so gut schmeckte. Dann aß er den Fladen auf, und nun will er nicht zahlen. Mögen ihm die Zähne im Munde verfaulen!'

‚Stimmt das?' fragte Nasreddin den Bettler streng, der vor lauter Angst kein Wort hervorbrachte und nur mit dem Kopf nickte.

‚Das ist nicht gut', sagte Nasreddin. ‚Es ist unrecht, fremdes Gut ohne Bezahlung zu benutzen.'

‚Hörst du, was dieser ehrwürdige Mann dir sagt, du zerlumpter Strolch?' fragte der Wirt erfreut.

‚Hast du Geld?' fragte Nasreddin den Bettler. Dieser holte schweigend ein paar Kupfermünzen aus der Tasche. Gleich streckte der Wirt seine fette Pfote aus.

‚Warte noch, o Meister des Wohlgeschmacks', hielt ihn Nasreddin zurück. ‚Hier, horch mal!'

Er schüttelte die hohle Faust vor dem Ohr des Wirtes und ließ die Münzen eine Weile klimpern. Dann gab er dem Bettler das Geld zurück und sagte:

‚Ziehe hin in Frieden, armer Mann.'

‚Was?' rief der Wirt aus. ‚Ich habe das Geld doch gar nicht bekommen!'

‚Er hat dich bezahlt, und ihr seid quitt!' antwortete unser Nasreddin. ‚Er roch den Duft deines Bratens, und du hörtest den Klang seines Geldes!'"

Die Zuhörer brachen in Gelächter aus. Einer sagte warnend:

„Nicht so laut, sonst könnte man erraten, daß wir von Nasreddin sprechen."

Woher weiß er das alles? dachte Nasreddin

schmunzelnd. Es war freilich nicht in Bagdad, sondern in Istanbul, aber das ist ja gleich.

Nun ergriff mit halblauter Stimme ein zweiter das Wort. Es war der Hirt, und der bunte Turban verriet, daß er aus Badachschan kam.

„Es wird auch erzählt, daß Nasreddin eines Tages am Gemüsegarten eines Mollas vorüberging. Der Molla erntete gerade seine Kürbisse und hatte aus lauter Habgier seinen Sack so vollgestopft, daß er ihn kaum hochheben, geschweige denn tragen konnte. Nun stand er da und überlegte, wie er die schwere Last nach Hause bekäme. Darum freute er sich, als er plötzlich einen Vorübergehenden erblickte.

‚Hör mal, mein Sohn', sagte er, ‚kannst du mir nicht diesen Sack nach Hause tragen?'

Nasreddin hatte gerade kein Geld.

‚Was zahlst du mir dafür?' fragte er den Molla.

‚Mein Sohn, wozu brauchst du denn Geld? Ich werde dir statt dessen unterwegs drei Weisheiten sagen, und die werden dich dein Leben lang glücklich machen.'

Ich bin gespannt, was mir der Molla wohl mitteilen wird, dachte unser Nasreddin neugierig.

Er warf sich den Sack auf die Schulter und trug ihn fort. Der Weg führte steil aufwärts, an einem Abgrund entlang. Als Nasreddin stehenblieb, um ein wenig zu verschnaufen, sagte der Molla feierlich und geheimnisvoll:

‚Vernimm nun die erste Weisheit. Es ist die größte seit Adams Erschaffung, und wenn du ihre ganze Tiefe zu ermessen vermagst, so gleichst du an Erkenntnis demjenigen, der den Sinn der Buchstaben Alif, Lam und Ra erfaßt hat, mit denen Mohammed die zweite Sure des Korans beginnen läßt.

Höre aufmerksam zu: Wenn dir einer sagt, daß zu Fuß gehen besser sei als reiten, dann glaube ihm nicht. Merke dir meine Worte und denke Tag und Nacht darüber nach, dann wirst du die Weisheit erfassen, die darin enthalten ist. Doch diese Weisheit ist nichts im Vergleich zu der zweiten Weisheit, die ich dir unter jenem Baum dort offenbaren werde. Siehst du ihn, da vorn steht er.‘

Schön, dachte Nasreddin. Warte nur, Molla!

Schweißüberströmt schleppte er den Sack zum Baum.

Der Molla hob den Finger.

‚Lausche, denn die zweite Weisheit schließt den ganzen Koran, das halbe Scheriat und ein Viertel des Buches Tarikat in sich. Derjenige, der diese Weisheit erfaßt hat, wird nie den Pfad der Wahrheit und der Tugend verlassen. Versuche, dieser Weisheit auf den Grund zu kommen, mein Sohn, und freue dich, daß sie dir kostenlos zuteil wird. Die zweite Weisheit lautet: Wenn dir einer sagt, daß es ein Armer leichter hat als ein Reicher, dann glaube ihm nicht. Doch auch diese Weisheit ist nichts im Vergleich zur dritten, die nur verglichen werden kann mit dem Glanz der Sonne, der unsere Augen blendet, und mit der unermeßlichen Tiefe des Ozeans. Die dritte Weisheit erfährst du vor dem Tor meines Hauses. Gehen wir, denn ich habe mich genug ausgeruht!‘

‚Warte, Molla‘, antwortete unser Nasreddin. ‚Ich weiß die dritte Weisheit schon im voraus. Du wirst mir vor dem Tor deines Hauses sagen, daß ein kluger Mann immer einen Dummen findet, der ihm seinen Sack umsonst schleppt.‘

Entsetzt prallte der Molla zurück. Nasreddin hatte die dritte Weisheit aufs Haar erraten.

‚Lausche jetzt meiner Weisheit, o Molla', fuhr Nasreddin fort. ‚Sie ist mehr wert als deine drei Weisheiten zusammen. Beim Barte des Propheten, sie ist so tief und so einleuchtend, daß sie den gesamten Islam mit dem Koran, dem Scheriat, dem Buch Tarikat und allen anderen Büchern in sich schließt, obendrein den ganzen buddhistischen und den ganzen jüdischen Glauben und alle christlichen Irrtümer. Nein, noch nie hat es eine größere Weisheit gegeben als die, die ich dir, o Molla, jetzt anvertrauen werde. Aber bereite dich gut auf diese Weisheit vor, damit sie dich nicht allzusehr erschüttert, denn leicht verliert, wer sie hört, den Verstand, so überzeugend ist sie, so blendend und unfaßbar! Darum bereite erst deinen Geist auf sie vor. Und nun höre: Wenn dir einer sagt, diese Kürbisse hier seien nicht ein einziger Brei, dann speie ihm ins Gesicht, nenne ihn einen Lügner und jage ihn aus deinem Haus!'

Mit diesen Worten hob Nasreddin den Sack empor und schleuderte ihn in den Abgrund.

Die Kürbisse fielen heraus, kollerten über die Steine hinab und zerschmetterten in der Tiefe.

‚Wehe mir, welch ein Verlust! Ich bin ein ruinierter Mann', schrie der Molla. Und er jammerte und lamentierte, zerkratzte sich das Gesicht und gebärdete sich ganz wie ein Wahnsinniger.

‚Siehst du wohl', sagte Nasreddin belehrend, ‚habe ich dir nicht gleich gesagt, daß du von meiner Weisheit leicht den Verstand verlieren kannst?'"

Die Zuhörer lachten vergnügt.

Nasreddin lag in seiner Ecke auf einer staubigen Matte, die voller Flöhe war. Das haben sie also auch erfahren, dachte er. Woher nur? Wir waren doch allein an dem Abgrund, und ich hab es niemand erzählt. Sicherlich hat der Molla hinterher erraten, wer ihm seine Kürbisse schleppte, und hat es selber weitererzählt.

Der dritte Erzähler begann:

„Eines Tages kehrte Nasreddin aus der Stadt in das türkische Dorf zurück, in dem er damals wohnte. Er war müde und legte sich am Ufer eines Flusses nieder, um ein wenig zu rasten. Das gleichmäßige Rauschen des Flusses schläferte ihn ein; der Wind umwehte ihn mit seinem duftenden Atem. Nasreddin schlummerte süß und träumte, er sei gestorben. Wenn ich tot bin, dachte er, dann darf ich mich nicht bewegen und darf die Augen nicht öffnen. So lag er lange mit geschlossenen Augen im weichen Grase und fand das Totsein recht angenehm. So still und friedlich lag man da, frei von den Sorgen und Nöten, die einen im vergänglichen irdischen Leben verfolgen.

Einige Wanderer kamen daher und erblickten Hodscha Nasreddin.

‚Schau, da liegt ein Mohammedaner', sagte einer.

‚Er ist tot', fügte ein anderer hinzu.

‚Man muß ihn ins nächste Dorf bringen, damit er gewaschen und würdig bestattet wird', schlug der dritte vor und nannte das Dorf, das Nasreddins Ziel war.

Die Männer hackten einige junge Bäume ab, fertigten eine Tragbahre und legten Nasreddin darauf.

Lange trugen sie ihn. Er lag ohne Bewegung, mit fest geschlossenen Augen, nicht anders als ein Toter, dessen Seele schon an die Pforte des Paradieses klopft.

Plötzlich blieben die Männer mit der Tragbahre

stehen und gerieten in Streit darüber, wo sich die Furt befände. Der eine meinte, sie sei rechts, der andere behauptete, sie sei links, der dritte war für geradeaus.

Nasreddin öffnete ein wenig die Augen und sah, daß die Männer just an der gefährlichsten Stelle des Flusses standen. An dieser Stelle war schon manch Unvorsichtiger ertrunken, denn der Fluß war hier besonders tief und reißend. Um mich mache ich mir keine Sorgen, dachte Nasreddin, denn ich bin ja tot, und mir ist es gleich, ob ich im Grab liege oder auf dem Grunde des Flusses, doch diese Wanderer, die sich so um mich bemühen, die muß ich warnen, sonst könnten sie meinetwegen in Gefahr geraten. Das wäre äußerst undankbar von mir.

Er richtete sich auf, wies mit der Hand in die Richtung der Furt und sprach mit schwacher Stimme:

‚O ihr Gläubigen, als ich noch lebte, überquerte ich den Fluß stets bei jenen Pappeln dort.'

Dann streckte er sich wieder aus und schloß die Augen. Die Wanderer bedankten sich bei Nasreddin und schleppten ihn weiter, während sie mit lauter Stimme für sein Seelenheil beteten."

Während sich Erzähler und Zuhörer vor Lachen ausschütteten und einander mit den Ellbogen stießen, brummte Nasreddin unzufrieden vor sich hin: „Alles erlogen. Ich habe gar nicht geträumt, ich sei gestorben. So ein Narr bin ich nicht, daß ich nicht weiß, ob ich tot bin oder lebendig. Ich erinnere mich noch, daß mich ein Floh furchtbar biß und daß ich ganz verzweifelt war, weil ich mich nicht kratzen konnte. Wenn ich die Flohstiche spürte, ist das doch ein Beweis dafür, daß ich lebte. Ich war einfach müde und mochte nicht gehen. Die

Wanderer aber waren kräftige Burschen; was machte es ihnen aus, den kleinen Umweg in Kauf zu nehmen und mich ins Dorf zu tragen? Als sie aber den Fluß an einer Stelle überqueren wollten, die siebzehn Fuß tief war, hielt ich sie zurück. Dabei sorgte ich mich weniger um meine Familie, denn ich habe keine, als vielmehr um ihre Familien. Und jetzt bekam ich den sauren Apfel des Undanks zu kosten. Statt mir zu danken für die rechtzeitige Warnung, warfen sie mich von der Tragbahre herunter und bearbeiteten mich mit den Fäusten, und sicherlich würde mein letztes Stündlein geschlagen haben, wenn mich nicht meine schnellen Beine gerettet hätten. Ich wundere mich nur, wie die Menschen manchmal alle Tatsachen auf den Kopf stellen!"

Inzwischen hatte auch der vierte seine Geschichte begonnen:

„Nasreddin lebte, so erzählte man, ein halbes Jahr in einem Dorf und war dort berühmt für seinen Scharfsinn und seine treffenden Antworten."

Nasreddin spitzte die Ohren. Wo hatte er nur diese leise, ein wenig heisere, aber deutliche Stimme schon gehört? Vor ganz kurzer Zeit mußte es gewesen sein. Vielleicht gar erst heute? Er versuchte sich zu erinnern, aber es fiel ihm nicht ein.

Der Erzähler fuhr fort:

„Der Gouverneur des betreffenden Distrikts stellte einmal in dem Dorf, wo Nasreddin wohnte, einen seiner Elefanten unter, den die Einwohner mit Futter versorgen mußten. Der Elefant war unbeschreiblich gefräßig. Er vertilgte pro Tag fünfzig Maß Gerste, fünfzig Maß Dshugara, ebensoviel Mais und einhundert Bündel frischen Klee. Nach zwei Wochen hatte er sämtliche Vorräte der Einwohner aufgefressen. Sie waren zugrunde gerichtet und verzweifelt und wandten sich mit der Bitte, beim Gouverneur die Befreiung von dem Elefanten zu erwirken, an Hodscha Nasreddin.

Nasreddin erklärte sich dazu bereit, sattelte seinen Esel, der, wie jedermann weiß, so faul, störrisch und gefräßig ist wie ein Frosch, ein Schakal, eine Schlange und eine Spinne zusammen. Er sattelte also diesen Esel und ritt davon, nicht ohne vorher eine Summe als Lohn für seine Bemühungen vereinbart zu haben. Die Summe war so hoch, daß viele Dorfbewohner ihre Häuser verkaufen mußten und zu Bettlern wurden. Das hatten sie Hodscha Nasreddin zu verdanken."

„Hm", klang es aus der Ecke. Es war Nasreddin, der sich auf seiner Matte hin und her warf und nur mit Mühe den Zorn unterdrückte, der in ihm kochte.

„Nasreddin ging also in den Palast", fuhr der Erzähler fort. „Dort stand er lange unter den Dienern und Bittstellern und wartete darauf, daß ihm der erlauchte Gouverneur, im Glanz seiner Macht der Sonne gleich, seinen hohen Blick zuzuwenden geruhe, der dem einen Glück, dem anderen aber den Untergang verheißt. Und als der Gouverneur, der seine Umgebung überstrahlte wie die silberne Sichel des Mondes die Sterne und aus ihr hervorragte wie die schlanke, duftende Zypresse aus dem Dorngestrüpp, nach einiger Zeit geruhte, Nasreddin zu beglücken und ihm sein Antlitz zuzukehren, auf dem Adel und Weisheit leuchteten wie Rubine und Diamanten an einem Ring, da erschrak Nasreddin vor diesem Glanz und dieser Würde; das Blut stockte ihm in den Adern, der Angstschweiß brach ihm aus, er wurde blaß wie der Tod, und seine Knie zitterten wie der Schwanz eines Schakals.“

„Hm“, klang es wiederum aus der Ecke, doch der Erzähler achtete nicht darauf und fuhr fort:

„,Was willst du?‘ fragte der Gouverneur mit seiner edlen, wohltönenden Stimme, die an das Gebrüll des Löwen erinnerte.

Vor Angst war Nasreddin kaum seiner Zunge mächtig. Seine Stimme klang wie das Winseln einer stinkenden Hyäne.

‚O hoher Gebieter‘, antwortete er. ‚O Sonne unseres Distrikts, die allen Lebenden Glück und Freude spendet, erhöre deinen nichtswürdigen Sklaven, der es nicht wert ist, die Schwelle deines Palastes mit seinem Barte abzuwischen. Gnädig hast du geruht, einen deiner Elefanten in unserem Dorf unterzubringen, auf daß er da gefüttert werde. Und damit sind wir nicht einverstanden.‘

Der Gouverneur runzelte die Stirn und glich einer Gewitterwolke. Nasreddin verneigte sich vor ihm bis zur Erde, wie ein Schilfhalm vor dem Sturm.

‚Ihr seid nicht einverstanden? Warum nicht?‘ fragte der Gouverneur. ‚Antworte rasch, oder klebt dir die Zunge in deinem dreckigen Maul?‘

‚W–w–wir‘, stammelte der feige Nasreddin, ‚wir sind nur deshalb nicht einverstanden, erlauchter Gebieter, weil das arme Tier ganz allein ist und sich so einsam fühlt und sich langweilt. Der Elefant ist ganz schwermütig geworden, und die Dorfbewohner werden es auch, wenn sie ihn anschauen. Und darum haben sie mich zu dir gesandt, o Edelster der Edlen, o Zierde dieser Welt, um dich zu bitten, daß du uns die Gnade erweisest, uns auch noch eine Elefantenkuh zum Füttern zu schicken.‘

Der Gouverneur war mit dieser Antwort sehr zufrieden und befahl sofort, einen zweiten Elefanten ins Dorf zu schicken. Als Zeichen seiner Gnade gestattete er Nasreddin, seinen Schuh zu küssen, und Nasreddin tat es mit solchem Eifer, daß ein Fleck auf dem Schuh des Gouverneurs blieb und Nasreddins Lippen schwarz wurden ...“

In diesem Augenblick unterbrach Nasreddin den Erzähler mit Stentorstimme.

„Du lügst!“ donnerte er. „Du lügst, du schamloser Bastard von Fröschen, Schlangen, Spinnen und Schakalen! Deine Zunge, deine Lippen sind schwarz wie dein ganzes Innere, du räudiger Hund, weil *du* die Stiefel der Machthaber leckst! Nasreddin hat sich noch nie vor einem Machthaber verneigt! Du verleumdest Nasreddin! Du lügst! Hört ihm nicht zu, ihr Gläubigen! Jagt ihn zum Teufel, den Erzlügner, der das Gute verleumdet. Straft ihn mit eurer Verachtung! Wendet eure Augen und eure Herzen von ihm ab!“

Er stürzte vor, um den Verleumder eigenhändig am Kragen zu packen, doch verblüfft hielt er inne, als er das flache, pockennarbige Gesicht und die unruhigen gelben Augen des Dieners erkannte, der sich mit ihm über das Geländer der Todesbrücke gestritten hatte.

„Aha“, rief Nasreddin aus. „Sieh mal an, der treue und ehrliche Diener seines Herrn! Du dienst also noch einem anderen Herrn, dessen Namen du aber verheimlichst. Wieviel zahlt dir der Emir für die Verspottung und Verleumdung Nasreddins überall in den Teestuben? Wieviel zahlt er dir für dein Gespitzel, für jeden, den du verraten, für jeden, den du ans Messer geliefert hast, der deinetwegen ins Gefängnis geworfen, in Ketten gelegt oder in die Sklaverei verkauft wurde? Ich habe dich erkannt, du gemeiner Spitzel des Emirs!"

Der Spion, der bis dahin regungslos dagestanden und erschrocken auf Hodscha Nasreddin geblickt hatte, klatschte plötzlich in die Hände und rief mit lauter Stimme:

„Wache! Hierher!"

Nasreddin hörte die schweren Schritte der Wache, die herbeigeeilt kam, hörte das Klirren der Speere und Schilde. Ohne Zögern sprang er zur Seite und schlug den Spitzel nieder, der ihm den Weg vertrat.

Da vernahm er das Stampfen der Wache, die von der anderen Seite des Platzes gelaufen kam.

Wohin er auch hastete, überall rannten ihm Wachen entgegen. Schon glaubte er sich verloren und rief, so laut er konnte: „Ich bin umzingelt! Leb wohl, mein treuer Esel!"

Da geschah etwas Verblüffendes. Noch heute erinnert man sich in Buchara daran und wird es auch nie vergessen; zu groß waren der Tumult und die Zerstörungen, die der Zwischenfall hervorrief.

Der Esel, da er die klagende Stimme seines Herrn vernahm, rannte auf ihn zu und schleifte dabei eine riesige Trommel hinter sich her. Vorhin in der Dunkelheit hatte Nasreddin nicht bemerkt, daß die Klammer, an die er den Esel band, zu der großen Trommel gehörte, mit deren Hilfe ihr Besitzer an hohen Feiertagen die Leute in seine Teestube rief. Die Trommel stieß gegen einen im Weg liegenden Stein und erdröhnte. Der Esel blickte sich um, und wieder prallte die Trommel mit Getöse an einen Stein. Da wurde dem Esel klar, daß die bösen Geister, die seinen Herrn verfolgten, nun auch ihm ans Fell wollten. Entsetzt brüllte er auf und raste mit hocherhobenem Schweif über den Platz.

„Verdammt, meine Trommel", schrie der Teehausbesitzer und jagte hinter dem Esel drein.

Vergebliche Mühe! Wie ein Sturmwind brauste der Esel dahin, und je schneller er lief, um so ohrenbetäubender wurde der Lärm, den die Trommel hervorbrachte. Die Leute in den Teestuben gerieten in Aufregung, sprangen von ihren Sitzen hoch und erkundigten sich, was geschehen sei, weshalb man zu so ungewohnter Stunde die Trommel schlage.

Mittlerweile hatte die letzte Kamelkarawane – fünfzig Lasttiere, mit Geschirr und Kupferblech beladen – den Platz des Basars erreicht. Als die Kamele etwas Rundes, Brüllendes, Springendes, Fürchterliches gewahrten, das mit Donnergepolter aus der Finsternis auf sie zujagte, gerieten sie außer sich vor Entsetzen und rannten voll panischer Angst nach allen Seiten auseinander; das Geschirr und die Blechplatten fielen klirrend und polternd zu Boden.

Im nächsten Augenblick herrschte auf dem Platz und in den angrenzenden Straßen ein wüstes Durcheinander. Ein Dröhnen, Donnern, Wiehern, Brüllen, Heulen, Prasseln und Klirren erfüllte die Luft und vereinte sich zu einem geradezu höllischen Getöse. Niemand wußte, was geschehen war. Hunderte von Kamelen, Pferden und Eseln hatten sich losgerissen, rasten in der Finsternis umher und galoppierten über die auf der Erde verstreuten scheppernden Kupferbleche hinweg. Mit

lautem Gebrüll rannten die Treiber, Fackeln

schwingend, hinterher. Aus den Häusern kamen verschlafene Menschen gestürzt, die von dem Lärm aufgewacht waren. Verstört, halbnackt liefen sie über den Platz. Sie wußten nicht, wohin sie sich wenden sollten, stießen einander und erfüllten die Dunkelheit mit verzweifeltem Geschrei; denn sie glaubten nicht anders, als daß der Weltuntergang angebrochen sei. Auch die Hähne erwachten, schlugen mit den Flügeln und krähten. Die Verwirrung wuchs und breitete sich über die ganze Stadt aus. Plötzlich feuerten die Kanonen auf der Stadtmauer, denn die Wache vermutete, es sei ein Feind eingedrungen. Die Kanonen des Palastes begannen ebenfalls zu schießen; die Palastwache wähnte, ein Aufstand habe begonnen. Von den zahllosen Minaretten erklangen die erschrokkenen Stimmen der Muezzins. Alles rannte durcheinander und wußte nicht, wohin. Und im dichtesten Getümmel lief Nasreddin, den umherstehenden Pferden und Kamelen geschickt ausweichend, den Trommeltönen seines Esels nach, die schließlich abbrachen, weil der Strick gerissen war. Die Trommel rollte den Kamelen vor die Füße, die entsetzt zurückprallten und einige Speicher, Vordächer, Teestuben und Marktbuden einrissen.

Nasreddin hätte den Esel lange suchen können, wenn er nicht zufällig auf ihn gestoßen wäre. Der Esel war ganz von Schaum bedeckt und zitterte.

„Komm schnell", sagte Nasreddin und zog das Tier hinter sich her. „Hier ist es zu laut für uns. Was ein kleiner Esel in einer großen Stadt nicht alles anrichten kann, wenn man ihn an eine Trommel bindet! Schau, was du angestellt hast. Du hast mich zwar vor der Wache gerettet, aber mir tun dennoch die armen Einwohner von Buchara leid;

sie werden vor morgen früh nicht zu sich kommen. Wo finden wir jetzt ein ruhiges, abgeschiedenes Eckchen für uns?“

Nasreddin beschloß, auf dem Friedhof zu übernachten; denn er nahm mit Recht an, daß die Toten keinesfalls Fackeln schwingen oder schreiend und brüllend umherlaufen würden, mochte die allgemeine Verwirrung auch noch so groß sein.

Damit beendete der Empörer und Unruhestifter Hodscha Nasreddin den ersten Tag seines Aufenthalts in der Heimat und machte auch diesmal seinem Beinamen alle Ehre. Er band den Esel an einen Grabstein, streckte sich behaglich auf einem Grabhügel aus und schlief alsbald ein. In der Stadt hörten Lärm, Geschrei und Kanonendonner noch lange nicht auf.

Neuntes Kapitel

Beim Morgengrauen, als die Sterne verblaßten und die Umrisse der Häuser schärfer aus der Dunkelheit hervortraten, erschienen Hunderte von Maurern, Tischlern, Straßenkehrern und Müllfahrern auf dem Platz des Basars und machten sich an die Arbeit. Gemeinsam richteten sie die umgeworfenen Zeltdächer wieder auf, besserten die zerstörten Stege und Zäune aus und sammelten die Scherben. Die aufgehende Sonne fand keinerlei Spuren der nächtlichen Unruhe mehr vor.

Der Basar begann.

Als Nasreddin, der sich im Schatten des Grabsteines ausgeschlafen hatte, auf den Platz kam, war das Markttreiben bereits in vollem Gange. Eine bunte Menschenmenge summte und wogte durcheinander, viele Volksstämme waren vertreten, die Laute vieler Sprachen schwirrten durch die Luft. „Platz da, Platz da!" schrie Nasreddin, aber er konnte in dem Wirrwarr der Tausende von Stimmen seine eigene kaum unterscheiden; alle schrien: die Kaufleute, die Barbiere, die Kameltreiber, die Wasserträger, die wandernden Derwische, die Bettler und nicht zuletzt die Zahnzieher des Basars, die ihr furchtbares rostiges Handwerkszeug aufmunternd hin und her schwenkten. Man sah

Röcke, Turbane, Teppiche, Pferdedecken in allen Farben; chinesische, arabische, indische, mongolische Laute und eine Menge anderer Mundarten erklangen, und das alles vereinigte sich zu einem lärmenden, bewegten grellbunten Schauspiel. Staubwolken wirbelten auf und trübten den Himmel. In unendlichem Strom eilten immer mehr Menschen herbei, gesellten sich zu der brodelnden Menge, breiteten ihre Waren aus, priesen sie an, und ihre Stimmen mischten sich in das allgemeine Geschrei. Die Töpfer schlugen mit dünnen Stöckchen einen tönenden Wirbel auf ihren Töpfen und Krügen, sie hielten die Vorübergehenden am Rock fest und forderten sie auf, den reinen Klang zu bewundern und die gute Ware zu kaufen. In langer Reihe standen funkelnde handgetriebene Kupfergefäße und blendeten das Auge, die Luft erzitterte vom Klingen der Hämmerchen, mit denen die Kunstschmiede zierliche Muster in Kannen und Tabletts schlugen, während sie laut ihre Kunst priesen und die ihrer Nachbarn schmähten. Juweliere schmolzen in kleinen Tiegeln Silber, zogen Gold aus und schliffen auf rotierenden Lederscheiben kostbare indische Edelsteine. Der leichte Wind trug von Zeit zu Zeit eine Welle von Wohlgerüchen aus den Ständen herbei, in denen Parfüms, Rosenöl, Ambra und Moschus und verschiedene Gewürze feilgeboten wurden. Auf der anderen Seite zog sich eine unendliche Reihe Teppiche hin – bunt, farbenprächtig, mit Blumen und Ornamenten verziert –, persische, kaschgarische und Damaszener Teppiche, auch buntgemusterte Pferdedecken gab es, teure wie billige, für edle Rosse wie für elende Mähren.

 Nasreddin ritt an den Ständen der Seidenhändler, der Waffenschmiede, der Sattler und Färber vorbei, kam über den Sklavenmarkt und über den Wollbasar, und das alles war erst der Anfang des Basars. Noch Hunderte von Standreihen zogen sich vor ihm hin, und je tiefer Nasreddin auf seinem Esel in die Menge eindrang, desto ohrenbetäubender wurde das Schreien, Heulen, Schelten. Ja, das war der echte, der berühmte und unvergleichliche Basar von Buchara. Damals fand er nirgendwo seinesgleichen, nicht einmal in Bagdad oder Damaskus.

Endlich hatte Nasreddin die letzten Reihen erreicht. Vor ihm erhob sich der Palast des Emirs von Buchara, von einer hohen Mauer mit Zinnen und Schießscharten umgeben. Die vier Ecktürme waren kunstvoll mit buntem Mosaik verziert, daran arabische und iranische Meister viele Jahre lang gearbeitet hatten.

Vor den Toren des Palastes breitete sich ein großes Zeltlager aus. Im Schatten der zerrissenen Zeltdächer hockten und lagen auf Schilfmatten ganze Familien, von der Hitze völlig erschöpft. Die Frauen wiegten ihre Säuglinge, kochten in Kesseln ihr karges Mahl und flickten zerlumpte Decken und Kleider. Überall liefen kreischend halbnackte Kinder umher, stritten sich und purzelten durcheinander, wobei sie dem Palast höchst respektlos denjenigen Körperteil zuwandten, den zu betrachten am wenigsten schicklich ist. Die Männer schliefen, beschäftigten sich mit häuslichen Angelegenheiten oder kauerten um den Teekessel und unterhielten sich. Diese Leute verbringen hier nicht den ersten Tag, dachte Nasreddin.

Zwei Männer zogen seine Aufmerksamkeit an: ein Bärtiger und ein Kahlköpfiger. Sie lagen, einander den Rücken zukehrend, auf der nackten Erde, jeder unter seinem Zeltdach. Zwischen ihnen war eine weiße Ziege angepflockt, die so abgemagert war, daß ihre Rippen das haarlose Fell zu zerreißen drohten. Kläglich meckernd, benagte sie den Pflock aus Pappelholz, den sie schon zur Hälfte abgeknabbert hatte.

Nasreddin war sehr neugierig und fragte:

„Friede sei mit euch, ihr Einwohner des edlen Buchara, aber sagt mir, seit wann führt ihr dieses Zigeunerleben?"

„Lache uns nicht aus, o Pilger", antwortete der Bärtige. „Wir sind keine Zigeuner. Wir sind ebenso gute Mohammedaner wie du."

„Warum seid ihr denn nicht zu Hause, wenn ihr gute Mohammedaner seid? Worauf wartet ihr hier vor dem Palast?"

„Wir warten auf das gnädige und gerechte Gericht des Emirs, unseres Herrn und Gebieters, der mit seinem Glanz die Sonne überstrahlt."

„So", sagte Nasreddin mit unverhohlenem Spott. „Und wie lange wartet ihr schon auf das gnädige und gerechte Gericht des Emirs, eures Herrn und Gebieters, der mit seinem Glanz die Sonne überstrahlt?"

„Wir warten schon die sechste Woche, o Pilger", mischte sich der Kahlköpfige in das Gespräch. „Dieser bärtige Lump hier – möge Allah ihn strafen, möge der Scheitan seinen Schwanz über sein Lager breiten –, dieser bärtige Lump ist mein älterer Bruder. Unser Vater starb und hinterließ uns eine kleine Erbschaft. Wir teilten alles außer dieser Ziege. Der Emir soll nun bestimmen, wem von uns sie gehört."

 „Wo ist denn euer übriges Erbe?"

„Alles verkauft, um Geld für die Klage zu bekommen. Die Schreiber und die Anwälte und die Wachen und noch viele andere müssen bezahlt werden."

Der Kahlköpfige sprang plötzlich auf und stürzte zu einem schmutzigen, barfüßigen Derwisch mit spitzem Hut und einem schwarzen, ausgehöhlten Kürbis, den er unter dem Arm trug.

„Bete für mich, heiliger Mann! Bete, daß das Gericht zu meinen Gunsten entscheide."

Der Derwisch nahm das Geld dafür in Empfang und fing an zu beten. Und jedesmal, wenn er fertig war, warf der Kahlköpfige eine Münze in den Kürbis, und der Derwisch fing von neuem an.

Der Bärtige erhob sich unruhig und suchte mit den Augen die Menge ab. Bald entdeckte er einen zweiten Derwisch, der noch schmutziger und zerlumpter aussah als der erste und folglich auch noch heiliger war.

Dieser Derwisch verlangte eine hohe Summe. Der Bärtige verlegte sich aufs Feilschen, doch der Derwisch suchte unter seinem Hut, holte eine Handvoll fetter Läuse hervor, zeigte sie dem Bärtigen, und nachdem er solchermaßen seinen heiligen Lebenswandel nachgewiesen, entschloß sich der Bärtige, die verlangte Summe zu zahlen. Er warf seinem Bruder einen triumphierenden Blick zu und zählte das Geld ab.

Der Derwisch fiel auf die Knie und begann laut zu beten. Sein Baß übertönte die dünne Stimme des ersten Derwischs. Beunruhigt gab der Kahlköpfige diesem mehr Geld, und der Bärtige folgte dem Beispiel des Bruders. Danach brüllten die beiden Derwische, in dem Bemühen, einander zu überschreien, mit solcher Lautstärke, daß Allah sicherlich seinen Engeln gebot, die Fenster seines Prunkgemaches zu schließen, um nicht taub zu werden. Die Ziege, die noch immer an dem Pappelpflock knabberte, stimmte kläglich meckernd in den Lärm ein.

Der Kahlköpfige warf ihr ein halbes Bündel Klee vor, doch der Bärtige schrie:

„Weg mit deinem dreckigen, stinkenden Klee. Meine Ziege geht dich nichts an."

Er schleuderte den Klee weit weg und stellte der Ziege einen Topf mit Kleie hin.

„Nein", kreischte der Kahlköpfige wütend. „Meine Ziege wird deine Kleie nicht fressen."

In hohem Bogen flog der Topf dem Klee nach, zerschellte an einem Stein, und die Kleie fiel in den Straßenstaub. Die beiden Brüder hielten sich umklammert, wälzten sich auf der Erde, überschütteten einander mit Schlägen und Verwünschungen.

„Zwei Narren prügeln sich, zwei Gauner beten, und inzwischen krepiert die Ziege vor Hunger", sagte Nasreddin kopfschüttelnd. „He, ihr liebevollen und tugendhaften Brüder, schaut her! Allah hat euren Streit auf seine Weise entschieden und die Ziege zu sich geholt."

Die Brüder ließen voneinander ab und standen lange mit blutigen Gesichtern vor der toten Ziege. Schließlich sagte der Kahlköpfige:

„Man muß ihr das Fell abziehen."

„Ich ziehe ihr das Fell ab", ließ sich schnell der Bärtige vernehmen.

„Weshalb du?" fragte der Kahlköpfige, und seine Glatze lief vor Wut purpurrot an.

„Die Ziege ist mein, also gehört das Fell mir."

 „Nein, mir!"

Nasreddin wollte es nicht gelingen, ein Wort dazwischenzuwerfen. Die Brüder wälzten sich schon wieder am Boden. In dem keuchenden Menschenknäuel, der auf dem Erdboden hin und her rollte, konnte man nichts unterscheiden. Nur eine Hand ragte plötzlich daraus hervor und hielt ein Bündel schwarzer Haare umkrampft. Nasreddin schloß daraus, daß der ältere Bruder den größten Teil seines Bartschmucks verloren haben müsse.

Hoffnungslos winkte Nasreddin ab und ritt weiter. Kurz darauf traf er den Schmied mit der Zange im Gürtel, denselben, mit dem er gestern am Teich gesprochen hatte.

„Sei gegrüßt, Schmied!“ rief Nasreddin erfreut. „Nun sind wir uns wieder begegnet, wenngleich ich meinen Schwur noch nicht erfüllt habe. Was machst du hier? Wartest du etwa auch auf des Emirs Gericht?“

„Ob es von Nutzen ist, weiß ich nicht“, sagte der Schmied düster. „Ich komme mit einer Klage von der Schmiedeinnung. Fünfzehn Mann von der Wache wurden uns auf drei Monate zur Verpflegung zugewiesen. Nun sind sie schon ein ganzes Jahr bei uns, wir füttern sie immer noch und haben dadurch große Verluste.“

„Und mich schickt die Färberinnung“, mischte sich ein anderer Mann ins Gespräch, dessen Hände mit Farbe beschmiert waren und dessen Gesicht von den giftigen Dämpfen, die er tagtäglich einatmete, grünlich aussah. „Ich komme mit einer ähnlichen Klage. Wir müssen fünfundzwanzig Mann verpflegen. Unser Geschäft geht zurück, die Einnahmen haben sich verringert. Vielleicht hat der Emir ein Einsehen und befreit uns von dieser unerträglichen Last.“

„Warum habt ihr euch alle gegen die arme Wache verschworen!“ rief Nasreddin aus. „Das sind doch gar nicht die schlechtesten und gefräßigsten Leute in Buchara. Ihr füttert ja ohne Widerspruch auch den Emir selbst, seine Wesire und Würdenträger, zweitausend Mollas und sechstausend Derwische. Warum soll ausgerechnet die Wache hungern? Kennt ihr nicht das Sprichwort: Wo ein Schakal Nahrung findet, stellen sich gleich zehn weitere ein? Ich begreife eure Unzufriedenheit nicht!“

„Nicht so laut“, sagte der Schmied und schaute sich um.

Der Färber betrachtete Nasreddin vorwurfsvoll.

„Du bist ein gefährlicher Mann, Pilger, und deine Worte sind nicht gut. Aber unser Emir ist weise und gnädig.“

Ein lautes Trommeln und Trompeten unterbrach seine Worte. Das ganze Lager wurde lebendig. Die schweren kupferbeschlagenen Palasttore öffneten sich.

„Der Emir, der Emir!“ schrien die Leute und stürzten nach vorn, um ihren Herrscher zu sehen. Nasreddin hatte einen guten Platz in der vordersten Reihe.

Zuerst kamen die Ausrufer aus dem Palast gelaufen.

„Platz da, Platz für den Emir, den Gebieter der Rechtgläubigen! Platz da!“ schrien sie.

Danach trat die Wache heraus, sie hieb mit Stökken rechts und links auf die Köpfe der Neugierigen ein, die sich zu nahe herangewagt hatten. In der Menschenmenge bildete sich eine breite Gasse, durch die jetzt Musikanten mit Trommeln, Flöten und Tamburins schritten. Das Gefolge des

 Emirs, in Gold und Seide gekleidet, mit krummen

Säbeln in samtenen, mit Edelsteinen besetzten Scheiden, schloß sich an. Dann wurden zwei Elefanten mit riesigen Federbüschen auf den Köpfen herausgeführt, und schließlich erschien eine pompöse Sänfte, unter deren schwerem Brokatbaldachin der Emir höchstselbst ruhte.

Eine Bewegung ging durch die Menge wie durch ein Kornfeld, über das der Wind streicht: Alle fielen auf die Knie und berührten mit der Stirn den Boden, denn der Emir hatte einen Befehl erlassen, nach dem alle seine getreuen Untertanen ihm in Demut begegnen und nur von unten her zu ihm aufschauen sollten. Vor der Sänfte liefen Diener her und breiteten Teppiche aus. Rechts von der Sänfte ging der Hoffliegenverscheucher mit einem Wedel aus Roßschweifen, links schritt feierlich und gemessen der Pfeifenträger des Emirs mit einem goldenen türkischen Nargileh. Den Abschluß des Zuges bildete die Wache mit Kupferhelmen, Schilden, Speeren, Armbrüsten und entblößten Säbeln, der noch zwei kleine Kanonen folgten. Die grelle Mittagssonne beschien dieses bunte Bild, brach sich in den funkelnden Edelsteinen, glühte in dem goldenen und silbernen Schmuck und spiegelte sich in den blanken Helmen und Schilden, in dem weißen Stahl der Säbelklingen. Die riesige Menschenmenge aber, die vor dieser Pracht auf den Knien lag, besaß weder Edelsteine noch Gold und Silber, sie besaß nicht einmal Kupfer – nichts, was in der Sonne hätte aufleuchten und das Herz durch seinen Glanz erfreuen können. Nur Fetzen, Elend und Hunger gab es bei den Armen, und als der prächtige Zug des Emirs durch die schmutzige, zerlumpte und eingeschüchterte Menschenmenge schritt, glich er einem goldenen Faden, der durch graues Sackleinen gezogen wird.

Das hohe, mit Teppichen belegte Podium, von dem aus der Emir den ergebenen Untertanen seine Gnade erweisen wollte, war schon rings von der Wache abgesperrt. Daneben, auf dem Richtplatz, bereiteten sich die Henker darauf vor, den Willen des Emirs zu vollstrecken; sie erprobten die Geschmeidigkeit der Ruten und die Festigkeit der Stöcke, schärften ihre Äxte, befeuchteten in Wasserbecken die vielschwänzigen Peitschen aus weißgegerbtem Leder, stellten Galgen auf und rammten spitze Pfähle in die Erde. Der durch seine Grausamkeit weit über Buchara hinaus berüchtigte Kommandant der Schloßwache, Arslanbek, leitete diese Vorbereitungen. Er hatte ein rotes Gesicht, war dick und schwarzhaarig. Ein langer Bart bedeckte seine Brust und reichte ihm bis zum Bauch, seine Stimme glich dem Gebrüll eines Kamels.

Arslanbek verteilte freigebig Püffe und Schläge an seine Leute, doch plötzlich schrumpfte er in einer tiefen Verbeugung zusammen und zitterte vor Unterwürfigkeit.

Gleichmäßig schwankte die Sänfte, die auf das Podium getragen wurde. Der Emir warf den Baldachin zurück und zeigte sich dem Volke.

Zehntes Kapitel

Von außergewöhnlicher Schönheit war er nicht, der erlauchte Emir. Sein Gesicht, das die Hofpoeten in ihren Versen mit dem silbernen Vollmond verglichen, erinnerte mehr an eine überreife, welke Melone. Als sich der Emir mit Hilfe der Wesire von der Sänfte erhob, um sich auf den vergoldeten Thron zu setzen, stellte Nasreddin fest, daß auch seine Gestalt keineswegs, wie die Hofpoeten behaupteten, einer schlanken Zypresse glich. Der Emir war dick und plump, hatte kurze Arme, und seine Beine waren so krumm, daß nicht einmal der lange Rock diesen Schönheitsfehler verbergen konnte.

Die Wesire nahmen rechts, die Mollas und Würdenträger links vom Emir Platz, die Schreiber mit ihren Büchern und Tintenfässern hockten sich davor auf den Boden, und die Hofpoeten bildeten hinter dem Thron einen Halbkreis und betrachteten den Nacken des Emirs mit ergebenen Blicken. Der Hoffliegenverscheucher wedelte dem Emir die Fliegen fort, und der Hofpfeifenträger reichte ihm einen goldenen Tschibuk. Die Menge hielt den Atem an. Nasreddin reckte sich im Sattel und lauschte gespannt.

Der Emir nickte schläfrig. Die Wache trat auseinander und ließ den Bärtigen und den Kahlköpfigen durch, die heute endlich an der Reihe waren. Die Brüder krochen auf den Knien vor das Podium und berührten mit den Lippen den Teppich, der bis auf den Erdboden herabhing.

„Steht auf!" befahl der Großwesir Bachtjar. Die Brüder erhoben sich. Sie wagten nicht, den Staub von ihren Röcken zu schütteln. Die Zunge gehorchte ihnen nicht vor lauter Angst, ihre Rede war unklar und verworren. Doch Bachtjar war ein erfahrener Wesir und begriff trotz des Gestammels alles.

„Wo ist eure Ziege?" unterbrach er die Brüder ungeduldig.

„Sie ist krepiert, hoher Wesir!" antwortete der Kahlköpfige. „Allah hat sie zu sich genommen. Doch wem von uns gehört nun das Fell?"

Bachtjar wandte sich an den Emir.

„Was entscheidet der weiseste aller Herrscher?"

Der Emir gähnte laut und schloß gleichmütig die Augen. Bachtjar neigte ehrerbietig den Kopf im weißen Turban.

„Ich lese die Entscheidung auf deinem Gesicht, hoher Gebieter! Hört zu", wandte er sich an die Brüder. Sie fielen auf die Knie, bereit, dem Emir für seine Güte, seine Weisheit und Gerechtigkeit zu danken. Bachtjar verkündete das Urteil, und die Schreiber schrieben es auf; ihre Federn kratzten hurtig über das Papier.

„Der Beherrscher der Rechtgläubigen und die Sonne des Weltalls, unser großer Emir, den Allah segnen möge, hat geruht, folgendes zu beschließen: Da es Allah gefallen hat, die Ziege zu sich zu nehmen, gehört das Fell der Ziege Allahs Stellvertreter, also dem großen Emir selbst. Es muß abgezogen, getrocknet, gegerbt und in den Palast gebracht werden."

Fassungslos starrten die Brüder einander an. Ein Raunen ging durch die Menge. Bachtjar fuhr laut und deutlich fort:

„Außerdem müssen die Kläger eine Gerichtssteuer von zweihundert Tanga, eine Palaststeuer von einhundertfünfzig Tanga und außerdem fünfzig Tanga für die Schreiber bezahlen. Dazu kommt noch eine Abgabe zur Ausschmückung der Moscheen. Die Summe ist sofort in bar oder durch Abgabe von Kleidern oder anderen Gegenständen in entsprechendem Wert zu entrichten."

Er hatte seine Rede noch nicht beendet, da stürzte schon auf ein Zeichen Arslanbeks die Wache auf die Brüder zu, schleppte sie beiseite, durchsuchte ihre Taschen, zog die Röcke und die Stiefel aus und stieß sie barfuß und halbnackt hinweg.

Das alles hatte keine halbe Minute gedauert. Sofort nach der Verkündung des Urteils geriet der Chor der Hofpoeten in Bewegung und stimmte eine Lobpreisung an:

„O weiser Emir, o Weisester der Weisen, o Allerweisester der Allerweisesten, Gebieter aller Weisen!"

So sangen sie lange, und jeder reckte seinen Hals zum Thron hin, in der Hoffnung, daß seine Stimme dem Emir auffallen möge. Die einfachen Leute aber, die das Podium umstanden, betrachteten schweigend und voller Mitleid die Brüder.

„Ihr habt nicht umsonst sechs Wochen lang hier gesessen", wandte sich Nasreddin in ehrerbietigem Ton an die beiden Unglücklichen, die sich schluchzend in den Armen lagen. „Endlich ist euch ein gnädiges und gerechtes Urteil zuteil geworden, denn wie alle Welt weiß, gibt es keinen weiseren und gütigeren Mann als unseren Emir, und wenn es jemand wagen sollte, daran zu zweifeln" – er ließ den Blick über seine Nachbarn in der Menge schweifen –, „dann wäre es leicht, die Wache zu rufen, um den Ungläubigen dem Henker zu überliefern. Dem wird es nicht schwerfallen, den Mann über seinen Irrtum aufzuklären. Ziehet hin in Frieden, o ihr Brüder, und solltet ihr euch das nächste Mal um ein Huhn streiten, so wendet euch getrost wieder an des Emirs Gericht, doch vergeßt nicht, vorher euer Haus, eure Felder und eure Weinberge zu verkaufen, denn anders könnt ihr all die Steuern gar nicht bezahlen."

„Wären wir doch mit unserer Ziege gestorben!" riefen die Brüder und weinten bitterlich.

„Ihr glaubt wohl, es gibt zuwenig Narren im Himmel?" sagte Nasreddin. „Zuverlässige Leute haben mir berichtet, daß Himmel und Hölle mit Narren überfüllt seien und daß man keinen mehr hereinlasse. Ich prophezeie euch Unsterblichkeit, liebe Brüder! Aber geht jetzt lieber, denn die Wache schaut schon zu uns her, und ich kann nicht auf Unsterblichkeit rechnen wie ihr."

Die Brüder gingen laut schluchzend fort, zerkratzten sich die Gesichter und streuten sich den gelben Staub der Straße aufs Haupt.

Nun stand der Schmied vor dem Gericht des Emirs. Mit dumpfer, mürrischer Stimme trug er seine Klage vor.

Der Großwesir Bachtjar wandte sich an den Emir:

„Was entscheidet der Gebieter?"

 Der Emir war eingeschlafen und schnarchte mit

offenem Munde. Aber das konnte Bachtjar nicht in Verlegenheit bringen.

„O Gebieter, ich lese die Entscheidung auf deinem Gesicht."

Er verkündete feierlich:

„Im Namen Allahs, des Gütigen und Gerechten: Der Beherrscher der Rechtgläubigen, unser mächtiger Emir, hat seinen Untertanen, den Einwohnern des edlen Buchara, die Gnade erwiesen, ein paar Mann seiner getreuen Wache von ihnen verpflegen zu lassen, wodurch sich ihnen die ehrenvolle Gelegenheit bietet, ihrem Emir täglich und stündlich ihre Dankbarkeit zu beweisen. Diese Ehre wird der Bevölkerung anderer, benachbarter Länder nicht zuteil. Doch die Schmiedeinnung scheint diese Ehre nicht recht zu würdigen. Im Gegenteil, der Schmied Jussup hat die Leiden im Jenseits, die Todesbrücke für die Sünder, vergessen, welche so schmal ist wie eines Schwertes Schneide. Frech öffnete er seinen Mund vor dem Thron unseres Herrn und Gebieters, des großen Emirs, um seiner Undankbarkeit Worte zu verleihen. In Anbetracht dieser Tatsache hat unser weiser Emir geruht, folgendes zu beschließen: Dem Schmied Jussup sind zweihundert Peitschenhiebe zu verabreichen, damit er Reue empfinde und damit sich die Tore des Paradieses, wenn er anklopft, nicht vor ihm verschließen. Der Schmiedeinnung erweist der große Emir die Gnade, ihr noch weitere zwanzig Mann der Wache zuzuteilen, damit den Schmieden nicht die Freude und die Gelegenheit genommen werde, täglich und stündlich die weise Güte des Emirs zu preisen. Das ist des Emirs Beschluß. Möge Allah sein Leben verlängern zu Nutz und Frommen seiner Untertanen."

Der Chor der Schmeichler fiel abermals ein und ließ sein Loblied auf den Emir erschallen. Unterdessen ergriff die Wache den Schmied und schleppte ihn zum Richtplatz, wo schon die Henker mit gemeinem, blutrünstigem Lächeln die schweren Peitschen schwangen.

Der Schmied legte sich mit dem Gesicht nach unten auf die Bastmatte. Gleich der erste sausende Peitschenhieb ließ die Haut aufplatzen und das Blut hervortreten.

Grausam hieben die Henker auf ihn ein, zerfetzten ihm die Haut und das Fleisch bis auf die Knochen, doch sie hörten nicht Heulen noch Stöhnen von ihm. Als der Schmied aufstand, lag schwarzer Schaum auf seinen Lippen. Er hatte mit den Zähnen in die Erde gebissen, um nicht zu schreien.

„Dieser Schmied gehört nicht zu den Leuten, die leicht vergessen", sagte Nasreddin. „Er wird bis zum Ende seiner Tage an des Emirs Gnade denken. Was stehst du da, Färber? Gleich bist du an der Reihe."

Der Färber spuckte aus, und ohne sich umzusehen, verließ er die Menge.

Der Großwesir erledigte schnell noch einige Angelegenheiten, nicht ohne in jedem Fall einen Nutzen für des Emirs Säckel herauszuschlagen. Er beherrschte diese Kunst wie keiner der anderen Beamten.

Die Henker arbeiteten ohne Unterbrechung. Schreien und Stöhnen drangen zu der Menge herüber. Der Großwesir schickte immer neue Missetäter zum Richtplatz, sie bildeten schon eine lange Schlange. Alte Männer und Frauen waren darunter, ja sogar ein zehnjähriger Junge, der dabei ertappt worden war, wie er in frecher und freidenkerhafter Weise die Erde vor dem Palast des Emirs näßte. Der Kleine weinte zitternd bittere Tränen und verschmierte sie über das ganze Gesicht. Mitleidig und entrüstet betrachtete ihn Hodscha Nasreddin.

„Wahrlich, ein gefährlicher Verbrecher, dieser Junge", sagte er laut. „Die weise Voraussicht des Emirs kann man nicht genug loben, weil er seinen Thron vor solchen Feinden schützt, um so mehr, da sich die verdächtigsten Gedankengänge unter der Maske der unschuldigen Jugend verbergen. Ich habe heute sogar einen noch schlimmeren Verbrecher gesehen. Was glaubt ihr, was der erst unter den Mauern des Palastes hinterließ? Die härteste Strafe wäre noch zu milde für eine derartige Frechheit. Auf den Pfahl hätte man ihn spießen müssen; aber der Pfahl wäre vielleicht durch ihn hindurchgegangen, wie ein Bratspieß durch ein Küken, denn der Verbrecher war erst vier Jahre alt. Doch das kann natürlich nicht als Entschuldigung dienen."

So sprach er und versuchte einen predigenden Molla nachzuahmen. Seine Worte und seine Stimme klangen ehrwürdig und feierlich, aber die Leute, die zuhörten, verstanden; sie wußten, wie es gemeint war, und verbargen ein böses Lächeln in ihrem Bart.

Elftes Kapitel

Plötzlich bemerkte Hodscha Nasreddin, daß sich die Menschenmenge zerstreute. Manche liefen sogar recht eilig davon. Ob ich der Wache aufgefallen bin? dachte er beunruhigt.

Er war jedoch sofort im Bilde, als er den Wucherer Dschafar erblickte. Hinter diesem schritten in Begleitung der Wachen ein gebrechlicher grauhaariger Greis, dessen Rock mit Lehm beschmiert war, und eine verschleierte Frau, richtiger gesagt, ein Mädchen, das noch ganz jung sein mußte, wie Nasreddin nach einem geübten Blick auf ihren Gang feststellte.

„Wo sind Sakir, Dshura, Mohammed und Sadyk?“ fragte der Wucherer mit knarrender Stimme und beobachtete die Menge mit seinem einen Auge, während das andere, vom Star verschlossen, trüb und starr über alle hinwegblickte. „Sie waren doch eben noch hier. Ich sah sie von weitem. Bald ist ihre Zahlungsfrist abgelaufen. Es hat keinen Zweck, sich vor mir zu verbergen. Im richtigen Augenblick werde ich sie schon zu finden wissen!“

Hinkend schleppte er seinen Buckel weiter.

Die Menge murrte:

„Seht, seht, diese Spinne schleppt den Töpfer Nijas und seine Tochter vor das Gericht.“

„Er wollte ihm die Frist um keinen einzigen Tag verlängern."

„Verflucht sei dieser Wucherer! In zwei Wochen muß ich meine Schulden bezahlen!"

„Und ich in einer Woche!"

„Seht nur, wie alle vor ihm weglaufen und sich verstecken! Als ob er die Pest oder die Cholera hätte."

„Dieser Wucherer ist schlimmer als ein Aussätziger!"

Nasreddin fühlte heiße Reue. Er wiederholte immer wieder seinen Schwur: „Ich werde ihn im selben Teich ertränken."

Arslanbek ließ den Wucherer vor, noch ehe er an der Reihe war. Der Töpfer und seine Tochter traten ebenfalls zu dem Podium, fielen auf die Knie und küßten die Fransen des Teppichs.

„Friede sei mit dir, ehrwürdiger Dschafar", begrüßte ihn der Großwesir freundlich. „Was führt dich hierher? Berichte dem großen Emir."

„O großer Herr und Gebieter", begann Dschafar und wandte sich an den Emir, der ihm schläfrig zunickte und wieder anfing zu schnarchen und durch die Nase zu pfeifen. „Ich flehe um Gerechtigkeit. Dieser Mann, der Töpfer Nijas, schuldet mir einhundert Tanga und dreihundert Tanga Zinsen. Die Frist ist heute abgelaufen, aber der Töpfer hat mir nichts bezahlt. Sprich dein Urteil, o weiser Emir, o Sonne des Weltalls."

Die Schreiber schrieben die Klage des Wucherers auf. Der Großwesir wandte sich an den Töpfer:

„Der große Emir fragt dich: Erkennst du diese Schuld an? Oder bestreitest du vielleicht den Tag und die Stunde?"

„Nein", antwortete der Töpfer mit schwacher Stimme und ließ den grauen Kopf sinken. „Nein, o weiser und gerechter Wesir, ich bestreite weder die Schulden noch den Tag und die Stunde. Ich bitte um Verlängerung der Frist um einen Monat und hoffe auf die Gnade und Großzügigkeit unseres Emirs."

„Erlaube, o Gebieter, daß ich das Urteil verkünde, welches ich von deinem Antlitz ablese", sagte Bachtjar. „Im Namen Allahs, des Gnädigen und Barmherzigen: Das Gesetz bestimmt, daß derjenige, der seine Schulden nicht rechtzeitig bezahlt, mit seiner Familie als Sklave des Gläubigers zu betrachten ist, bis er seine Schulden und die Zinsen für die ganze Zeit, einschließlich der Zeit, die er als Sklave beim Gläubiger verbringt, bezahlt hat."

Immer tiefer sank der Kopf des Töpfers, und plötzlich erschütterte ein leises Schluchzen seinen Körper. Viele der Anwesenden wandten sich seufzend ab. Die Schultern des Mädchens zitterten. Sie weinte unter ihrem Schleier. Zum hundertstenmal wiederholte Nasreddin im stillen: „Und ich ertränke diesen elenden Blutsauger doch noch!"

„Doch die Gnade unseres Gebieters ist grenzenlos", fuhr Bachtjar mit erhobener Stimme fort. Die Menge verstummte.

Der alte Töpfer hob den Kopf. Neue Hoffnung leuchtete in seinen Augen.

„Obwohl die Frist schon abgelaufen ist, verlängert der Emir sie um eine Stunde! Hat der Töpfer Nijas seine Schulden und die Zinsen bis dahin nicht bezahlt, dann wird das Gesetz vollzogen. Gehe, Töpfer! Die Gnade des Emirs erhelle deine Stunden!"

Bachtjar verstummte, und die Schar der Schmeichler stimmte ihren Lobgesang an:

„O du Gerechter, dessen Gerechtigkeit die Gerechtigkeit selbst in den Schatten stellt! O du gütiger, weiser und barmherziger Emir, du Zierde des Himmels und der Erde, unser erlauchter Emir!"

Dieses Mal übertrafen sich die Poeten selbst und priesen ihren Emir so laut, daß er erwachte. Unwillig runzelte er die Stirn und befahl ihnen zu schweigen. Sie verstummten, die Menge auf dem Platz verstummte, und in diese Stille hinein erklang plötzlich ein gellender, ohrenbetäubender, gräßlicher Schrei.

Es war Nasreddins Esel. Sei es, daß es ihm langweilig geworden war, ewig auf einer Stelle zu stehen, sei es, daß er einen langohrigen Bruder in der Nähe bemerkt hatte, den er begrüßen wollte, jedenfalls hob er den Schwanz, streckte den Hals vor, fletschte die gelben Zähne und schrie, ohrenbetäubend, unaufhörlich, und wenn er einen Moment aussetzte, dann nur, um Atem zu schöpfen, danach riß er sein Maul noch weiter auf und schrie noch lauter, noch gellender, noch ohrenbetäubender.

Der Emir hielt sich die Ohren zu. Die Wache stürzte sich in die Menschenmenge, doch Nasreddin war schon verschwunden. Er zog den sich sträubenden Esel gewaltsam hinter sich her und schalt ihn so laut, daß es alle Umstehenden hören mußten:

„Worüber freust du dich so, du verfluchter Esel? Kannst du die Weisheit und die Herzensgüte des Emirs nicht leiser preisen? Oder hoffst du auf eine Stelle als erster Hofpoet?"

Die Menge begleitete seine Worte mit schallendem Gelächter, machte ihm Platz und versperrte der Wache den Weg, so daß es ihr nicht gelang, den frechen Nasreddin einzuholen, auszupeitschen und den Esel für den Emir zu beschlagnahmen.

Zwölftes Kapitel

„Das Gericht ist beendet, und nun ist meine Macht über euch ohne Grenzen“, sagte der Wucherer Dschafar zum Töpfer Nijas und seiner Tochter, als sie nach der Urteilsverkündung zu dritt den Markt verließen. „Seit ich dich zum erstenmal sah, schönes Kind, flohen mich Ruhe und Frieden. Enthülle mir schnell dein Antlitz. In einer Stunde wirst du mein Haus betreten. Zeigst du dich mir wohlgeneigt, so wird auch dein Vater eine leichte Arbeit und gute Kost bei mir haben. Erweisest du dich aber als widerspenstig, dann bekommt er nur rohe Bohnen und muß schwere Steine schleppen, das schwöre ich bei meinem Augenlicht. Dann verkaufe ich ihn an die Bewohner von Chiwa, die für die Grausamkeit bekannt sind, mit der sie ihre Sklaven behandeln. Sträube dich also nicht, schöne Güldschan, und zeige mir dein Antlitz!“

Mit gierigen, krallenhaften Fingern griff er nach ihrem Schleier. Zornig schleuderte sie seine Hand zurück. Güldschans Gesicht blieb nur einen Augenblick unverhüllt, doch dieser Augenblick genügte, daß Nasreddin, der just in dem Moment auf seinem Esel vorüberritt, einen Blick darauf werfen konnte. Das Mädchen war von so außergewöhnlicher Schönheit, daß Nasreddin blaß wurde. Vor seinen Augen verschwamm alles, sein Herz setzte aus, er schwankte im Sattel und bedeckte die Augen mit der Hand. Wie der Blitz traf die Liebe sein Herz.

Erst nach einer ganzen Weile kam er zur Besinnung.

„Nach dieser herrlichen Schönheit wagt der hinkende, bucklige Affe seine Pfote auszustrecken", rief er aus. „Warum mußte ich ihn gestern aus dem Wasser ziehen? Nun straft mich meine eigene Tat. Aber wir wollen erst mal sehen, du schmutziger Wucherer! Noch bist du nicht der Herr dieses Töpfers und seiner Tochter. Noch haben sie eine Stunde Zeit. Und Hodscha Nasreddin vollbringt in einer Stunde, was andere in einem Jahr nicht schaffen."

Währenddessen hatte der Wucherer eine hölzerne Sonnenuhr aus der Tasche gezogen.

„Erwarte mich hier unter diesem Baum, Töpfer", sagte er. „In einer Stunde bin ich zurück. Versuche nicht zu fliehen, ich würde dich selbst auf dem Meeresgrund finden und dich dann wie einen entlaufenen Sklaven behandeln. Und du, schöne Güldschan, denke über meine Worte nach. Das Schicksal deines Vaters hängt von dir ab."

Und mit einem triumphierenden Lächeln auf dem gemeinen Gesicht ging er auf den Basar, um bei einem Juwelier für seine neue Sklavin Schmuck zu kaufen.

Der gramgebeugte Vater und seine Tochter blieben unter dem Baum am Straßenrand zurück.

Nasreddin trat zu ihnen.

„Ich habe von deinem Unglück gehört, Töpfer. Vielleicht kann ich dir helfen?"

 „Nein, guter Mann", antwortete der Töpfer verzweifelt, „ich sehe an deiner Kleidung, daß du über keine Reichtümer verfügst. Ich brauche aber vierhundert Tanga und habe keine so reichen Bekannten, die mir helfen könnten. Alle meine Freunde sind durch die hohen Steuern und Abgaben ruiniert."

„Ich habe auch keine reichen Freunde in Buchara", sagte Nasreddin, „und doch will ich versuchen, die Summe aufzutreiben."

„In einer Stunde willst du vierhundert Tanga aufbringen?" Der Greis schüttelte mit bitterem Lächeln den Kopf. „Du machst dich lustig über mich! Nur Nasreddin könnte das vollbringen!"

„Rette uns, o Pilger, rette uns!" rief Güldschan und umarmte ihren Vater. Nasreddin bemerkte, wie wohlgebildet ihre Hände waren, und fing durch den Schleier einen langen Blick ihrer feuchtglänzenden Augen auf, die sie flehend und voller Hoffnung auf ihn richtete. In glühenden Wellen strömte das Blut durch seine Adern.

„Erwarte mich hier, o Greis!" sagte er eilig. „Die ganze Welt soll mich verachten, wenn ich die vierhundert Tanga bis zur Rückkehr des Wucherers nicht aufgetrieben habe."

Er sprang auf seinen Esel und verschwand im Gewühl des Basars.

Dreizehntes Kapitel

Auf dem Basar war es um diese Zeit viel stiller und leerer als am Morgen. In der Frühe liefen alle umher, lärmten und eilten, um nichts zu versäumen. Jetzt, um die Mittagsstunde, flohen die Menschen vor der Hitze und gingen in die Teehäuser, um dort in Ruhe ihren Gewinn oder Verlust zu berechnen. Die Sonne übergoß den Platz mit glühender Helle. Die Schatten wurden kurz und scharf, wie in die Erde geschnitten. In schattigen Ecken kauerten Bettler, von fröhlich zwitschernden Sperlingen umhüpft, die die Krumen aufpickten.

„Im Namen Allahs, ein Bakschisch, ein Almosen", flehten die Bettler Nasreddin mit näselnder Stimme an und zeigten ihre Geschwüre und ihre Verkrüppelungen. „Weg mit den Händen", rief er ärgerlich. „Ich bin nicht reicher als ihr und suche selbst jemand, der mir vierhundert Tanga gibt."

Die Bettler nahmen diese Worte für Hohn und überschütteten Nasreddin mit Schmähworten, die er nicht beantwortete, weil er tief in Gedanken war.

Er wählte die größte und vollste Teestube, in der es keine seidenen Kissen und keine kostbaren Teppiche gab, und zog den Esel mit hinein, statt ihn draußen zu lassen.

Erstauntes Schweigen empfing ihn. Ohne dadurch in Verlegenheit zu geraten, holte er den Koran aus der Tasche, den ihm gestern der Alte geschenkt, öffnete ihn und legte ihn vor den Esel hin.

Er tat das alles langsam und bedächtig, mit ernster Miene, als sei es die selbstverständlichste Sache der Welt.

Die Leute in der Teestube warfen sich verwunderte Blicke zu.

Der Esel klopfte mit den Hufen auf den hallenden Holzfußboden.

„Schon?" fragte Nasreddin und blätterte die Seite um. „Du machst Fortschritte."

Der dicke, gutmütige Besitzer der Teestube erhob sich und trat zu Nasreddin.

„Höre, guter Mann, das ist doch nicht der richtige Platz für deinen Esel. Und weshalb liegt das heilige Buch vor ihm?"

„Ich unterrichte diesen Esel in der Religion", antwortete Nasreddin ruhig. „Mit dem Koran sind wir bald zu Ende und werden dann zum Scheriat übergehen."

Ein Murmeln ging durch die Menge. Manche standen auf, um besser zu sehen.

Die Augen des Teehausbesitzers wurden ganz groß und rund. Mit offenem Munde blieb er stehen. Ein solches Wunder hatte er noch nie erlebt. Der Esel klopfte wieder mit dem Fuß.

„Gut", lobte ihn Nasreddin und blätterte wieder eine Seite um. „Wenn du dir Mühe gibst, kannst du bald den obersten Theologen in der Medresse Mir-Arab vertreten." Er wandte sich wieder dem Wirt zu. „Nur die Seiten kann er nicht umwenden, da muß man ihm helfen. Allah hat ihm einen scharfen Verstand und ein großartiges Gedächtnis verliehen, aber die Finger hat er vergessen."

Die Leute ließen ihren Tee stehen und drängten sich um Nasreddin. Bald stand er inmitten einer großen Menschenmenge.

„Dieser Esel ist kein gewöhnlicher Esel", erklärte Nasreddin. „Er gehört dem Emir selbst. Eines Tages rief mich der Emir zu sich und sprach: ‚Kannst du meinen Lieblingsesel in der Theologie unterrichten, damit er ebensoviel weiß wie ich?' Der Esel wurde vorgeführt. Ich prüfte seine Fähigkeiten und antwortete: ‚Erlauchter Emir! Dieser außergewöhnliche Esel steht an Scharfsinn weder dir noch einem deiner Minister nach. Ich bin bereit, ihn zu unterrichten. Er wird ebensoviel wissen wie du, mehr sogar, doch ich brauche dazu zwanzig Jahre.' Der Emir ließ mir aus der Staatskasse fünftausend Goldtanga auszahlen und sagte: ‚Nimm diesen Esel und unterrichte ihn, doch ich schwöre bei Allah, wenn er in zwanzig Jahren nicht den Koran auswendig kann, laß ich dich köpfen!'"

„Dann kannst du dich schon jetzt von deinem Kopf verabschieden", sagte der Teehausbesitzer. „Wo hat man je gesehen, daß ein Esel den Koran lesen kann?"

„Es gibt eine Menge solcher Esel in Buchara", antwortete Nasreddin. „Übrigens – fünftausend Goldtanga und einen guten Esel für die Wirtschaft zu bekommen – das gelingt nicht jedem. Und meinen Kopf brauchst du nicht zu beweinen, denn in zwanzig Jahren stirbt sicherlich einer von uns, ich, der Emir oder der Esel. Dann kann man nicht mehr feststellen, wer gelehrter ist."

 Dröhnendes Gelächter erschütterte die Teestube. Der Wirt selber fiel auf eine Bastmatte, wälzte sich und lachte dermaßen, daß sein Gesicht ganz naß war von Tränen. Er war ein sehr vergnügter Mann, dieser Teehausbesitzer, und lachte gern.

„Habt ihr das gehört", rief er, vor Lachen fast erstickend, „da kann man nicht mehr feststellen, wer gelehrter ist." Und er wäre wohl vor Lachen geplatzt, wenn ihm nicht plötzlich ein Gedanke gekommen wäre.

„Wartet, wartet", rief er, mit den Armen fuchtelnd, um die allgemeine Aufmerksamkeit auf sich zu lenken. „Wer bist du denn, daß du deinen Esel in der Theologie unterrichten willst? Bist du nicht gar Hodscha Nasreddin?"

„Was ist daran so erstaunlich? Du hast es erraten, o Wirt! Ich bin Hodscha Nasreddin. Seid mir gegrüßt, ihr Einwohner des edlen Buchara!"

Tiefe Stille folgte diesen Worten. Plötzlich unterbrach eine jubelnde Stimme das Schweigen:

„Hodscha Nasreddin!"

„Hodscha Nasreddin", rief eine zweite Stimme, eine dritte, eine vierte, viele Stimmen nahmen den Ruf auf und wiederholten ihn jauchzend; in der Teestube, dann auch in den anderen Teestuben, schließlich auf dem ganzen großen Basar erklang es: „Hodscha Nasreddin, Hodscha Nasreddin!"

Von allen Seiten kamen Menschen gelaufen – Usbeken, Tadshiken, Iraner, Turkmenen, Araber, Türken, Georgier, Armenier, Tataren –, und sie alle begrüßten mit lautem Geschrei ihren Liebling, den berühmten Schlaukopf und Spaßvogel Hodscha Nasreddin.

Die Menge wuchs immer mehr an.

Vor dem Esel erschienen plötzlich ein Futtersack mit Weizen, ein Bündel Klee und ein Eimer sauberes, kühles Wasser.

„Wir grüßen dich, Nasreddin", rief es von allen Seiten. „Wo bist du so lange gewesen? Erzähle!"

Nasreddin trat an den Rand des Podiums und verneigte sich tief.

„Seid mir gegrüßt, ihr Einwohner von Buchara! Zehn Jahre war ich von euch getrennt, und nun freue ich mich, euch wiederzusehen! Ich soll erzählen? Lieber singe ich euch ein Lied."

Er ergriff einen großen irdenen Topf, goß das Wasser aus, schlug mit der Faust darauf wie auf eine Trommel und sang:

„Kling, mein Töpflein, kling und singe
und erzähl der ganzen Welt,
was die edle Stadt Buchara
von dem großen Emir hält.

Kling, mein Töpflein, und erzähle
mutig, zornig alsogleich
von dem greisen Töpfer Nijas
in des großen Emirs Reich.

Brannte Töpfe, brannte Krüge,
schleppte neuen Ton heran,
doch er blieb trotz aller Arbeit
stets ein bettelarmer Mann.

Währenddessen strotzt vor Reichtum
dieser bucklige Dschafar,
und des Emirs Schätze hütet
einer starken Wache Schar.

Eines Tags schleppt man in Ketten
Nijas vor des Emirs Thron;
hinter ihm geht, krumm und bucklig,
Dschafar voller Spott und Hohn.

Kling, mein Töpflein, kling und künde:
Ist er schuldig oder nicht?
Steht zu Recht der alte Nijas
vor des Emirs Schandgericht?

Und das Töpflein kündet leise:
‚Seine Schuld ist nicht gering,
doch nur, weil der Ahnungslose
in das Netz der Spinne ging.‘

Flehend stand er vor dem Emir:
‚Jeder weiß, wie gut du bist;
bitte, sei auch mir barmherzig,
schieb hinaus die Zahlungsfrist!‘

‚Weine nicht‘, gebot der Emir,
‚eine Stunde schenk ich dir!‘
‚Unser Emir ist so gütig‘,
sprach gerührt der Großwesir.

Kling, mein Töpflein, kling und künde,
ob noch lang das Unrecht währt!
‚Merket wohl: Ein Narr wird bleiben,
wer stets auf dem Emir hört!

Denn was ist er, unser Emir?
Nur ein aufgeblasener Tropf!
Statt des Kopfes auf seinen Schultern
ruht ein alter, leerer Topf.‘

Müssen wir noch lang ihn dulden?
Gib es, Töpflein, uns bekannt!
Denn es seufzt und stöhnt in Qualen
unser Volk und unser Land.

Und das Töpflein klingt und singet:
,Stark ist des Tyrannen Macht.
Dennoch: Unsre Zeit wird kommen,
und dann stürzt er über Nacht.

Einmal schlägt der Freiheit Stunde,
und es fällt des Emirs Kopf –
abgehaun von Volkes Händen –
so wie dieser irdne Topf.'"

Hodscha Nasreddin hob den Topf empor und warf ihn mit Wucht auf die Erde, so daß er klirrend in tausend Scherben zersplitterte.

Den Lärm der Stimmen übertönend, schrie Nasreddin aus Leibeskräften:

„Laßt uns den Töpfer Nijas vor dem Wucherer retten! Ihr kennt Hodscha Nasreddin, er zahlt seine Schulden. Wer leiht mir für kurze Zeit vierhundert Tanga?"

Ein barfüßiger Wasserträger trat vor.

„Nasreddin, wir haben kein Geld. Wir müssen hohe Steuern zahlen. Aber ich besitze einen Gürtel, er ist beinah neu, und wenn man ihn verkauft, erhält man schon etwas dafür!" Und er warf Nasreddin seinen Gürtel zu.

Der Lärm und die Bewegung in der Menge verstärkten sich. Feze, Schuhe, Gürtel, Tücher und sogar Röcke wurden Nasreddin zugeworfen. Jeder betrachtete es als eine Ehre, Nasreddin zu helfen.
Der dicke Teehausbesitzer brachte seine beiden

schönsten Teekannen und ein Kupfertablett und reichte sie Nasreddin, stolz auf seine Freigebigkeit. Der Haufen wuchs, und Nasreddin schrie verzweifelt:

„Genug, genug, ihr guten Leute von Buchara! Hört ihr nicht, es ist genug! Sattler, nimm deinen Sattel wieder! Es reicht, sage ich! Wollt ihr Nasreddin in einen Trödler verwandeln? Jetzt fange ich mit dem Verkauf an. Hier ist der Gürtel des Wasserträgers! Wer ihn kauft, wird niemals dürsten! Kommt näher, ich verkaufe billig! Hier sind alte, ausgebesserte Schuhe! Sie sind mindestens zweimal in Mekka gewesen! Wer sie anzieht, spart eine Pilgerfahrt! Hier sind Messer, Feze, Röcke, Schuhe! Nehmt, ich verkaufe alles billig, denn die Zeit ist kostbar!"

Doch der Großwesir Bachtjar hatte es in seiner nimmermüden Sorge um die treuen Untertanen erreicht, daß jede Münze aus den Taschen der Einwohner sogleich in des Emirs Schatzkammer wanderte, damit sich niemand mit dem Geld abzuschleppen brauchte. So kam es, daß Nasreddin seine Ware vergeblich anpries. Es fanden sich keine Käufer.

Vierzehntes Kapitel

Just in diesem Moment ging der Wucherer Dschafar in der Nähe vorüber. Er trug einen Beutel mit Gold- und Silberschmuck, den er für Güldschan gekauft hatte.

Wenngleich die Frist beinahe abgelaufen und der Wucherer von lüsterner Ungeduld erfüllt war, so siegte doch seine Habgier, als er Nasreddins Stimme vernahm, der seine billigen Waren anpries.

Der Wucherer trat näher, und die Menschenmenge lichtete sich schnell, denn jeder dritte schuldete ihm Geld.

Dschafar erkannte Nasreddin wieder.

„Du bist ja der Mann, der mich gestern aus dem Wasser gezogen hat?" sagte er. „Woher hast du denn soviel Waren?"

„Du selbst hast mir doch gestern einen halben Tanga gegeben, ehrwürdiger Dschafar. Ich habe ihn in Umlauf gesetzt, und das Glück war meinen Geschäften günstig gesinnt."

„An einem Morgen hast du so viel Waren eingehandelt?" rief der Wucherer erstaunt aus. „Mein Geld hat dir wahrlich Glück gebracht. Wieviel willst du für den ganzen Haufen?"

„Sechshundert Tanga!"

„Du hast den Verstand verloren! Schämst du dich

nicht, von deinem Wohltäter einen solchen Preis zu verlangen? Du bist mir schließlich für deinen Erfolg zu Dank verpflichtet. Mehr als zweihundert Tanga zahle ich nicht."

„Fünfhundert", antwortete Nasreddin. „Aus Hochachtung vor dir, ehrwürdiger Dschafar!"

„Undankbarer! Ich sage dir noch einmal, daß du das alles mir verdankst!"

„Und du verdankst mir dein Leben", antwortete Nasreddin ungeduldig. „Du hast mir dafür allerdings nur einen halben Tanga gegeben, aber dein Leben ist nicht mehr wert, also hast du mich auch nicht übervorteilt. Wenn du kaufen willst, dann nenne einen richtigen Preis."

„Dreihundert."

Nasreddin schwieg.

Der Wucherer wühlte lange in den Sachen herum, schätzte sie mit erfahrenem Auge ab, und als er sah, daß er all die Röcke, Feze und Schuhe für siebenhundert Tanga wieder verkaufen konnte, erhöhte er sein Angebot:

„Dreihundertfünfzig."

„Vierhundert."

„Dreihundertfünfundsiebzig."

„Vierhundert."

Nasreddin blieb fest. Der Wucherer ging und kehrte wieder zurück, er feilschte um jeden Tanga und erklärte sich schließlich mit vierhundert einverstanden. Mit Handschlag wurde der Handel abgeschlossen. Stöhnend und klagend zählte der Wucherer das Geld ab.

„Bei Allah, diese Ware kostet mich das Doppelte ihres Wertes. Aber so bin ich! Ich erleide Verluste, weil ich zu gutmütig bin."

„Falsches Geld", unterbrach ihn Nasreddin und

reichte ihm eine Münze zurück. „Außerdem sind das nicht vierhundert, sondern dreihundertachtzig Tanga. Du scheinst kurzsichtig zu sein, ehrwürdiger Dschafar."

Der Wucherer mußte die falsche Münze umtauschen und zwanzig Tanga zulegen. Dann mietete er für einen Vierteltanga einen Träger, lud ihm die Sachen auf und gebot ihm, hinterherzukommen. Der arme Träger brach unter der Last beinahe zusammen.

„Wir haben denselben Weg", sagte Nasreddin und machte lange Schritte, denn er konnte es kaum erwarten, Güldschan wiederzusehen. Der Wucherer kam mit seinem lahmen Bein nicht nach.

„Wohin eilst du denn so?" fragte er und wischte sich mit dem Ärmel den Schweiß von der Stirn.

„Dahin, wo auch du hineilst", antwortete Nasreddin, und in seinen schwarzen Augen spielten verschmitzte Fünkchen. „Wir gehen in derselben Angelegenheit zur selben Stelle, ehrwürdiger Dschafar."

„Du weißt ja nicht, was ich vorhabe", antwortete Dschafar. „Wenn du es wüßtest, würdest du mich sicherlich beneiden."

Nasreddin antwortete mit fröhlichem Lachen:

„Wenn du wüßtest, was ich vorhabe, Wucherer, würdest du mich noch zehnmal mehr beneiden!"

Der Wucherer runzelte die Stirn, die freche Antwort gefiel ihm nicht. „Du verstehst es nicht, deine Zunge zu wahren. Deinesgleichen müßte zittern, wenn er mit mir spricht! Es gibt wenige Menschen in Buchara, die ich beneide. Ich bin reich, und meine Wünsche kennen keine Hindernisse. Ich wünschte mir das schönste Mädchen von Buchara, und noch heute wird sie mein."

In diesem Augenblick begegnete ihnen ein Kirschenverkäufer mit einem Korb voll Kirschen auf dem Kopf. Im Vorbeigehen entnahm Nasreddin dem Korb eine Kirsche mit langem Stiel und zeigte sie dem Wucherer.

„Hör mich an, ehrwürdiger Dschafar!“ sagte er. „Es wird erzählt, daß einst ein Schakal an einem hohen Baum eine Kirsche erblickte. ‚Diese Kirsche muß ich haben, koste es, was es wolle!‘ sagte er sich. Und er kletterte auf den Baum, zerriß sich das Fell an den Zweigen, und als er endlich nach zwei Stunden die Kirsche erreicht hatte und schon das Maul öffnete, um sich daran zu laben, flog ein Falke herbei, ergriff die Kirsche und nahm sie mit fort. Der Schakal kletterte wieder zwei Stunden vom Baum herunter, zerriß sich noch mehr das Fell, und als er unten angelangt war, vergoß er bittere Tränen und sprach: ‚Weshalb bin ich nur hochgeklettert? Jeder weiß doch, daß die Kirschen auf den Bäumen nicht für Schakale wachsen.‘“

„Du bist dumm“, antwortete der Wucherer hochmütig, „ich sehe keinen Sinn in deinem Märchen.“

„Den tiefen Sinn eines Märchens erfaßt man nie sofort“, antwortete Nasreddin. Die Kirsche, mit dem Stiel unter den Turban geschoben, hing hinter seinem Ohr. Der Weg machte eine Biegung. Hier saßen der Töpfer und seine Tochter auf einem Stein.

Der Töpfer stand auf. Seine Augen, in denen noch immer ein Hoffnungsschimmer gewesen, schauten traurig in die Ferne. Er dachte, daß es dem Fremden nicht gelungen sei, das Geld aufzutreiben. Stöhnend wandte sich Güldschan ab.

„Wir sind verloren, Vater“, sagte sie, und in ihrer Stimme war so viel Leid, daß selbst ein Stein geweint hätte, doch des Wucherers Herz war härter als Stein. Nur böser Triumph und lüsterne Gier spiegelten sich auf seinem Gesicht.

„Töpfer, die Frist ist abgelaufen", sagte er. „Von nun an bist du mein Sklave, und deine Tochter ist meine Beischläferin."

Er wollte Nasreddin kränken und erniedrigen und zog herrisch den Schleier des Mädchens zurück.

„Schau, ist sie nicht schön? Die heutige Nacht werde ich mit ihr verbringen. Nun sage mir, wer wen beneiden muß!"

„Sie ist tatsächlich sehr schön", antwortete Nasreddin. „Hast du denn auch den Schuldschein des Töpfers?"

„Natürlich. Es geht ja nicht ohne Schuldschein. Alle Menschen sind Gauner und Betrüger. Hier ist der Schein. Hier sind die Schulden und die Frist verzeichnet. Da siehst du auch den Fingerabdruck des Töpfers."

Er reichte den Schuldschein Nasreddin.

„Der Schuldschein ist richtig", sagte Nasreddin. „Empfange nun das Geld für diesen Schuldschein. Bleibt einen Augenblick stehen, meine Verehrten", wandte er sich an einige Vorübergehende. „Seid meine Zeugen."

Er zerriß den Schuldschein in kleine Fetzchen und überließ sie dem Wind, der sie fortwehte. Dann öffnete er seinen Gürtel und übergab dem Wucherer das Geld, das er eben erst von ihm erhalten hatte.

Der Töpfer und seine Tochter waren so überrascht, so fassungslos vor Glück, daß sie wie versteinert dastanden. Der Wucherer aber war starr vor Zorn. Die Zeugen lachten und warfen einander schadenfrohe Blicke zu. Die Niederlage des verhaßten Wucherers freute sie.

Nasreddin nahm die Kirsche, steckte sie in den Mund, zwinkerte dem Wucherer zu und verzehrte sie laut schmatzend.

Wie ein Krampf durchzuckte es den häßlichen Körper des Wucherers. Seine Finger krümmten sich wie Krallen, der Buckel zitterte, und das gesunde Auge rollte zornig.

Der Töpfer und Güldschan baten Nasreddin:

„Sage uns deinen Namen, o Pilger, damit wir wissen, für wen wir beten können."

„Ja", fauchte der Wucherer, „sage mir deinen Namen, damit ich weiß, wen ich verfluchen kann."

Nasreddins Gesicht leuchtete. Mit klarer, fester Stimme antwortete er:

„In Bagdad und in Teheran, in Istanbul und in Buchara – überall nennt man mich nur mit einem Namen – Hodscha Nasreddin!"

Erbleichend prallte der Wucherer zurück.

„Hodscha Nasreddin!"

Entsetzt floh er und stieß den Träger vor sich her.

Die übrigen aber riefen erfreut: „Hodscha Nasreddin! Hodscha Nasreddin!"

Güldschans Augen strahlten hinter dem Schleier. Der alte Töpfer konnte sein Glück noch immer nicht fassen; er murmelte etwas und schlug verwirrt die Hände zusammen.

Fünfzehntes Kapitel

Das Gericht des Emirs nahm seinen Fortgang. Die Henker lösten einander ab, die Reihen der Delinquenten wurden immer länger. Zwei Verurteilte wanden sich am Pfahl, ein anderer lag geköpft in einer Blutlache auf der Erde. Das Stöhnen und Schreien drang jedoch nicht bis zu den Ohren des schlafenden Emirs, denn es wurde übertönt vom Chor der Poeten, die vor lauter Eifer schon ganz heiser waren. In ihren Lobliedern vergaßen sie nicht den Großwesir, die Minister, Arslanbek, den Fliegenverscheucher und den Pfeifenträger, denn sie nahmen mit Recht an, daß man jedem gefallen müsse, wenn man Vorteile erhaschen oder Gefahren abwenden wolle.

Seit langem lauschte Arslanbek unruhig einem dumpfen Lärm, der aus der Ferne herüberklang.

Er rief zwei seiner geschicktesten Spitzel herbei.

„Geht und stellt fest, weshalb sich das Volk aufregt. Und kehrt dann sofort zurück", gebot er.

Die Spitzel machten sich auf den Weg, der eine als zerlumpter Bettler, der andere als wandernder Derwisch verkleidet.

Doch noch ehe die Spitzel zurück waren, stürzte blaß und atemlos, über den Saum seines langen Rockes stolpernd, der Wucherer herbei.

„Was ist geschehen, ehrwürdiger Dschafar?" fragte Arslanbek und wechselte die Farbe.

„Ein Unglück", antwortete der Wucherer mit zitternden Lippen. „Verehrter Arslanbek, ein furchtbares Unglück ist geschehen! Hodscha Nasreddin ist wieder in unserer Stadt aufgetaucht. Ich habe ihn eben gesehen und mit ihm gesprochen."

Arslanbeks Augen traten aus ihren Höhlen und erstarrten. Er hastete über die Treppe, deren Stufen sich unter seiner Last bogen, auf das Podium und neigte sich zum Ohr des schlafenden Emirs.

Der Emir sprang plötzlich von seinem Thron in die Höhe, als hätte man ihn mit einer Ahle unterhalb des Rückens gestochen.

„Du lügst!" brüllte er, und sein Gesicht verzerrte sich vor Wut und Angst. „Das kann nicht sein! Der Kalif von Bagdad schrieb mir erst kürzlich, er habe ihm den Kopf abgehauen, der türkische Sultan teilte mir mit, er habe ihn auf einen Pfahl gespießt, der Schah von Persien schrieb mir eigenhändig, er habe ihn aufgehängt, und der Khan von Chiwa erklärte voriges Jahr in aller Öffentlichkeit, er habe ihm die Haut abgezogen. Es ist ausgeschlossen, daß er diesen vier Herrschern unversehrt entkommen ist, dieser verfluchte Nasreddin!"

Die Wesire und Würdenträger erbleichten, als sie Nasreddins Namen hörten; der Fliegenverscheucher fuhr zusammen und ließ den Wedel fallen; der Pfeifenträger schluckte Rauch und mußte furchtbar husten, und den Poeten klebte die Zunge am Gaumen vor Entsetzen.

„Er ist hier", wiederholte Arslanbek.

„Du lügst", schrie der Emir und versetzte Arslanbek höchsteigenhändig eine schallende Ohrfeige. „Und wenn er hier ist, wie konnte er dann in die

Stadt herein? Was hat deine Wache für einen Wert? Er war es also, der heute nacht auf dem Basar diese Verwirrung anstiftete. Er wollte das Volk gegen mich aufhetzen. Du aber hast geschlafen und nichts bemerkt."

Und er verabreichte Arslanbek eine zweite Ohrfeige.

Arslanbek verbeugte sich tief und küßte die Hand des Emirs, als sie von seiner Wange glitt.

„O Gebieter, er ist hier in Buchara. Hörst du es nicht?"

Der ferne Lärm verstärkte sich und kam immer näher, wie ein herannahendes Erdbeben. Nun wurde auch die Menschenmenge rings um das Podium von Erregung erfaßt, ein dumpfes Murmeln ging durch die dichten Reihen, zuerst undeutlich, aber dann immer lauter, immer stärker. Der Emir fühlte, wie sein Podium und sein vergoldeter Thron schwankten. Und da ging der Lärm in ein lautes Brüllen über, in dem immer wieder der Ruf „Hodscha Nasreddin" erklang.

„Hodscha Nasreddin!"

„Hodscha Nasreddin!"

So rief es von allen Seiten.

Mit qualmenden Lunten stürzte die Wache zu den Kanonen. Das Gesicht des Emirs zuckte vor Erregung.

„Schluß mit dem Gericht!" rief er. „Zum Palast!"

Die Schöße seines Brokatgewandes hochgerafft, eilte er in den Palast zurück. Stolpernd liefen seine Diener mit der leeren Sänfte auf den Schultern hinter ihm her. Von der allgemeinen Panik angesteckt, folgten ihnen, einander stoßend und überholend, die Musikanten, Wesire, Henker, Wachen, der Fliegenverscheucher und der Pfeifenträger. Sie verloren ihre Schuhe und bückten sich nicht einmal danach. Nur die Elefanten schritten unverändert langsam und würdevoll über den Platz. Sie gehörten zwar zum Gefolge des Emirs, hatten jedoch keinen Grund, sich vor dem Volke zu fürchten.

Das schwere kupferbeschlagene Palasttor wurde geschlossen, nachdem es den Emir und sein Gefolge durchgelassen.

Auf dem Platz des Basars pflanzte sich der Lärm orkanartig fort, und immer lauter erscholl der Ruf: „Hodscha Nasreddin!“

Zweiter Teil

„Seltsame Vorfälle! Manche ereigneten sich
in meiner Gegenwart, andere wurden mir von
vertrauenswürdigen Personen erzählt."
(Aus dem Erbauungsbuch des
Usama Ibn Munkys.)

Erstes Kapitel

Seit undenklichen Zeiten hausten die Töpfer von Buchara in der Nähe des Osttores neben einem großen Lehmhügel. Einen besseren Platz hätten sie sich gar nicht aussuchen können. Hier hatten sie Lehm, und ein Bach, der an der Stadtmauer entlangfloß, versorgte sie reichlich mit Wasser.

Die Väter, Großväter und Urgroßväter der jetzigen Töpfer hatten bereits die Hälfte des Lehmhügels verbraucht. Aus Lehm bauten sie ihre Hütten, aus Lehm brannten sie ihre Töpfe und Krüge, und im Lehm wurden sie auch zur letzten Ruhe gebettet, begleitet vom Wehklagen ihrer trauernden Anverwandten. Und wenn dann nach vielen Jahren ein Töpfer einen neuen Topf formte, in der Sonne trocknete und im Feuer brannte und sich über den schönen, reinen Klang des Gefäßes freute, dann ahnte er wohl nicht, daß einer seiner Vorfahren, um den Wohlstand des Nachkommen und um den Absatz seiner Ware besorgt, den Lehm durch seine Asche veredelt und ihm jenen klaren, silberhellen Klang verliehen hatte.

Hier stand auch das Haus des Töpfers Nijas, direkt am Bach, im Schatten uralter mächtiger Ulmen. Leise rauschte das Laub im Winde, das Wasser murmelte, und im kleinen Gärtchen hörte man von morgens bis abends die Lieder der schönen Güldschan.

Hodscha Nasreddin lehnte die Einladung, in Nijas' Haus zu wohnen, ab.

„In deinem Hause können sie mich erwischen, Nijas. Ich werde hier in der Nähe übernachten, ich habe eine sichere Stelle gefunden. Und tagsüber komme ich her und helfe dir bei der Arbeit."

So geschah es auch. Jeden Morgen kam Nasreddin schon vor Sonnenaufgang zum Alten und setzte sich mit ihm an die Drehscheibe. Es gab kein Handwerk in der Welt, auf das sich Nasreddin nicht verstand. Auch die Töpferei beherrschte er vortrefflich. Seine Töpfe waren glatt und hatten einen feinen Klang, und in ihnen blieb das Wasser bei der größten Hitze kühl. Früher schaffte der Alte, dessen Augen immer schlechter wurden, kaum fünf oder sechs Töpfe am Tag. Jetzt aber standen oft vierzig bis fünfzig Krüge und Töpfe am Zaun und trockneten in der Sonne. An Basartagen kam der Alte mit gefülltem Beutel nach Hause, und in seinem Hause roch es jeden Abend nach Pilaw mit Fleisch.

Die Nachbarn freuten sich, daß es dem Alten so gut ging.

„Endlich hat Nijas Glück. Möge es ihm auch weiter hold bleiben."

„Man sagt, er habe sich einen Gehilfen genommen; der soll sehr geschickt sein. Ich bin einmal absichtlich zu Nijas gegangen, um mir diesen Gehilfen anzusehen. Als ich hinter mir die Tür schloß, stand der Mann auf, verließ das Zimmer und kam nicht wieder, solange ich da war."

„Der Alte versteckt seinen Gehilfen. Er fürchtet, einer von uns könnte ihm den geschickten Burschen abspenstig machen. So ein Narr! Als ob wir Töpfer kein Gewissen hätten und dem Alten sein Glück neideten."

So dachten die Nachbarn allgemein, und keiner kam auf den Gedanken, daß der geschickte Gehilfe Nasreddin selbst sein könnte. Alle waren überzeugt, Nasreddin habe Buchara längst wieder verlassen. Er selbst hatte dieses Gerücht verbreitet, um die Spitzel irrezuführen und ihren Eifer zu dämpfen. Er erreichte sein Ziel. Nach zehn Tagen wurde die Verstärkung der Wache an den Stadttoren wieder aufgehoben, und die nächtlichen Streifen beunruhigten die Einwohner nicht mehr mit ihren Fackeln und ihrem Waffengeklirr.

Eines Tages drückte sich der alte Nijas, verlegen ächzend, an den Wänden herum und schaute dabei Nasreddin fortwährend an. Schließlich sagte er:

„Nasreddin, du hast mich vor der Sklaverei und meine Tochter vor der Schande gerettet. Du arbeitest mit mir und schaffst am Tag zehnmal soviel wie ich. Hier sind dreihundertfünfzig Tanga, der Reinertrag der Arbeit, seitdem du bei mir arbeitest. Nimm dieses Geld, es gehört von Rechts wegen dir."

Nasreddin hielt die Drehscheibe an und blickte erstaunt auf den Alten.

„Du bist sicherlich krank geworden, ehrwürdiger Nijas, sonst würdest du nicht so unverständliche Dinge daherreden. Du bist hier der Herr, und ich bin dein Arbeiter. Wenn du mir den zehnten Teil deines Verdienstes, fünfunddreißig Tanga, gibst, bin ich sehr zufrieden."

Er nahm Nijas' abgegriffenen Beutel, zählte fünfunddreißig Tanga ab und steckte sie in die Tasche. Das übrige reichte er dem Alten zurück.

Doch Nijas weigerte sich ganz entschieden, das Geld wieder zu nehmen.

„Das geht nicht, Nasreddin. Das Geld gehört dir. Willst du nicht alles, so nimm wenigstens die Hälfte."

Hodscha Nasreddin wurde ärgerlich.

„Steck deinen Beutel ein, ehrwürdiger Nijas, und stoße nicht die Weltordnung um. Wohin sollte das führen, wenn alle Meister ihre Einnahmen mit ihren Gehilfen teilten? Dann gäbe es keine Herren mehr und keine Knechte, keine Armen und keine Reichen, keine Wache und keinen Emir. Überlege selbst: Würde Allah einen solchen Umsturz dulden? Nimm deinen Beutel und verstecke ihn, sonst lädst du noch Allahs Zorn auf das Menschengeschlecht und bist schuld, wenn es zugrunde geht."

Nach diesen Worten trieb Nasreddin mit dem Fuß die Töpferscheibe erneut zu drehender Bewegung.

„Das wird ein guter Topf", sagte er und schlug mit der flachen Hand auf den Lehm. „Hohl klingt er wie der Kopf des Emirs. Wir müssen diesen Topf in den Palast bringen, damit sie ihn aufbewahren für den Fall, daß der Emir einmal seinen Kopf verliert."

„Gib nur acht, daß du nicht selber deinen Kopf verlierst, wenn du dauernd solche Reden führst."

„Hältst du es für so einfach, Hodscha Nasreddin zu köpfen?

Seht, ich bin Nasreddin, beug mich niemals
den Herrn,
und den Tod, glaubt es mir, halt ich ewig mir fern!
Ob Bucharas Emir wütend gegen mich hetzt,
ob Rebell er mich nennt und das Beil für mich wetzt:

Ich bleib doch Nasreddin, beug mich niemals
den Herrn,
und den Tod, glaubt es mir, halt ich ewig mir fern!

Ja, ich leb, und ich sing, und die Sonne lacht mir.
Durch die Welt gellt mein Ruf: ‚Schimpf und Tod
dem Emir!‘
Auch der Sultan begehrt längst nach meinem Genick,
Feuer winkt mir beim Schah, und vom Khan droht
der Strick.
Doch ich bin Nasreddin, beug mich niemals
den Herrn,
und den Tod, glaubt es mir, halt ich ewig mir fern!

Arm und barfuß, doch froh ich stets vagabundier,
und ich leb, und ich sing, und die Sonne lacht mir.
Als sein Sohn, den es liebt, bin dem Volke ich nah:
Ich verlach den Emir und den Khan und den Schah.
Seht, ich bin Nasreddin, beug mich niemals
den Herrn,
und den Tod, glaubt es mir, halt ich ewig mir fern!“

Hinter Nijas‘ Rücken erschien im Weinlaub Güldschans lachendes Gesicht. Nasreddin unterbrach sein Lied und wechselte fröhliche Blicke mit ihr.

„Wo schaust du denn hin? Was gibt's da zu sehen?“ fragte Nijas.

„Ich sehe einen Paradiesvogel, so schön, daß er auf der Welt nicht seinesgleichen hat.“

Der Alte wandte sich ächzend um, aber Güldschan war schon im grünen Weinlaub verschwunden, nur ihr silbernes Lachen klang noch aus der Ferne. Nijas kniff lange die schwachsichtigen Augen zusammen und schützte sie mit der flachen Hand vor der grellen Sonne, aber außer einem

Sperling, der vergnügt im Spalier umherhüpfte, konnte er wahrhaftig nichts entdecken.

„Aber, Nasreddin! Wo hast du denn einen Paradiesvogel gesehen? Das ist doch ein ganz gewöhnlicher Sperling."

Nasreddin lachte, und Nijas schüttelte den Kopf, weil er den Grund dieser Heiterkeit nicht erraten konnte.

Nach dem Abendessen geleitete der Alte Nasreddin hinaus und legte sich dann auf dem Dach schlafen. Der sanfte Wind strich ihm zart über die Stirn. Bald schnarchte er laut und pfiff durch die Nase, und sofort erklang ein leises Husten hinter dem Zaun. Nasreddin war zurückgekehrt. „Er schläft", flüsterte ihm Güldschan zu, und mit einem Sprung war Nasreddin im Garten.

Sie setzten sich an das Wasserbassin im Schatten der Pappel, die, in ihre langen grünen Gewänder gehüllt, ruhig schlummerten. Hoch droben im klaren Sternhimmel schwebte der Mond und tauchte alles in sein blaues Licht. Kaum hörbar plätscherte der Bach, bald funkelnd und sprühend, bald sich im Schatten verlierend.

Güldschan stand vor Nasreddin im Mondschein, mit ihrer schlanken, biegsamen, vom langen Haar umflossenen Gestalt selbst dem Vollmond gleich.

„Ich liebe dich, o Königin meines Herzens!" flüsterte er. „Du bist meine erste und einzige Liebe. Ich bin dein Sklave, bin bereit, alle deine Wünsche zu erfüllen. Mein Leben lang habe ich nur darauf gewartet, dir zu begegnen! Nun habe ich dich gesehen. Ich kann dich nicht mehr vergessen und kann nicht ohne dich leben."

„Das sagst du sicherlich nicht zum erstenmal", meinte Güldschan eifersüchtig.

„Ich?“ rief er entrüstet aus. „Wie kannst du so etwas denken, Güldschan!“

Seine Stimme klang so aufrichtig, daß sie ihm glaubte und sich neben ihn auf die Erdbank setzte. Seine Lippen suchten ihren Mund. Er küßte sie so lange, daß sie mühsam nach Atem rang.

„Höre“, sagte sie nachher. „Wenn man ein Mädchen küßt, muß man ihm etwas schenken. Du küßt mich seit einer Woche jede Nacht und hast mir noch nicht mal eine Nadel geschenkt!“

„Ich hatte einfach kein Geld“, antwortete er. „Aber heute hat mir dein Vater meinen Lohn gezahlt, und morgen kaufe ich dir etwas Schönes. Was möchtest du haben? Eine Kette? Ein Tuch? Oder einen Ring mit einem Amethyst?“

„Das ist mir gleich, lieber Nasreddin“, flüsterte sie, „wenn ich nur ein Geschenk aus deinen Händen erhalte!“

Das blaue Wasser des Baches rauschte, die Sterne am durchsichtigen Nachthimmel sandten ein flimmerndes Licht aus. Nasreddin rückte näher an Güldschan heran und streichelte sie – ihre Brust schmiegte sich voll und weich in seine Hand. Alles Blut strömte ihm zum Herzen. Doch da brannte plötzlich seine Wange wie Feuer, Funken sprühten aus seinen Augen – Güldschan hatte ihm eine schallende Ohrfeige verabreicht. Er prallte zurück und hielt für alle Fälle den Ellbogen vor sein Gesicht. Güldschan stand auf, schwer atmend vor Zorn.

„Mir ist, als hätte ich den Schall einer Ohrfeige gehört“, sagte Nasreddin kurz. „Warum gleich schlagen, wenn man es auch mit Worten sagen kann?“

„Mit Worten!“ unterbrach ihn Güldschan. „Nicht

genug, daß ich schon jede Scham vergessen und dir mein Gesicht entschleiert habe, da wagst du dich auch noch dorthin, wo du nichts zu suchen hast!"

„Wer bestimmt denn, wo man etwas zu suchen hat und wo nicht?" widersprach Nasreddin, der gänzlich verwirrt war. „Wenn du die Bücher des weisen Ibn Tofail gelesen hättest ..."

„Allah sei Dank", unterbrach sie ihn heftig. „Allah sei Dank, daß ich diese unzüchtigen Bücher nicht gelesen habe! Ich hüte meine Ehre, wie es sich für ein ordentliches Mädchen geziemt."

Sie wandte sich um und ging; die Treppe knarrte unter ihrem leichten Schritt, und gleich darauf zeigten die hell werdenden Ritzen in den Balkonläden, daß sie Licht angezündet hatte.

Ich habe sie gekränkt, dachte Nasreddin. Wie konnte ich eine solche Dummheit begehen? Aber macht nichts: Dafür kenne ich jetzt ihren Charakter. Wenn sie mir eine Ohrfeige gegeben hat, so wird sie das auch bei jedem anderen tun und wird eine treue Frau sein. Soll sie mir ruhig vor der Hochzeit noch zehn mal zehn Ohrfeigen geben, wenn sie nur nach der Hochzeit damit ebenso freigebig bei allen anderen ist!

Auf Zehenspitzen schlich er zum Balkon und rief leise:

„Güldschan!"

Sie antwortete nicht.

„Güldschan!"

Die Finsternis, vom Duft der Blumen erfüllt, schwieg. Nasreddin wurde traurig. Mit leiser Stimme, um den alten Nijas nicht zu wecken, sang er:

Mit deinen Wimpern hast du mein Herz gestohlen.
Mich verurteilst du, selbst aber raubst du
mit den Wimpern
und forderst noch, ich soll den Diebstahl an
meinem Herzen bezahlen!
Wann hat die Welt schon solches Wunder gesehen?
Wo gab es das, wer hat je Diebe belohnt?
Schenk du mir doch zwei oder drei Küsse – kosten-
los.
Nein, das genügt mir nicht!
Küsse gibt es, die sind wie bitteres Wasser:
je mehr du trinkst, desto mehr dürstet dich.
Verschlossen hast du mir deine Türen –
Ach, lieber will ich mein Blut auf die Erde
vergießen!
Wo soll ich jetzt Schlaf und Ruhe finden?
Wirst du es mich lehren?
Unerträglich ist mein Kummer um deine Augen,
die mit Pfeilen schießen!
Unerträglich ist mein Kummer um deine Locken,
die wohl duften wie Moschus!"

Er sang, und wenngleich sich Güldschan nicht zeigte und keine Antwort gab, so wußte er wohl, daß sie aufmerksam lauschte, und er wußte auch, daß keine Frau solchen Worten widerstehen kann. Er hatte sich nicht geirrt: Der Laden öffnete sich einen Spalt breit.

„Komm", flüsterte Güldschans Stimme, „aber leise, damit Vater nicht aufwacht."

Er stieg die Treppe hinauf und setzte sich wieder neben sie. Das Lämpchen, das mit ausgelassenem Hammelfett gespeist wurde, brannte bis zum Morgengrauen. Sie sprachen und hatten einander so viel zu sagen, daß sie kein Ende fanden. Alles war so, wie es sein soll und wie es geschrieben steht in dem Buch des weisen Abu Mohammed Ali Ibn Hasm „Halsband der Taube“, in dem Kapitel „Über das Wesen der Liebe“:

„Der Liebe Anfang – Gott schenke dir Ruhm – ist Scherz, ihr Ende aber ist Ernst. Ihre Erscheinungen sind ob ihrer Erhabenheit zu zart, um beschrieben werden zu können, und so ist ihr tiefstes Wesen nur durch eigenes Erleben zu begreifen ... Daß die Liebe sich immerdar in den meisten Fällen einer äußerlich schönen Gestalt zuwendet, kommt daher, daß die Seele selber schön ist und darum heiß nach etwas Schönem verlangt und eine Neigung für vollkommene Gestalten hegt. Wenn sie nämlich eine solche gewahrt, verweilt sie bei ihr. Erkennt sie nun dahinter etwas von ihrer eigenen Art, so verbindet sie sich mit ihr, und die echte Liebe wird zur Wirklichkeit ... Wahrlich, die Gestalten vereinigen gar wundersam die weitgetrennten Seelenteile!“

Zweites Kapitel

Der Alte bewegte sich auf dem Dach, ächzte, hustete und rief mit verschlafener Stimme nach Güldschan, damit sie ihm kühles Wasser zum Trinken reiche. Sie stieß Nasreddin aus dem Zimmer. Lautlos glitt er die Treppe hinunter und sprang über den Zaun. Dann wusch er sich im nahen Bach, trocknete sich mit seinen Rockschößen ab und klopfte kurz darauf von der anderen Seite an die Pforte.

„Guten Morgen, Nasreddin", begrüßte ihn der Alte vom Dach her. „Wie früh du in letzter Zeit aufstehst! Wann schläfst du überhaupt? Gleich trinken wir Tee, und dann gehen wir, wenn Allah will, an die Arbeit."

Um die Mittagszeit verließ Nasreddin den Alten und begab sich auf den Basar, um für Güldschan ein Geschenk zu kaufen. Wie immer setzte er aus Vorsicht einen bunten Badachschaner Turban auf und klebte sich einen falschen Bart an. So war er nicht zu erkennen und konnte frei auf dem Basar umhergehen, ohne die Spitzel des Emirs fürchten zu müssen.

Er wählte ein Korallenhalsband, das in der Farbe den Lippen seiner Geliebten glich. Der Juwelier war ein zugänglicher Mann. Nach einer Stunde lebhaften Feilschens ging das Halsband für dreißig Tanga in Nasreddins Besitz über.

Auf dem Rückwege gewahrte Nasreddin vor der Basarmoschee eine große Menschenmenge. Die Leute drängten sich und kletterten einander auf die Schultern. Als Nasreddin näher kam, hörte er eine durchdringende Stimme:

„Überzeugt euch mit eigenen Augen, ihr Gläubigen, er ist gelähmt und liegt seit zehn Jahren ohne Bewegung. Seine Glieder sind kalt und leblos. Schaut, er öffnet nicht einmal die Augen. Er ist von weit her in diese Stadt gekommen. Gute Freunde und Verwandte brachten ihn hierher, um das letzte Mittel zu versuchen. In einer Woche, am Festtage des heiligen, unvergleichlichen Scheichs Bogeddin, werden sie ihn auf die Stufen des Grabmals legen. Blinde, Lahme und Gelähmte sind oft auf diese Art geheilt worden. Laßt uns den gnädigen Scheich anflehen, daß er sich auch dieses Unglücklichen erbarme und ihm Heilung bringe."

Die Versammelten beteten. Danach ertönte wieder die durchdringende Stimme:

„Überzeugt euch selbst, ihr Gläubigen; er ist gelähmt und liegt schon zehn Jahre so bewegungslos."

Nasreddin drängte sich durch die Menge, stellte sich auf die Zehenspitzen und erblickte einen langen, knochigen Molla mit kleinen, bösen Augen und einem schütteren Bärtchen. Der Molla schrie und wies mit dem Finger auf den Gelähmten, der zu seinen Füßen auf einer Bahre lag.

„Schaut, schaut, ihr Mohammedaner, wie elend und unglücklich er ist. Doch in einer Woche wird ihn der heilige Bogeddin genesen lassen, und er wird dem Leben wiedergeschenkt sein."

Der Gelähmte lag mit geschlossenen Augen und trauriger Miene da. Nasreddin mußte einen Aufschrei unterdrücken, als er ihn erblickte. Dieses pockennarbige Gesicht mit der flachen Nase hätte er unter tausend anderen erkannt. Es bestand kein Zweifel! Der Diener war offenbar schon seit langem gelähmt, denn er war vom Nichtstun ganz dick geworden.

Sooft Nasreddin in den nächsten Tagen an dieser Moschee vorüberkam, stets sah er dort den Molla und den Gelähmten, der mit einem kläglichen Ausdruck in der pockennarbigen Fratze dalag und von Tag zu Tag fetter wurde.

Der Tag des heiligen Scheichs brach an. Der Scheich war, den Überlieferungen zufolge, an einem klaren, sonnigen Maitag gestorben. Obwohl am Himmel kein einziges Wölkchen zu sehen war, verfinsterte sich in seiner Todesstunde die Sonne, ein furchtbares Erdbeben suchte Buchara heim, und die zusammenstürzenden Häuser begruben die sündigen Menschen unter sich. So berichteten die Mollas in den Moscheen, und sie forderten die Gläubigen auf, zum Grabmal des Scheichs zu pilgern und sich vor seiner Asche zu verneigen, damit es ihnen nicht ebenso gehe wie den Sündern am Todestag des Scheichs.

Es war noch dunkel, als die Scharen der Wallfahrer sich der Grabstätte näherten. Bei Sonnenaufgang drängte sich bereits eine große Menschenmenge auf dem riesigen Platz vor dem Grabmal. Der Menschenstrom nahm kein Ende. Alle waren nach althergebrachter Sitte barfuß. Manche kamen von weit her, weil sie besonders fromm oder besonders sündig waren und Vergebung zu erlangen hofften. Männer brachten ihre unfruchtbaren

Frauen hierher, Mütter ihre kranken Kinder, Greise schleppten sich auf Krücken heran, und die Aussätzigen betrachteten aus der Ferne mit neuer Hoffnung die weiße Kuppel des Grabmals.

Der Gottesdienst fing lange nicht an, weil man den Emir erwartete. Unter den sengenden Strahlen der Sonne standen die Menschen dicht gedrängt und wagten nicht, sich zu setzen. Ihre Augen brannten in fiebrigem Glanz. Sie hatten im Leben bisher kein Glück gehabt und erhofften heute ein Wunder. Bei jedem lauten Wort fuhren sie zusammen, und sie warteten mit immer größerer Spannung. Zwei Derwische wanden sich in Krämpfen, bissen stöhnend in den Erdboden, auf ihren Lippen zeigte sich grauer Schaum. Die Menge war erregt. Einige Frauen weinten. In diesem Augenblick erscholl tausendstimmig der Ruf:

„Der Emir kommt!"

Die Palastwache bahnte mit Stöcken einen Weg durch die Menge und breitete Teppiche darauf aus, und auf diesem Weg schritt barfuß, mit gesenktem Kopf, in edle Gedanken versunken, keinen irdischen Geräuschen zugänglich, der Emir. Hinter ihm ging schweigend das Gefolge, nach dessen Vorbeimarsch die Diener eilig die Teppiche zusammenrollten, um sie vorn wieder auszubreiten.

Viele der Anwesenden hatten Tränen der Rührung in den Augen.

Der Emir stieg auf eine kleine Anhöhe, die neben der Grabstätte lag. Ein Gebetsteppich wurde vor ihm ausgebreitet, und auf beiden Seiten von den Wesiren gestützt, kniete er nieder. Die ganz in Weiß gekleideten Mollas umstanden ihn im Halbkreis und stimmten, die Arme zum gluttrüben

Himmel erhoben, einen frommen Gesang an. Der Gottesdienst begann.

Der Gesang und die Predigten wollten kein Ende nehmen. Nasreddin schlüpfte unbemerkt durch die Menge und ging zu dem Schuppen, in dem sich die Lahmen, Blinden und Gelähmten befanden, deren Heilung man angekündigt hatte.

Die Tür des etwas abseits liegenden Schuppens war weit geöffnet. Neugierige schauten hinein und tauschten Bemerkungen. Die Mollas, die hier Dienst taten, hielten große Kupfertabletts für die Opfergaben bereit. Der älteste Molla erzählte:

„... seither ruht für alle Zeiten der Segen des heiligen Scheichs Bogeddin auf Buchara und auf den sonnengleichen Emiren dieser Stadt. Alljährlich an diesem Tage verleiht der heilige Bogeddin uns demütigen Dienern Allahs die Kraft, Wunder zu vollbringen. Alle diese Blinden, Lahmen, Besessenen und Gelähmten erwarten ihre Genesung, und wir hoffen, sie mit Hilfe Bogeddins heute zu heilen."

Die Kranken im Schuppen begannen zu schreien, zu schluchzen, zu stöhnen und mit den Zähnen zu knirschen. Der Molla erhob seine Stimme und fuhr fort:

„Spendet zum Schmuck der Moscheen, ihr Gläubigen, und Allah wird euch eure Gaben reichlich lohnen."

Nasreddin schaute in den Schuppen hinein. Gleich am Eingang lag der pockennarbige Diener auf seiner Bahre, und hinter ihm sah man im Halbdunkel viele Menschen mit Krücken, auf Tragbahren und mit verbundenen Gliedern. Und plötzlich ertönte die Stimme des obersten Mollas vom Grabe Bogeddins her:

„Einen Blinden! Führt einen Blinden herbei!"

Die Mollas stießen Nasreddin beiseite, tauchten in das dumpfe Dämmerlicht des Schuppens und führten einen in Lumpen gehüllten Blinden heraus. Der Blinde tastete sich vorwärts und stolperte über Steine. Er trat zum ersten Molla, fiel auf die Knie und berührte die Stufen zum Grabmal mit seinen Lippen. Der Molla legte ihm die Hand auf den Kopf – und der Blinde war sofort geheilt.

„Ich sehe, ich sehe“, schrie er mit hoher, zitternder Stimme. „O heiliger Bogeddin, ich sehe! Welches Wunder, welch einmalige Heilung!“

Die Menge der Betenden murmelte erregt und drängte sich um ihn. Viele traten zu ihm heran und fragten: „Sage, welche Hand hebe ich jetzt, die rechte oder die linke?“ Und er schaute hin, antwortete und irrte sich nie, und niemand bezweifelte, daß er tatsächlich wieder sehend geworden war.

Eine ganze Reihe von Mollas schritt nun mit Kupfertabletts durch die Menschenmenge.

„Ihr habt das Wunder gesehen, o ihr Gläubigen, opfert für den Schmuck der Moscheen!“ riefen sie.

Als erster opferte der Emir, er warf eine Handvoll Goldmünzen auf das Tablett; die Wesire und Würdenträger gaben je eine Goldmünze, und dann spendete das Volk freigebig Silber- und Kupfermünzen. Die Mollas mußten die Tabletts dreimal leeren, so reichlich floß das Geld.

Als der Zustrom der Spenden nachließ, brachte man einen Lahmen aus dem Schuppen. Er berührte den Grabstein, war sofort geheilt, warf seine Krücken weg und begann vergnügt zu tanzen, die Füße in die Höhe werfend. Und wieder erschienen die Mollas, sammelten und riefen: „Opfert, ihr Gläubigen!“

 Ein graubärtiger Molla trat zu Nasreddin, der in

Gedanken versunken dastand und die Wände des Schuppens betrachtete.

„O Rechtgläubiger", wandte sich der Molla an Nasreddin, „du hast das große Wunder gesehen. Opfere, und Allah wird es dir lohnen."

Nasreddin antwortete laut, damit ihn alle Umstehenden hörten:

„Du nennst das ein Wunder und bittest mich um Geld. Erstens habe ich kein Geld, und zweitens weißt du wohl nicht, o Molla, daß ich selbst ein großer Heiliger bin und noch ganz andere Wunder vollbringen kann."

„Du bist ein Gotteslästerer!" schrie der Molla erbost. „Hört nicht auf ihn, ihr Mohammedaner, der Scheitan selbst spricht durch seinen Mund!"

Nasreddin wandte sich an die Menge.

„Der Molla glaubt nicht, daß ich Wunder vollbringen kann! Ich werde es sogleich beweisen. In diesem Schuppen sind Blinde, Lahme, Sieche, Gelähmte. Ich werde sie alle auf einmal heilen, ohne sie zu berühren. Nur zwei Worte werde ich sagen, und sie werden so schnell laufen, daß der schnellste Araberhengst sie nicht einholt."

Der Schuppen hatte dünne Wände, deren Lehmbewurf an vielen Stellen Risse zeigte. Nasreddin suchte sich eine Stelle aus, die von besonders großen Rissen durchzogen war, und stemmte sich mit voller Wucht dagegen. Ein großes Stück der Lehmwand brach knirschend und prasselnd heraus und stürzte mit dumpfem Krachen ins Innere des Schuppens. Aus dem dunklen Loch stiegen dichte Staubwolken auf.

„Ein Erdbeben! Rettet euch!" schrie Nasreddin mit wilder Stimme und ließ ein zweites Stück der Lehmwand einstürzen.

Für einen Augenblick wurde es still in dem Schuppen, dann brach eine wilde Panik aus. Der gelähmte pockennarbige Diener stürzte als erster zum Ausgang, blieb aber in der Tür stecken und versperrte den anderen den Weg, den Blinden und Gelähmten, die sich brüllend und heulend hinter ihm zum Klumpen ballten, und als Nasreddin noch einen dritten Lehmklumpen nach innen stürzen ließ, drückten die Gelähmten in mächtigem Andrang den Diener mitsamt der Tragbahre, der Tür und den Pfosten nach draußen, vergaßen ihre Gebrechen und liefen auseinander.

Die Menge johlte, lachte, brüllte, pfiff. Nasreddins Stimme übertönte den Lärm. „Seht, ihr Gläubigen, ich hatte recht, als ich euch sagte, daß ich sie alle mit zwei Worten heilen kann."

Ohne weiter auf die Predigt zu achten, kamen von allen Seiten Neugierige herbeigelaufen und wollten sehen, was geschehen war. Nachdem sie es erfuhren, bogen sie sich vor Lachen und erzählten die wunderbare Heilung anderen, so daß nach kurzer Zeit der Vorfall in aller Munde war. Und als der oberste Molla die Hand erhob und Ruhe gebot, antwortete ihm die Menge mit Pfeifen, Schreien und Schimpfworten.

Wie damals auf dem Basar erhob sich plötzlich von allen Seiten ein Ruf, der immer mächtiger anschwoll:

„Hodscha Nasreddin! Er ist zurückgekehrt! Unser Hodscha Nasreddin ist hier!"

Die Mollas ernteten nur Spott und Hohn, sie warfen ihre Tabletts weg und liefen davon, weil sie sich fürchteten.

Inzwischen war Nasreddin schon weit fort. Er nahm seinen bunten Turban und den falschen Bart ab und verbarg sie unter dem Rock, denn nun brauchte er die Spitzel nicht mehr zu fürchten. Sie waren an der Grabstätte vollauf beschäftigt.

Er bemerkte jedoch nicht, daß ihm der lahme Dschafar heimlich folgte, sich hinter Bäumen und Hausecken versteckte und ihn beobachtete.

In einer öden, menschenleeren Seitenstraße trat Nasreddin an einen Zaun und hustete leise. Leichte Schritte erklangen.

„Bist du es, Liebster?“ fragte eine weibliche Stimme.

Der hinter dem Baum versteckte Wucherer erkannte sofort die Stimme der schönen Güldschan. Dann hörte er Flüstern, leises Lachen und das Geräusch von Küssen. Du hast sie mir genommen, um sie selbst zu besitzen, dachte der Wucherer voll wütender Eifersucht.

Nasreddin verabschiedete sich von Güldschan und ging so schnell weiter, daß Dschafar ihm nicht folgen konnte. Im Gewirr der engen Gassen verlor er ihn bald aus den Augen. Ich werde also die Belohnung für seinen Kopf nicht erhalten, dachte der Wucherer bedauernd, doch um so furchtbarer wird meine Rache sein. Hüte dich, Nasreddin!

Drittes Kapitel

Des Emirs Staatssäckel hatte eine große Einbuße erlitten: An der Grabstätte des Scheichs Bogeddin war diesmal nicht der zehnte Teil der Summe zusammengekommen, die die Sammlungen früherer Jahre erbracht hatten. Außerdem wurden im Volk freche und ketzerische Reden laut. Die Spitzel berichteten, daß die Kunde von dem Zwischenfall an der Grabstätte bis in die äußersten Winkel des Reiches gedrungen sei und dort peinlichen Widerhall finde. In drei Dörfern weigerten sich die Bewohner, ihre Moschee fertigzubauen, und in einem vierten hatte man gar den Molla davongejagt.

Der Emir gebot dem Großwesir Bachtjar, den Diwan – den Großen Staatsrat – einzuberufen. Die Beratung sollte im Garten des Serails stattfinden. Es war ein herrlicher Garten, einer der schönsten auf der Welt. Hier reiften an prachtvollen, weitausladenden Obstbäumen die seltensten Früchte: Kampfer-, Mandel- und Chorassanaprikosen, Feigen, Pflaumen, Pomeranzen und noch viele andere, die man gar nicht alle aufzählen kann. Rosen, Veilchen, Levkojen, Lavendel, Anemonen machten den Garten einem leuchtend bunten Teppich gleich und erfüllten ihn mit paradiesischen Düften. Springbrunnen plätscherten, Goldfische tummelten sich in marmornen Bassins, und allenthalben hingen silberne Käfige, in denen fremdländische Vögel sangen, pfiffen und zwitscherten. Doch all diese märchenhafte Schönheit war den Wesiren, Würdenträgern, Ratgebern und Poeten gleichgültig. Sie sahen nichts und hörten nichts, dachten nur an ihren Aufstieg und überlegten, wie sie sich gegen feindliche Intrigen schützen und ihrerseits ihren Gegnern schaden könnten. In ihren kalten, grausamen Herzen blieb für nichts anderes mehr Raum; und wären alle Blumen der Welt plötzlich verwelkt und hätten alle Vögel der Welt aufgehört zu singen, so hätten sie das überhaupt nicht bemerkt, denn sie waren gänzlich mit ihren habgierigen und ehrgeizigen Plänen beschäftigt. Mit glanzlosen Augen und eingekniffenen blutleeren Lippen schlurften sie in ihren weichen Schuhen über die kiesbestreuten Wege, traten in die Gartenlaube, die von üppigem dunkelgrünem Efeu umwuchert war, lehnten ihre türkisverzierten Stäbe an die Wand und ließen sich auf seidenen Kissen nieder.

Dort hockten sie, die gesenkten Köpfe mit riesigen weißen Turbanen beschwert, und erwarteten schweigend den Herrscher. Als er mit düsterer Miene erschien und niemand eines Blickes würdigte, erhoben sich alle und verneigten sich bis zur Erde. In dieser Stellung verharrten sie, bis er ein kurzes Zeichen gab. Dann fielen sie auf die Knie, bogen sich zurück und berührten mit den Fingern den Teppich, denn so verlangte es das Hofzeremoniell. Jeder versuchte zu erraten, über wessen Haupt sich heute der Zorn des Emirs entladen würde und welche Vorteile man daraus ziehen könnte.

Hinter dem Emir stellten sich im gewohnten Halbkreis die Hofpoeten auf, räusperten sich und hüstelten leise, um später mit recht klarer Stimme zu singen. Der geschickteste unter ihnen, „König der Poeten“ genannt, wiederholte in Gedanken die Verse, die er in der Frühe gedichtet, um sie hier vorzutragen, so als wären sie ihm von der Begeisterung des Augenblicks eingegeben.

Der Pfeifenträger und der Hoffliegenverscheucher des Emirs nahmen die für sie bestimmten Plätze ein.

„Wer ist der Herrscher von Buchara?“ fragte der Emir mit leiser Stimme, die alle erzittern ließ. „Wer ist der Herrscher von Buchara, frage ich euch, ich oder dieser verfluchte Gotteslästerer Hodscha Nasreddin?“

Vor Wut schnappte er nach Luft, und als er sich wieder in der Gewalt hatte, fuhr er ingrimmig fort: „Der Emir leiht euch sein Ohr! Redet!“

Über seinem Kopf pendelten die Wedel aus Pferdeschwänzen, das Gefolge schwieg ängstlich, die Wesire stießen einander unbemerkt mit dem Ellbogen an.

„Er hat das ganze Land aufgewiegelt“, begann der Emir wieder. „Dreimal ist es ihm schon gelungen, in unserer Hauptstadt Unruhe zu stiften. Er hat uns des Schlafes und der Ruhe und die Staatskasse ihrer Einnahmen beraubt. Er fordert das Volk offen zum Aufruhr auf. Wie muß man mit so einem Verbrecher verfahren, frage ich euch?“

Die Weisen, Wesire und Würdenträger antworteten wie aus einem Munde:

„Er verdient die grausamste Hinrichtung, die es gibt, o großer Emir, o Mittelpunkt des Weltalls.“

 „Na, und warum lebt er noch?“ fragte der Emir.

„Oder soll ich, euer Gebieter, dessen Namen ihr nur zitternd und voll Ehrfurcht nennen dürft, wobei ihr auf die Knie fallen und mit der Stirn die Erde berühren müßt – was ihr aus Faulheit, Frechheit und Nachlässigkeit nicht tut –, soll also ich, euer Gebieter, etwa selbst auf den Basar gehen und den Störenfried fangen, während ihr große Gelage feiert und euch in euren Harems der Ausschweifung hingebt und eurer Pflichten nur an den Tagen gedenkt, wenn ihr euer Gehalt bekommt? Was hast du dazu zu sagen, Bachtjar?"

Als die anderen Bachtjars Namen hörten, atmeten sie erleichtert auf. Ein schadenfrohes Lächeln glitt über Arslanbeks Gesicht, denn zwischen ihm und dem Großwesir bestand eine alte Feindschaft. Bachtjar faltete die Hände auf dem Bauch und verneigte sich bis zur Erde.

„Allah schütze dich, o großer Emir, vor Unglück und Gefahren", begann er. „Die Treue und die Verdienste deines unwürdigen Sklaven, der nur ein Staubkorn in den Strahlen deiner Majestät ist, sind dir bekannt. Vor meiner Ernennung zum Großwesir war die Staatskasse stets leer. Ich habe eine Vielzahl von Steuern eingeführt, habe für die Ernennung zum Beamten einen Preis erhoben und alles in Buchara abgabepflichtig gemacht. Die Einwohner können nicht einmal niesen, ohne dafür zu bezahlen. Die Gehälter der kleinen Beamten, der Soldaten und der Wache wurden um die Hälfte herabgesetzt, und die Einwohner von Buchara müssen für deren Verpflegung sorgen. Dadurch habe ich dem Staat große Summen erspart. Das sind jedoch noch nicht alle meine Verdienste. Mir ist es zu danken, daß am Grabe des heiligen Scheichs Bogeddin wieder Wunder geschehen, die

Tausende von Pilgern herbeilocken und die der Staatskasse des Emirs, vor dem alle anderen Herrscher der Welt nur Staub sind, in den letzten Jahren durch die Opferwilligkeit der Gläubigen große Einnahmen brachten."

„Wo sind sie, diese Einnahmen?" unterbrach ihn der Emir. „Hodscha Nasreddin hat sie eingesteckt. Und ich frage nicht nach deinen Verdiensten, von denen habe ich schon hundertmal gehört. Sage mir lieber, wie wir Nasreddin fangen sollen!"

„O hoher Gebieter", antwortete Bachtjar. „Es gehört nicht zu den Pflichten eines Großwesirs, Verbrecher zu fangen. Das ist Aufgabe der Palastwache und ihres Kommandanten, des ehrwürdigen Arslanbek."

Bei diesen Worten blickte er Arslanbek schadenfroh an und verneigte sich tief vor dem Emir.

„Sprich", gebot der Emir.

Arslanbek warf Bachtjar einen wütenden Blick zu und erhob sich. Er atmete heftig, sein schwarzer Bart zitterte über dem Bauch.

„Allah behüte unseren sonnengleichen Herrscher vor Not und Unglück, Kummer und Krankheit! Du kennst meine Verdienste, o großer Emir. Als der Khan von Chiwa Buchara mit Krieg überzog, da geruhtest du, o Schatten Allahs auf Erden, mir den Oberbefehl über dein Heer anzuvertrauen. Mir ist es zu danken, daß wir den Feind ohne Blutvergießen zurückschlugen und daß alles zu unseren Gunsten verlief. Und zwar wurden auf meinen Befehl von der Grenze nach Chiwa bis mehrere Tagereisen weit in unser Land hinein alle Städte und Dörfer verwüstet, alle Wege und Brücken zerstört, alle Saaten und Felder vernichtet. Und als das feindliche Heer die Grenzen überschritt und die

Verwüstungen sah, beschloß es, nicht mehr weiterzugehen, weil in dieser Wüste nichts zu holen war. Verspottet und beschimpft traten die Feinde den Rückzug an. Und du, hoher Gebieter, geruhtest anzuerkennen, daß die Zerstörung des Landes durch das eigene Heer sehr weise war, so daß du anordnetest, die zerstörten Städte und Dörfer, die Felder und Straßen nicht wieder aufzubauen, damit es nie mehr fremde Heere gelüste, in unser Land einzudringen. So habe ich das Heer von Chiwa besiegt. Ich stellte außerdem in Buchara Tausende von Spionen ein ..."

„Schweig, du Prahlhans!" fuhr ihn der Emir an. „Weshalb haben deine Spione Nasreddin noch immer nicht gefangen?"

Lange schwieg Arslanbek verwirrt. Endlich gestand er:

„O Gebieter, ich habe alles getan, was ich konnte, doch ich bin machtlos diesem Schurken und Gotteslästerer gegenüber. Mich dünkt, wir müssen die Weisen um Rat fragen."

„Ich schwöre bei meinen Vorfahren, daß ihr alle es verdient habt, an der Stadtmauer zu hängen", schäumte der Emir und verabreichte dem Pfeifenträger, der zufällig in erreichbarer Nähe stand, eine schallende Ohrfeige. „Sprich", gebot er dem ältesten Weisen, der für seinen langen Bart berühmt war.

Der Weise erhob sich, sprach ein Gebet und streichelte seinen Bart, was ihm nicht ohne weiteres gelang. Er mußte ihn mit einer Hand hochhalten, denn der Bart war so lang, daß ihn der Weise zweimal um seinen Körper wickeln konnte.

„Allah verlängere die leuchtenden Tage unseres Gebieters zu seines Volkes Wohl und Freude", begann er. „Da der Bösewicht und Unruhestifter Hodscha Nasreddin schließlich nur ein Mensch ist, wird auch sein Körper so gebaut sein wie der anderer Menschen, das heißt, er besteht aus zweihundertvierzig Knochen und dreihundertsechzig Adern, zwei Lungen, einer Leber, einem Herzen, einer Milz und einer Galle. Die wichtigste Ader ist die Herzader, von der alle anderen Adern abzweigen. Das ist eine heilige Wahrheit, an der nicht zu rütteln ist, auch wenn der Ketzer Abu Ischak lügenhaft behauptet, daß die wichtigsten Adern in der Lunge säßen. Nach den Schriften der Weisen Avicenna, Mohammed Al Rassul und des Griechen Hippokrates sowie der Weisen Averroës aus Cordoba, Al Kendi, Al Farabi und Ibn Tofail schuf Allah den ersten Menschen, Adam, aus den vier Elementen Feuer, Wasser, Luft und Erde. Dabei gab er der gelben Galle die Natur des Feuers – sie ist heiß und trocken, der schwarzen Galle die Natur der Erde – sie ist kalt und trocken, dem Speichel die Natur des Wassers – er ist feucht und kalt, und dem Blut, welches feucht und heiß ist, gab er die Natur der Luft. Um einen Menschen zum Tode zu bringen, muß man ihm eine dieser Flüssigkeiten rauben. Deshalb wäre es angebracht, o hoher Gebieter, wenn der Empörer Nasreddin sein Blut verlöre, was durch Trennung des Hauptes von seinem Rumpf am besten erreicht werden könnte, denn mit dem Blut entflieht auch gleichzeitig das Leben dem Körper und kehrt nie wieder zurück. Das ist mein Rat, erlauchter Herrscher!"

Der Emir hörte aufmerksam zu, antwortete jedoch nicht, sondern gab mit einem kaum bemerkbaren Heben der Brauen dem zweiten Weisen ein Zeichen, fortzufahren. Dieser blieb zwar, was die

Länge seines Bartes anbetraf, weit hinter dem ersten Weisen zurück, übertraf ihn aber erheblich in der Größe und Pracht seines Turbans, dessen gewaltiges Gewicht seinen Hals im Lauf der Jahre ganz krumm gebogen hatte, was ihm das Ansehen eines Menschen verlieh, der unausgesetzt durch einen schmalen Spalt nach oben blickt. Er verneigte sich tief vor dem Emir.

„Ich bin nicht mit dieser Todesart einverstanden, o großer Herrscher, der du die Sonne überstrahlst; denn jeder weiß, daß der Mensch nicht nur das Blut, sondern auch die Luft zum Leben braucht, und wenn man seinen Hals mit einem Strick abschnürt und dadurch der Luft den Zutritt in die Lungen verwehrt, so muß dieser Mensch unweigerlich sterben und wird nie mehr lebendig."

„So", sagte der Emir leise. „Ihr habt vollkommen recht, Weiseste der Weisen, und eure Ratschläge sind zweifellos von großem Wert für mich. Wie könnte ich mich wohl von Nasreddin befreien, hättet ihr mir nicht so wertvolle Ratschläge gegeben."

Er schwieg, weil ihn der Zorn übermannte. Seine Wangen bebten, seine Nasenflügel blähten sich, und seine Augen schossen Wutblitze. Doch die Hofschmeichler – die Sänger und Poeten, die im Halbkreis hinter ihm standen – konnten sein drohendes Gesicht nicht sehen und überhörten den Hohn in seinen Worten, die sie für bare Münze nahmen. Sie glaubten, der Rat der Weisen habe dem Emir tatsächlich gefallen und er werde sie nunmehr auszeichnen und belohnen, also müsse man sich schleunigst die Gunst der Weisen erwerben, um später Nutzen daraus zu ziehen.

„O ihr Weisen, o ihr Perlen, die ihr die Krone unseres erlauchten Herrschers ziert, o ihr Weisen, die ihr mit eurer Weisheit die Weisheit der Weisesten in den Schatten stellt", so sangen sie, bemüht, einander in der Farbenpracht der Ausdrücke zu übertreffen. In ihrem Eifer sahen sie nicht, daß sich der Emir zu ihnen umgewandt hatte und sie mit durchdringenden Wutblicken betrachtete, während die übrigen Anwesenden betreten schwiegen.

„O ihr Leuchten der Weisheit und Vernunft", fuhren die Sänger fort und schlossen selbstvergessen, vor wonnevoller Unterwürfigkeit zitternd, die Augen. Doch plötzlich bemerkte der „König der Poeten" den Blick des Emirs. Er verstummte, als hätte er seine eigene Schmeichlerzunge verschluckt, und prallte entsetzt zurück. Nun schwiegen auch die anderen; sie erkannten, was sie vor lauter Eifer und in der Sucht, allen zu schmeicheln, für einen Fehler begangen hatten.

„O ihr Spitzbuben, o ihr Taugenichtse!" rief der Emir in flammendem Zorn. „Als ob ich nicht selber wüßte, daß ein Mensch tot ist, wenn man ihn köpft oder henkt! Aber dazu muß man diesen Menschen erst einmal fangen, ihr Gauner, ihr Faulenzer und Dummköpfe! Darüber habt ihr kein Wort verloren, wie man diesen Menschen fangen könnte. Ich werde allen anwesenden Wesiren, Würdenträgern, Weisen und Poeten so lange kein Gehalt zahlen, bis Hodscha Nasreddin gefangen ist. Derjenige, der ihn fängt, erhält eine Belohnung von dreitausend Tanga. Außerdem sollt ihr wissen, daß ich mir aus Bagdad einen neuen Weisen, Hussein Guslija, kommen lasse, der bisher in den Diensten meines Freundes, des Kalifen von Bagdad, stand, denn eure Dummheit, Faulheit und Stumpfheit kennt ja keine Grenzen mehr. Hussein Guslija ist schon unterwegs, er wird bald hier sein, und dann wehe euch, ihr Fresser und Tagediebe, die ihr nur eure eigenen Taschen füllt." Des Emirs Wut steigerte sich immer mehr. „Jagt sie davon", schrie er der Wache zu. „Jagt sie alle zum Teufel!"

Die Wache stürzte auf die versteinerten Höflinge zu, packte sie ohne Unterschied der Person und ohne jede Ehrerbietung, schleppte sie zur Tür und warf sie die Stufen hinab. Unten wurden sie von anderen Leuten der Wache in Empfang genommen, die nicht mit Püffen, Schlägen und Fußtritten sparten. Die Weisen, Poeten und Würdenträger rannten, einander überholend, was sie konnten. Der erste Weise stolperte über seinen Bart und fiel hin, der zweite flog über ihn hinweg in einen Rosenbusch, der ihn so zerkratzte, daß er lange mit seinem krummen Hals liegenblieb, als blickte er durch einen schmalen Spalt nach oben.

Viertes Kapitel

Der Emir blieb bis zum Abend düster und grimmig. Die Nacht verging, und am nächsten Morgen entdeckten die von Angst erfüllten Höflinge noch immer Spuren des Zornes auf seinem Angesicht.

Vergeblich blieben alle Bemühungen, ihn aufzuheitern und abzulenken. Vergeblich wiegten vor ihm Tänzerinnen, von duftendem Rauch aus den Räucherpfannen umwallt, ihre geschmeidigen Leiber in anmutigen Tänzen, wobei sie kleine Glöckchen erklingen ließen; vergeblich bewegten sie die üppigen Schenkel, blitzten mit den weißen Zähnen und entblößten wie zufällig ihre braunen Brüste – der Emir schaute gar nicht auf. Über sein Gesicht ging ein Zucken, das nichts Gutes verhieß und die Herzen der Höflinge erbeben machte. Umsonst waren auch alle Tricks der Narren, Akrobaten, Zauberkünstler und der indischen Fakire, die mit ihren Rohrflöten Schlangen einschläferten.

Die Hofleute flüsterten untereinander: „Dieser verfluchte Hodscha Nasreddin, diese Ausgeburt der Hölle! Wieviel Unannehmlichkeiten müssen wir seinetwegen ertragen!"

Alle hofften, daß Arslanbek ihnen helfen würde. Er hatte seine geschicktesten Spitzel in die Wachstube kommen lassen. Darunter befand sich auch der pockennarbige Diener, den Nasreddin auf so wunderbare Art von seiner Lähmung geheilt hatte.

„Wisset", sagte Arslanbek, „daß ihr auf Befehl unseres erlauchten Emirs so lange keinen Lohn erhalten werdet, bis ihr den Bösewicht Nasreddin gefangen habt. Und fangt ihr ihn nicht, so werdet ihr außer eurem Gehalt auch noch die Köpfe verlieren, das verspreche ich euch! Derjenige aber, der Nasreddin fängt, erhält eine Belohnung von dreitausend Tanga und wird zum Hauptspitzel ernannt."

Die Spitzel gingen sofort an die Arbeit. Als Bettler, Derwische, Kaufleute und Wasserträger verkleidet, verließen sie den Palast. Der pockennarbige Diener, der die anderen an List übertraf, stellte sich zwischen den Juwelier- und Spezereiständen auf den Basar; er hatte sich mit einem kleinen Teppich, Bohnen, alten Büchern und einer Perlenschnur versehen, um solcherart als Wahrsager aufzutreten und die Frauen gehörig auszufragen.

Eine Stunde später erschienen Hunderte von Ausrufern auf dem Basar, die allen Gläubigen einen Befehl des Emirs vorlasen: Hodscha Nasreddin wurde zum Feind des Emirs und zum Gotteslästerer erklärt. Jeglicher Umgang mit ihm wurde verboten, und wer ihn aufnahm und versteckte, dem drohte sofortige Hinrichtung. Derjenige jedoch, der ihn des Emirs Wache auslieferte, sollte dreitausend Tanga Belohnung erhalten, abgesehen von anderen Gunstbeweisen des Emirs.

Die Teehausbesitzer, Kupferschmiede, Weber, Wasserträger und Kameltreiber flüsterten einander zu:

„Da kann der Emir lange warten."

„Unser Hodscha Nasreddin, der läßt sich nicht fangen!"

„Und solche Verräter sind die Einwohner von Buchara nicht, daß sie Nasreddin für Geld ausliefern!"

Doch der Wucherer Dschafar, der dem Basar seinen täglichen Besuch abgestattet und seine Schuldner ermahnt hatte, war anderer Meinung. Dreitausend Tanga, dachte er bekümmert. Gestern hatte ich das Geld schon beinah in der Tasche! Nasreddin wird das Mädchen noch öfter besuchen, doch allein kann ich ihn nicht fangen. Sage ich es aber jemand, dann bringt der mich vielleicht um die Belohnung. Nein, ich muß anders handeln.

Er ging zum Palast.

Lange klopfte er, doch niemand öffnete. Die Wächter hörten sein Klopfen nicht. Sie unterhielten sich lebhaft und schmiedeten Pläne, wie sie Nasreddin fangen wollten.

„O tapfere Krieger, schlaft ihr etwa?" schrie und tobte der Wucherer und lärmte mit dem eisernen Klopfring, doch es verging noch eine geraume Zeit, ehe Schritte erklangen, der Riegel klirrte und die Pforte geöffnet wurde.

Arslanbek hörte sich den Bericht des Wucherers an und schüttelte den Kopf.

„Ehrwürdiger Dschafar, ich rate dir nicht, heute zum Emir zu gehen. Er hat sehr üble Laune."

„Ich habe ja gerade ein gutes Mittel, um ihn aufzuheitern", entgegnete der Wucherer. „Ehrwürdiger Arslanbek, Beschützer des Thrones und Besieger der Feinde, meine Angelegenheit duldet keinen Aufschub. Sage dem Emir, daß ich seinen Kummer verscheuchen werde."

Der Emir empfing den Wucherer mit finsterer Miene.

„Rede, Dschafar! Aber wenn deine Nachricht mich nicht erheitert, dann lasse ich dir an Ort und Stelle zweihundert Stockhiebe aufzählen."

„O großer Gebieter, der du mit deinem Glanz alle Herrscher der Vergangenheit, der Gegenwart und der Zukunft überstrahlst", begann der Wucherer. „Ich kenne in dieser Stadt ein Mädchen, das schöner ist als die Schönste aller Schönen!"

Der Emir wurde lebhaft und hob den Kopf. Dschafar schöpfte Mut.

„O Gebieter", fuhr er fort, „mir fehlen die Worte, um ihre Schönheit würdig zu beschreiben. Sie ist groß, schlank, anmutig, mit strahlender Stirn und rosigem Antlitz. Ihre Augen gleichen den Augen der Gazelle, ihre Augenbrauen erinnern an die Mondsichel. Ihre Wangen sind wie Anemonen, ihr Mund ist wie das Siegel Suleimans, ihre Lippen sind wie Korallen, ihre Zähne wie Perlen, ihre Brüste wie Marmor, auf dem zwei Kirschen glühen, ihre Schultern ..."

Der Emir unterbrach Dschafars Redeschwall.

„Wenn sie wirklich so schön ist, wie du sagst, so ist sie würdig, einen Platz in meinem Harem einzunehmen. Wer ist sie?"

„Sie stammt aus einfachen Verhältnissen, o Gebieter, und ist die Tochter eines Töpfers, dessen Name so gewöhnlich klingt, daß ich das Ohr meines Gebieters damit nicht beleidigen möchte. Ich kann ihr Haus zeigen. Doch wird der hohe Gebieter seinen ergebenen Sklaven dafür belohnen?"

Der Emir nickte und gab Bachtjar ein Zeichen. Ein gefüllter Geldbeutel fiel Dschafar vor die Füße. Er hob ihn eilfertig auf und wurde ganz bleich im Gesicht vor Habgier.

„Wenn sie deiner Beschreibung gleicht, erhältst

du noch einmal die gleiche Summe", sagte der Emir.

„Gepriesen sei die Freigebigkeit unseres großen Herrschers", rief der Wucherer aus. „Doch der Gebieter möge eilen, denn ich weiß, daß ein anderer der schönen Gemse auf der Fährte ist."

Der Emir runzelte die Stirn, und an seiner Nasenwurzel zeigte sich eine tiefe Falte.

„Wer?"

„Hodscha Nasreddin", antwortete der Wucherer.

„Wieder dieser Hodscha Nasreddin! Hodscha Nasreddin auch hier! Er ist stets zur rechten Zeit da, und ihr" – wandte sich der Emir wütend an die Wesire –, „ihr kommt überall zu spät. Ihr rührt keinen Finger und duldet, daß euer Gebieter entehrt wird. Arslanbek, sorge dafür, daß das Mädchen sofort in meinen Harem gebracht wird, und kommst du ohne sie zurück, so nimmt dich gleich der Henker in Empfang!"

Fünf Minuten später verließ eine Wachabteilung unter Arslanbeks Führung den Palast. Die Waffen klirrten, in den blanken Schilden spiegelte sich die Sonne. Arslanbek hatte als Zeichen seiner Macht und Würde eine große goldene Spange an seinen Brokatrock geheftet.

Neben ihm her hinkte Dschafar. Er kam nicht mit und mußte immer wieder hüpfend und laufend die Wache einholen. Das Volk wich zurück, folgte dem Wucherer mit bösen Blicken und versuchte zu erraten, welche neue Schandtat er wohl diesmal plane.

Fünftes Kapitel

Nasreddin war mit dem neunten Topf fertig, stellte ihn in die Sonne und holte einen Klumpen Lehm für den zehnten aus dem Zuber.

Plötzlich klopfte es laut und herrisch ans Tor. Die Nachbarn, die Nijas des öfteren aufsuchten und sich eine Zwiebel oder etwas Pfeffer ausliehen, klopften anders. Nasreddin und Nijas warfen einander besorgte Blicke zu. Wieder erbebte das Tor unter heftigen Schlägen. Diesmal vernahm Nasreddins scharfes Ohr das Klirren von Kupfer und Eisen. „Die Wache", flüsterte er Nijas zu. „Fliehe", antwortete Nijas. Nasreddin schwang sich über den Zaun, und Nijas machte sich lange am Tor zu schaffen, damit Nasreddin entfliehen konnte. Schließlich zog er den Riegel zurück. Im gleichen Augenblick flatterten aus dem Weinberg eine Menge Stare empor. Doch der alte Nijas hatte keine Flügel, er konnte nicht wegfliegen. Er erblaßte und verbeugte sich zitternd vor Arslanbek.

„Deinem Hause widerfährt eine große Ehre, Töpfer", sagte Arslanbek. „Der Gebieter aller Rechtgläubigen und Stellvertreter Allahs auf Erden – mögen seine Jahre ungezählt sein –, der große Emir hat geruht, sich deines nichtigen Namens zu erinnern. Er hat erfahren, daß in deinem Garten eine herrliche Rose blüht, und er möchte seinen Harem mit dieser Rose schmücken. Wo ist deine Tochter?"

Der graue Kopf des Töpfers schwankte, und alles Licht erlosch vor seinen Augen. Wie durch eine Wand hörte er seine Tochter kurz aufstöhnen, als ränge sie mit dem Tode, indes die Wache sie schon aus dem Hause schleppte. Des Alten Knie knickten ein, und er brach zusammen. Mit dem Gesicht auf der Erde lag er da, hörte und sah nichts mehr.

„Er ist vor lauter Glück ohnmächtig geworden", erklärte Arslanbek seiner Wache. „Rührt ihn nicht an. Wenn er zu sich kommt, mag er zum Emir gehen und ihm für seine Huld danken. Kommt!"

Nasreddin hatte inzwischen einen Bogen geschlagen und kam von der anderen Seite auf dieselbe Straße, wo er sich hinter einem Gebüsch versteckte. Von hier aus sah er Nijas' Haustor, zwei Mann der Wache, die vor dem Tor standen, und einen dritten Mann, in dem er alsbald den Wucherer Dschafar erkannte. Du lahmer Hund hast also die Wache hergeholt, um mich zu fangen, dachte er und erriet noch immer nicht die Wahrheit. Sucht nur! Ihr werdet mit leeren Händen weggehen!

Nein, sie gingen nicht mit leeren Händen. Nasreddin erstarrte vor Entsetzen, als er die Geliebte erkannte. Sie versuchte sich loszureißen, schrie mit gebrochener Stimme, doch die Wache hielt sie fest und umgab sie mit einem doppelten Ring von Schilden.

Es war ein heißer Junitag, doch Nasreddin fror plötzlich. Die Wache näherte sich dem Gebüsch, hinter dem Nasreddin versteckt lag. Nasreddin
 wußte nicht mehr, was er tat. Er zog sein krummes

Messer und hielt sich bereit. An der Spitze ging Arslanbek. Seine große Goldspange strahlte, und er wäre der erste gewesen, dem das Messer in die fette Kehle gedrungen wäre. Doch plötzlich legte sich eine schwere Hand auf Nasreddins Schulter und drückte ihn auf die Erde. Er fuhr zusammen und hob das Messer, doch er ließ die Hand wieder sinken, als er das rußige Gesicht des Schmieds Jussup erkannte.

„Bleib liegen", raunte der Schmied. „Bleib liegen und beweg dich nicht. Du hast wohl den Verstand verloren! Es sind ihrer zwanzig Mann, alle bewaffnet. Du bist allein und hast keine Waffen, du würdest sterben und ihr doch nicht helfen. Bleib liegen, sag ich dir!"

Er drückte Nasreddin fest an die Erde, bis die Wache mit Güldschan hinter einer Wegbiegung verschwunden war.

„Warum hast du mich festgehalten?" rief Nasreddin aus. „Lieber wäre ich jetzt tot!"

„Mit der Hand gegen den Löwen, mit der Faust gegen das Schwert, ist eines vernünftigen Mannes nicht wert", sagte der Schmied rauh. „Ich folgte der Wache heimlich vom Basar bis hierher, und es gelang mir noch just zur rechten Zeit, dich von diesem Wahnsinn abzuhalten. Nicht sterben sollst du für sie, sondern kämpfen und sie befreien. Das ist deiner würdiger, wenn es auch viel schwerer ist. Verliere keine Zeit mit traurigen Betrachtungen, sondern handle! Sie haben Schilde, Schwerter und Speere, aber dir hat Allah eine viel mächtigere Waffe verliehen, deine Schlauheit und deinen scharfen Verstand. Keiner kann sich darin mit dir messen."

So sprach er, und seine Worte klangen männlich

und hart wie das Eisen, das er jeden Tag schmiedete. Nasreddins zitterndes Herz wurde davon, gleich dem Eisen, wieder fest.

„Ich danke dir, Schmied", sagte er. „So Schweres habe ich noch nie erlebt, aber es steht mir nicht an, zu verzweifeln. Ich gehe, und wahrlich, ich verspreche dir, daß ich von meiner Waffe guten Gebrauch machen werde."

Er trat aus dem Gebüsch auf die Straße. Im gleichen Moment verließ der Wucherer das Haus eines anderen Töpfers, den er daran erinnert hatte, daß die Frist zur Bezahlung seiner Schuld bald abgelaufen sei.

Sie stießen zusammen. Der Wucherer erblaßte, flüchtete ins Haus zurück und schob hinter sich den Riegel vor.

„Dschafar, wehe dir, du Ausgeburt des Teufels", rief Nasreddin. „Ich habe alles gesehen, ich weiß Bescheid."

Einen Augenblick herrschte Schweigen. Dann antwortete die Stimme des Wucherers:

„Der Schakal erhielt die Kirsche nicht, aber auch der Falke muß auf sie verzichten. Der Löwe wird die Kirsche besitzen."

„Das werden wir sehen", antwortete Nasreddin. „Aber du, Dschafar, denk an meine Worte: Ich habe dich einmal aus dem Wasser gezogen. Aber nun schwöre ich dir, daß ich dich in demselben Teich ertränken werde. Grüner Schlamm wird deinen gemeinen Körper bedecken, und Wasserpflanzen werden dir den Hals zuschnüren."

Ohne eine Antwort abzuwarten, schritt er davon. Er ging an Nijas' Haus vorbei, denn er fürchtete, daß der Wucherer ihm folgen und den Alten verraten könnte. Hinter einer Straßenbiegung schaute er sich um, und als er feststellte, daß ihm niemand folgte, lief er schnell über ein mit Unkraut bewachsenes Stück Brachland und kehrte mit einem Sprung über den Zaun in Nijas' Haus zurück.

Der Alte lag noch immer auf dem Erdboden. Neben ihm blinkten trübe ein paar Silbermünzen, die Arslanbek zurückgelassen hatte. Nijas hob den Kopf, als er Nasreddins Schritte hörte. Sein Gesicht war naß von Tränen und staubverschmiert, seine Lippen verzogen sich; er wollte etwas sagen, doch er brachte kein Wort hervor. Als sein Blick auf ein Tüchlein fiel, das seine Tochter verloren, schlug er mit dem Kopf auf die Erde und raufte sich den Bart.

Nasreddin bemühte sich um ihn, und schließlich gelang es ihm, ihn auf eine Bank zu setzen.

„Höre, Alter", sagte er. „Du bist nicht allein in deinem Schmerz. Weißt du, daß ich sie liebe und daß sie mich auch liebt? Und weißt du, daß wir heiraten wollten? Ich wartete nur auf die Gelegenheit, viel Geld zu erwerben, um dir das Brautgeld zu zahlen."

„Was soll mir jetzt das Brautgeld", antwortete der Greis schluchzend. „Ich hätte mich ohnehin nie einem Wunsch meines Lieblings widersetzt. Doch es hat keinen Zweck, darüber zu sprechen. Sie ist schon im Harem, und heute abend wird der Emir sie besitzen. O Kummer, o Schmach!" schrie er. „Ich werde zum Palast gehen, werde dem Emir zu Füßen fallen und ihn anflehen, werde schreien und bitten, und wenn er nicht ein Herz aus Stein hat ..."

Schwankend ging er zum Tor.

„Bleib", sagte Nasreddin. „Du vergißt, daß ein

Emir in seinem Innern ganz anders gebaut ist als wir. Ein Herz besitzt er überhaupt nicht; daher hat es auch gar keinen Sinn, ihn anzuflehen. Einem Emir kann man nur etwas wegnehmen, und das werde ich tun. Ich, Hodscha Nasreddin, werde dem Emir Güldschan wieder wegnehmen. Hörst du, Alter?"

„Er ist allmächtig. Er hat Tausende von Soldaten, Tausende von Wächtern und Tausende von Spitzeln. Was vermagst du gegen ihn?"

„Ich weiß noch nicht, was ich tun werde. Aber eines weiß ich: Heute wird er sie nicht besitzen! Und morgen nicht und übermorgen nicht! So wahr ich Hodscha Nasreddin bin, den von Bagdad bis Buchara alle Welt kennt, so sicher wird er sie niemals besitzen. Trockne deine Tränen, Alter, und jammere nicht die ganze Zeit; du störst mich beim Nachdenken!"

Nasreddin überlegte nicht lange.

„Alter, wo sind die Kleider deiner verstorbenen Frau?"

„Dort im Kasten liegen sie."

Nasreddin nahm den Schlüssel, ging ins Haus und kehrte gleich darauf als Frau verkleidet zurück. Sein Gesicht war unter einem dichten Schleier aus schwarzem Pferdehaar verborgen.

„Warte auf mich, Alter, und unternimm nichts."

Er holte seinen Esel aus dem Stall, sattelte ihn und verließ auf lange Zeit Nijas' Haus.

Sechstes Kapitel

Ehe Arslanbek die schöne Güldschan in den Garten des Serails führte, ließ er einige alte Weiber aus dem Harem kommen und gebot ihnen, Güldschan vorzubereiten, damit ihr Anblick des Emirs Herz erfreue. Die Weiber gingen auch sofort an die gewohnte Arbeit: Sie wuschen Güldschans verweintes Gesicht mit warmem Wasser, zogen ihr leichte Seidengewänder an, färbten ihre Fingernägel rot, schminkten mit Rot ihre Wangen, zogen ihre Augenbrauen nach und träufelten ihr Rosenöl ins Haar. Dann riefen sie aus dem Harem den Obereunuchen herbei. Dieser war in jungen Jahren in ganz Buchara für sein ausschweifendes Leben bekannt gewesen, war dann später auf Grund seiner Erfahrungen in des Emirs Dienste berufen, vom Hofarzt verschnitten und zum Obereunuchen ernannt worden; das war eines der höchsten Ämter im Reich. Seine Aufgabe bestand darin, die hundertsechzig Beischläferinnen des Emirs zu bewachen und darauf zu achten, daß sie stets verführerisch aussahen und geeignet waren, die Leidenschaft des Emirs zu wecken. Das wurde indessen von Jahr zu Jahr schwieriger, denn der Emir war in den letzten Jahren sehr gealtert. Oft war es schon vorgekommen, daß der Obereunuch am Morgen von seinem Gebieter statt einer Belohnung zehn Peitschenhiebe erhielt. Doch diese Strafe war belanglos im Vergleich zu den Qualen, die er empfand, wenn er eine der schönen Frauen für den Emir vorbereiten mußte. Diese Qualen glichen denen, die allen Wüstlingen in der Hölle bevorstehen, wo sie dazu verurteilt sind, von verführerisch schönen nackten Huris umtanzt zu werden und dabei an Pfähle gekettet zu sein.

Als der Obereunuch Güldschan erblickte, trat er einen Schritt zurück, so benommen war er von ihrer Schönheit.

„Sie ist wahrhaftig schön", rief er mit seiner hohen Stimme. „Führt sie zum Emir, ich will sie nicht mehr sehen!" Und mit schnellen Schritten eilte er rückwärts davon, stieß sich den Kopf an der Wand, knirschte mit den Zähnen und stöhnte: „O wie schwer, wie traurig ist mein Schicksal!"

„Das ist ein gutes Zeichen", sagten die alten Weiber. „Sie wird dem Gebieter gefallen."

Die arme Güldschan, die kein Wort hervorbrachte, wurde in den Garten des Serails geführt.

Der Emir erhob sich, trat zu ihr und hob den Schleier.

Die Weisen, Wesire und Würdenträger bedeckten ihre Augen mit den weiten Ärmeln ihrer Röcke.

Der Emir konnte lange nicht den Blick von dem herrlichen Antlitz losreißen.

„Der Wucherer hat nicht gelogen", sagte er laut. „Man zahle ihm eine Belohnung, dreimal so hoch wie versprochen!"

Güldschan wurde weggeführt. Der Emir sah sehr zufrieden aus.

„Er ist wieder froh, sein Herz neigt sich dieser

Rose zu“, raunten die Höflinge. „Morgen früh wird er noch vergnügter sein. Gepriesen sei Allah, der dieses Unwetter an uns vorüberziehen ließ, ohne uns mit Blitz und Donner zu vernichten.“

Die Poeten faßten neuen Mut. Nacheinander traten sie vor und verglichen in ihren Versen den Emir mit einem leuchtenden Stern, seine Gestalt mit einer schlanken Zypresse und sein Herrschen mit dem hellen Glanz des nächtlichen Vollmondes. Der „König der Dichter“ hatte nun endlich Gelegenheit, die Verse, die ihm seit dem Vortag auf der Zunge schwebten, vorzutragen, als hätte die Begeisterung des Augenblicks sie ihm eingegeben.

Der Emir warf ihm einige Münzen zu. Der „König der Dichter“ kroch auf dem Teppich umher und sammelte sie auf, nachdem er des Emirs Pantoffel geküßt hatte.

Der Emir lachte gnädig.

„Mir sind jetzt auch Verse eingefallen“, sagte er. „Hört:

Am Abend ging ich in den Garten.
Der Mond in seinem Silberkleid
verbarg sich hinter dunklen Wolken,
beschämt ob seiner Nichtigkeit.
Die Winde schwiegen. Selbst die Vögel
verstummten in der stillen Nacht.
Und ich stand da, groß und erhaben,
und freuete mich meiner Macht.“

Die Dichter fielen alle auf die Knie und riefen: „Der große Emir! Vor ihm verblassen die größten Dichter aller Zeiten!“ Einige lagen auf dem Teppich, als wären sie vor Begeisterung ohnmächtig geworden.

Tänzerinnen traten in den Saal, ihnen folgten Narren, Fakire, Zauberkünstler, und alle wurden vom Emir reich beschenkt.

„Ich bedaure nur", sagte er, „daß ich der Sonne nicht befehlen kann, sonst müßte sie heute abend früher untergehen."

Die Hofleute lachten untertänig.

Siebentes Kapitel

Auf dem Basar herrschte lebhaftes Treiben, die Leute kauften, verkauften und tauschten, aber die Sonne stieg immer höher und trieb die Kauflustigen allgemach in den Schatten der überdachten Standreihen. Durch die runden Fensterchen in den Schilfdächern fielen senkrecht die Strahlen der Mittagssonne. Sie standen wie leuchtende, durchsichtige Staubsäulen da, und in ihrem Glanz schimmerten Brokat, glatte Seide und weicher Samt; blankgeputztes Kupfer blendete die Augen und wurde vom reinen Gold überstrahlt, das vor den Geldwechslern auf lederbespannten Tischen ausgebreitet lag. Überall sah man bunte Turbane, nicht minder bunte Röcke und gefärbte Bärte.

Nasreddin hielt vor derselben Teestube, in der er vor einem Monat die Einwohner von Buchara aufgefordert hatte, den Töpfer Nijas vor der Gnade des Emirs zu retten. Nasreddin hatte in der kurzen Zeit mit dem dicken Ali, dem Wirt, gute Freundschaft geschlossen. Dieser war ein offener, ehrlicher Mann, dem man vertrauen konnte.

Nasreddin wartete einen günstigen Moment ab, dann rief er: „Ali!" Der Teehausbesitzer schaute sich verwundert um. Eine Männerstimme hatte ihn gerufen, doch vor ihm stand eine Frau.

„Ich bin es, Ali", sagte Nasreddin, ohne den Schleier zu heben. „Erkennst du mich nicht? Um Allahs willen, starre mich nicht so an, du vergißt wohl die Spitzel!"

Ali schaute vorsichtig nach rechts und links und führte ihn in ein dunkles Hinterzimmer, wo Brennholz und überzählige Teekannen aufbewahrt wurden. Hier war es kühl und feucht, und der Lärm des Basars klang nur dumpf herüber.

„Ali, nimm meinen Esel zu dir, füttere ihn und halte ihn für mich bereit", sagte Nasreddin. „Ich werde ihn jeden Augenblick brauchen können. Und zu niemand ein Wort über mich!"

„Aber warum hast du dich als Frau verkleidet, Nasreddin?" fragte Ali und schloß die Tür. „Wo willst du hin?"

„Zum Palast!"

„Du bist wohl verrückt geworden!" rief der Teehausbesitzer. „Du wagst dich in die Höhle des Löwen?"

„Es muß sein, Ali. Bald wirst du erfahren, weshalb. Nehmen wir für alle Fälle Abschied. Ich habe etwas sehr Gefährliches vor!"

Sie umarmten einander. Tränen standen dem gutmütigen Ali in den Augen und kullerten ihm über die dicken roten Backen. Er begleitete Nasreddin hinaus und kehrte dann seufzend zu seinen durstigen Gästen zurück.

Der Teehausbesitzer fand keine Ruhe. Er war traurig und zerstreut, und die Gäste mußten zwei- und sogar dreimal mit den Deckeln der Teekannen klappern, um ihn an ihren großen Durst zu erinnern. Ali war mit seinen Gedanken bei dem kühnen Freunde im Palast.

 Die Wache ließ Nasreddin nicht ein.

„Ich habe herrliche Ambra, Moschus und Rosenöl mitgebracht", sagte Nasreddin mit verstellt hoher Stimme. „Laßt mich in den Harem, edle Krieger, ich verkaufe meine Ware, und wir teilen uns den Gewinn."

„Mach, daß du wegkommst, Weib, und handle auf dem Basar", antworteten ihm die Wachen grob.

Nasreddin hatte eine Niederlage erlitten. Mit düster umwölkter Stirn dachte er nach. Er hatte nur noch wenig Zeit, die Sonne hatte ihren höchsten Stand schon überschritten. Nasreddin ging um den Palast herum. Die Steine der Mauer waren durch chinesischen Mörtel unlösbar miteinander verbunden. Nasreddin konnte kein Loch, keine Ritze entdecken, und die Öffnungen für die Abflußgräben waren mit dichten Eisengittern verschlossen.

Ich muß hinein, dachte Nasreddin. Das ist mein fester Entschluß, und den führe ich auch aus. Wenn es dem Emir durch eine Fügung des Himmels gelungen ist, mir die Braut zu entführen, dann muß es auch eine Fügung geben, die mir dazu verhilft, in den Palast einzudringen und sie zurückzuholen. Ja, ich habe sogar das ganz sichere Gefühl, daß es eine solche Fügung gibt.

Er ging wieder auf den Basar, fest davon überzeugt, daß das Schicksal einen Menschen niemals im Stich läßt, sofern sein Entschluß wirklich unumstößlich ist und er den Mut nicht verliert. Unter tausend Gesprächen, Begegnungen und Vorkommnissen wird sich doch wohl ein glücklicher Zufall finden, der das ersehnte Ziel zu erreichen hilft! Wer dann rasch entschlossen zugreift, dem muß es gelingen, alle Hindernisse aus dem Weg zu räumen. Irgendwo auf dem Basar wartete dieser glückliche Zufall auch auf Nasreddin. Das jedenfalls war seine unerschütterliche Überzeugung, und deshalb begab er sich dorthin, um aufmerksam nach ihm auszuspähen.

Nichts entging seinen Blicken, nicht ein Wort, nicht ein Gesicht in dieser tausendköpfigen lärmenden Menge. Sein Verstand, seine Augen und Ohren waren hellwach, sie erreichten jenen Grad aufs äußerste geschärfter Aufmerksamkeit, da der Mensch die ihm von der Natur gesetzten Grenzen leicht überschreitet. In diesem gesteigerten Zustand trägt er unbedingt den Sieg davon, da seine Gegner innerhalb ihrer gewohnten Grenzen geblieben sind.

Da, wo sich die Standreihen der Juweliere und Spezereienhändler kreuzten, vernahm Nasreddin plötzlich durch den Lärm der Menge eine einschmeichelnde Stimme:

„Du sagst, dein Mann liebt dich nicht mehr und teilt nicht mehr mit dir das Lager. Dir kann natürlich geholfen werden, doch müßte ich mich zuvor mit Hodscha Nasreddin beraten. Du hast doch sicherlich gehört, daß er in unserer Stadt ist. Versuche zu erfahren, wo er sich aufhält, und sage es mir, dann werden wir dir deines Mannes Liebe wiedergewinnen."

Nasreddin trat näher und erkannte in dem Wahrsager den pockennarbigen Diener. Vor ihm stand eine Frau und hielt ihm eine Silbermünze hin. Der Wahrsager hatte seine Bohnen auf den Teppich geworfen und blätterte in einem alten Buch.

„Wenn du Nasreddin nicht findest", meinte er, „dann wehe dir, o Weib, dann verläßt dich dein Mann für immer."

Nasreddin wollte dem Wahrsager eine Lehre erteilen. Er kauerte sich vor ihm auf dem Teppich nieder und bat:

„Wahrsage mir, o weiser Mann, der du in die Zukunft schauen kannst."

Der Wahrsager warf die Bohnen auf den Teppich.

„Arme Frau", rief er aus, wie von Entsetzen gepackt. „Hinter dir steht der Tod und streckt schon seine schwarze Hand nach dir aus."

Einige Neugierige versammelten sich.

„Ich könnte dir helfen und diesen Schlag von dir abwehren, doch allein vermag ich es nicht", fuhr der Wahrsager fort. „Ich müßte mich zuvor mit Hodscha Nasreddin beraten. Wenn du mir sagen könntest, wo er sich aufhält, wäre dein Leben gerettet."

„Gut, ich bringe dir Hodscha Nasreddin."

„Du bringst ihn mir?" Der Wahrsager zitterte vor Freude. „Wann?"

„Ich kann ihn dir gleich bringen. Er ist ganz in der Nähe."

„Wo denn?"

„Zwei Schritte von dir entfernt."

Die Augen des Wahrsagers funkelten vor Begierde.

„Ich sehe ihn nicht."

„Du bist doch Wahrsager! Kannst du es nicht erraten? Hier ist er."

Die Frau lüftete ihren Schleier. Entsetzt prallte der Wahrsager zurück, als er Nasreddin erkannte.

„Hier ist er", wiederholte Nasreddin. „Du wolltest dich mit mir beraten? Alles, was du sagst, ist Lüge. Du bist kein Wahrsager, sondern ein gemeiner Spitzel des Emirs. Hört nicht auf ihn, ihr Gläubigen! Er betrügt euch! Er sitzt nur hier, um auszuspionieren, wo sich Hodscha Nasreddin befindet."

Der Wahrsager blickte sich um, suchte die Menge ab, doch eine Wache war nirgends zu sehen. Mit Tränen in den Augen und zähneknirschend mußte er Nasreddin gehen lassen. Die Menge murmelte drohend.

„Spitzel des Emirs! Schmutziger Hund!" klang es von allen Seiten.

Mit zitterden Händen rollte der Wahrsager seinen Teppich zusammen und lief zum Palast, so schnell ihn seine Füße trugen.

Achtes Kapitel

Die Wachstube war unglaublich schmutzig und von stinkendem Qualm erfüllt. Die Wachen saßen auf einer von unzähligen Flöhen bevölkerten abgeschabten Filzmatte, kratzten sich und unterhielten sich über die Ergreifung Hodscha Nasreddins.

„Dreitausend Tanga!" sagte einer. „Man denke! Dreitausend Tanga und den Posten des obersten Spions!"

„Einem muß ja dieses Glück in den Schoß fallen!"

„Wenn ich es doch wäre", seufzte ein dicker, fauler Soldat, der Dümmste in der Wachmannschaft, den man nur deshalb noch nicht davongejagt hatte, weil er ein rohes Ei verschlucken konnte, ohne die Schale zu zerbrechen. Damit heiterte er gelegentlich den Emir auf, wofür er jedesmal ein kleines Bakschisch erhielt. Doch hinterher hatte er stets furchtbare Schmerzen.

Da kam Hals über Kopf der pockennarbige Spion in die Wachstube gestürzt.

„Er ist hier! Nasreddin ist auf dem Markt! Er ist als Frau verkleidet."

Die Männer sprangen auf, ergriffen eilig ihre Waffen und hasteten hinaus. Der Pockennarbige lief hinter ihnen her und schrie:

„Die Belohnung gehört mir! Hört ihr? Ich habe ihn zuerst gesehen. Die Belohnung gehört mir!"

Beim Anblick der Wache lief das Volk nach allen Seiten auseinander. Ein furchtbares Gedränge entstand, der ganze Basar geriet in Verwirrung. Die Wachen stürzten wie besessen in die Menschenmenge hinein, und der Eifrigste von ihnen, der allen voraus war, riß einer Frau den Schleier herunter und enthüllte so vor aller Welt das Gesicht.

Die Frau stieß ein gellendes Geschrei aus. Gleich darauf ertönte in einiger Entfernung ein ähnliches Geschrei, und die zweite Frau suchte sich aus den Händen der Wachen loszureißen. Dann schrie eine dritte Frau, eine vierte, eine fünfte ... Binnen kurzem hörte man überall auf dem Basar Frauen schreien, heulen, schluchzen.

Vor Entsetzen erstarrt, schwieg die Menge. So eine Ketzerei war in Buchara noch nicht vorgekommen! Viele wurden blaß, andere rot vor Wut. Die Wachen tobten weiter, griffen nach den Frauen, schlugen sie, rissen ihnen die Kleider vom Leibe.

„Hilfe! Hilfe!" zeterten die Frauen.

Plötzlich erklang drohend die Stimme des Schmiedes Jussup:

„Auf, ihr Rechtgläubigen! Was steht ihr da und schaut zu? Nicht genug, daß uns die Wache ständig ausplündert, nun schändet sie auch noch am hellichten Tag unsere Frauen!"

„Hilfe!" kreischten die Frauen. „Hilfe!"

Die Menge geriet in Bewegung. Ein Wasserträger hörte seine Frau rufen, er stürzte zu ihr, doch die Wachen stießen ihn zurück. Da eilten ihm zwei Weber und drei Kupferschmiede zu Hilfe und schlugen die Wachen in die Flucht. Eine gewaltige Prügelei entstand. Die Wachen schwangen die Säbel, doch von allen Seiten flogen ihnen Krüge, Tabletts, Teekannen, Hufeisen und Holzscheite an die Köpfe. Das Getümmel griff immer mehr um sich, und schließlich prügelte sich der ganze Basar.

Währenddessen schlummerte der Emir süß in seinem Palast. Plötzlich sprang er auf, lief zum Fenster, öffnete es und schlug es entsetzt wieder zu.

Bachtjar kam herein, bleich, mit zitternden Lippen.

„Was ist los?" murmelte der Emir. „Was geschieht auf dem Basar? Wo sind die Kanonen? Wo ist Arslanbek?"

Arslanbek kam gerannt und fiel auf die Knie.

„Möge der hohe Gebieter Befehl geben, daß man mich köpft!"

„Was ist denn los? Was geschieht auf dem Basar?"

Ohne sich zu erheben, antwortete Arslanbek:

„O Gebieter, der du der Sonne gleichst und den Mond in den Schatten ..."

„Genug!" rief der Emir und stampfte wütend mit dem Fuß. „Sag das nachher zu Ende! Jetzt will ich wissen: Was geschieht auf dem Basar?"

„Hodscha Nasreddin! ... Er hat sich als Frau verkleidet. Alles ist seine Schuld. Befiehl, o Herr, daß man mich köpft!"

Doch der Emir hatte im Augenblick anderes im Sinn.

Neuntes Kapitel

Für Hodscha Nasreddin war an diesem Tag jede Minute kostbar. Darum hielt er sich nicht lange auf, und nachdem er einem Mann der Wache durch eine kräftige Ohrfeige den Unterkiefer verrenkt, einem zweiten ein paar Zähne ausgeschlagen und die Nase eines dritten in einen unförmigen Fladen verwandelt hatte, landete er schließlich wohlbehalten im Teehaus seines Freundes Ali. Im Hinterzimmer legte er seine Frauenkleidung ab, schmückte seinen Kopf mit einem bunten Turban, wie ihn die Einwohner von Badachschan tragen, klebte sich einen falschen Bart an und setzte sich dann auf einen erhöhten Platz in der Teestube, von dem aus er die Prügelei bequem beobachten konnte.

Die Wache, von allen Seiten vom Volke bedrängt, verteidigte sich wütend. Bald entspann sich ein Handgemenge vor dem Teehaus, direkt vor Nasreddin, der sich nicht enthalten konnte, seine Teekanne über einem der Soldaten zu entleeren. Es war ausgerechnet der dicke, faule Eierschlukker, in dessen Kragen sich der siedendheiße Tee ergoß. Der Mann heulte auf und fiel auf den Rükken, wobei er mit Händen und Füßen um sich schlug. Nasreddin würdigte ihn keines Blickes und begann wieder zu grübeln. Plötzlich vernahm er eine zitternde Greisenstimme:

„Laßt mich durch, laßt mich durch, ihr Leute! Im Namen Allahs, was geht hier vor?"

In der Nähe des Teehauses, mitten im dichtesten Getümmel, ritt auf einem Kamel ein weißbärtiger Greis mit einer Hakennase – dem Aussehen und der Kleidung nach ein Araber. Das Ende seines Turbans war eingerollt, zum Zeichen, daß er ein Gelehrter war. Zu Tode erschrocken, klammerte er sich am Höcker des Kamels fest, indes um ihn herum die Prügelei in vollem Gange war. Jemand zog ihn am Fuß vom Kamel herunter und ließ ihn ungeachtet seiner heftigen Proteste nicht los. Alles ringsum brüllte, ächzte und schrie.

Auf der Suche nach einem sicheren Plätzchen schlug sich der Alte zum Teehaus durch. Zitternd band er sein Kamel neben Nasreddins Esel an, schaute sich ängstlich um und trat in die Teestube.

„Um Allahs willen, was geschieht hier in Buchara?"

„Heute ist Basar", erklärte Nasreddin trocken.

„Was, ist der Basar in Buchara immer so? Wie komme ich jetzt durch dieses Getümmel in den Palast?"

Als der Alte das Wort „Palast" aussprach, wußte Nasreddin sofort, daß dies die Gelegenheit war, auf die er gewartet hatte, die Gelegenheit, in des Emirs Harem einzudringen und Güldschan zu befreien.

Übereiltes Handeln ist jedoch bekanntlich eine Eigenschaft des Teufels, und auch der weise Scheich Saadi aus Schiras sagt in seinen Versen, die wohl ein jeder kennt: „Nur der Geduldige erreicht sein Ziel, der Eilige stürzt unterwegs." Nasreddin rollte also den Teppich der Ungeduld zusammen und legte ihn in die Truhe der Besonnenheit.

„O allmächtiger Allah, o Zuflucht der Gläubigen, wie komme ich in den Palast?" seufzte und ächzte der Alte.

„Warte hier bis morgen", antwortete Nasreddin.

„Das kann ich nicht", rief der Alte. „Man erwartet mich im Palast."

Nasreddin lachte.

„Ehrwürdiger Greis, ich kenne deinen Stand und deinen Beruf nicht, aber glaubst du nicht, daß man im Palast noch bis morgen früh ohne dich auskommen könnte? Viele ehrwürdige Leute aus Buchara warten schon wochenlang darauf, empfangen zu werden. Warum sollte man ausgerechnet bei dir eine Ausnahme machen?"

„So wisse", sagte der Alte ein wenig gekränkt, „daß ich jener berühmte Weise, Astrologe und Heilkundige aus Bagdad bin, den der Emir hergerufen hat, um ihm bei seinen Regierungsgeschäften zu helfen."

„Oh", sagte Nasreddin und verneigte sich ehrerbietig, „ich grüße dich, o Weiser! Ich bin selbst in Bagdad gewesen und kenne die dortigen Weisen. Darum sage mir bitte deinen Namen."

„Wenn du in Bagdad gewesen bist, dann hast du sicherlich schon von mir und meinen Verdiensten gehört. Ich habe dem Lieblingssohn des Kalifen das Leben gerettet. Die Nachricht von der Heilung wurde im ganzen Reich verkündet. Hussein Guslija ist mein Name."

„Hussein Guslija!" rief Nasreddin. „Bist du tatsächlich Hussein Guslija?"

 Der Alte lächelte geschmeichelt, erfreut über

den großen Ruhm, den er offenbar auch in fremden Ländern genoß.

„Warum bist du so erstaunt?“ fragte er. „Ja, ich bin Hussein Guslija, der berühmte Weise, dessen Kunst, zu heilen und die Sterne zu deuten, die der anderen Ärzte und Astrologen bei weitem überragt. Doch Stolz und Überheblichkeit liegen mir fern. Du siehst ja, daß ich mir nicht zu gut bin, hier mit dir zu reden.“

Der Alte schob sein Kissen näher zu Nasreddin heran, denn er wollte in seiner Herablassung noch weiter gehen und diesem einfachen Mann mehr von seiner Weisheit mitteilen; er rechnete damit, daß sein Gesprächspartner, von der Eitelkeit getrieben, überall von der Begegnung mit dem berühmten Hussein Guslija berichten und seine Fähigkeiten nicht nur preisen, sondern sogar übertreiben würde, um die Achtung der Zuhörer vor dem Weisen und gleichzeitig vor sich selbst zu erhöhen. So handeln die meisten Menschen, die mit hochstehenden Persönlichkeiten gesprochen haben. Dadurch wird mein Ruhm vermehrt und gefestigt, dachte Hussein Guslija, denn die Reden des einfachen Volkes werden dem Emir durch seine Spitzel hinterbracht, und das wird ihn noch mehr von meiner Weisheit überzeugen. Ein Lob von dritter Seite ist die beste Bestätigung, und für mich kann das nur nützlich sein.

Um den Gesprächspartner endgültig von seiner Gelehrsamkeit zu überzeugen, unterrichtete ihn der Weise über den derzeitigen Stand der Sterne und zitierte immer wieder die Weisen des Altertums.

Nasreddin hörte aufmerksam zu, bemüht, sich jedes Wort zu merken.

„Nein", sagte er schließlich, „ich kann es nicht glauben, daß du Hussein Guslija bist. Bist du es wirklich?"

„Natürlich!" rief der Alte aus. „Das ist doch gar nicht so verwunderlich!"

Nasreddin rückte ängstlich von ihm ab. Besorgt und voller Mitleid sagte er:

„Unglücklicher! Dein Kopf ist verwirkt!"

Der Alte verschluckte sich und ließ die Tasse fallen. Das Ganze war wie ein Schachspiel, in dem es übrigens nur die wenigsten mit Nasreddin aufnehmen konnten.

Würde und Hochmut des Alten waren wie weggeblasen.

„Wie? Was? Warum?" fragte er entsetzt.

Nasreddin wies auf den Basar, auf dem noch immer die Prügelei tobte.

„Weißt du denn nicht, daß dieses ganze Durcheinander nur deinetwegen entstanden ist? Unser erlauchter Emir hat erfahren, daß du bei deiner Abreise aus Bagdad öffentlich geschworen hast, in seinen Harem einzudringen – wehe dir, Hussein Guslija! – und seine Frauen zu entehren."

Dem Weisen sank der Kiefer herab, er verdrehte die Augen und fing an zu schlucken.

„Ich?" stotterte er. „Ich ... in den Harem?"

„Du hast es bei Allah geschworen. So verkündeten heute die Ausrufer. Und unser Emir hat befohlen, dich, wenn du in die Stadt kommst, sofort zu verhaften und einen Kopf kürzer zu machen."

Der Weise stöhnte laut auf. Er zerbrach sich den Kopf darüber, welcher von seinen Feinden diesen Streich ersonnen haben mochte. An Nasreddins Worten zweifelte er keinen Augenblick, denn am

Hofe zu Bagdad hatte er selbst ähnliche Ränke gegen seine Gegner geschmiedet und sich dann darüber gefreut, wenn ihre Köpfe auf Pfähle gespießt wurden.

„Heute", fuhr Nasreddin fort, „teilten die Spione dem Emir mit, daß du angekommen seist, und er befahl, dich zu verhaften. Die Wache stürzte auf den Basar, sie suchte dich überall, warf die Stände um, störte den Handel und richtete große Verwirrung an. Irrtümlicherweise wurde ein alter Mann, der dir ähnlich sah, ergriffen und sofort geköpft. Wie sich dann herausstellte, war dieser Mann ein angesehener Molla, der für seine Güte und Hilfsbereitschaft große Achtung genoß. Seine Gemeinde empörte sich wider diesen Mord. Und nun siehst du, was deinetwegen in Buchara vor sich geht!"

„O ich Unglücklicher!" rief der Alte entsetzt und verzweiflungsvoll aus. Er begann laut zu klagen, und Nasreddin schloß daraus, daß er seinen Zweck erreicht hatte.

Inzwischen hatte sich das Kampfgetümmel in die Gegend des Palastes verlagert. Die verprügelten Soldaten flüchteten einer nach dem anderen dorthin, nachdem sie ihre Waffen verloren hatten. Auf dem Basar summte es noch immer wie in einem aufgestörten Bienenschwarm, aber längst nicht mehr so stark wie zuvor.

„Nach Bagdad!" rief der Weise aus. „Ich kehre sofort nach Bagdad zurück!"

„Aber man wird dich am Stadttor erwischen", widersprach Nasreddin.

„O Kummer, o Unglück! Allah weiß, daß ich unschuldig bin! Nie und nimmer habe ich einen so gemeinen Eid geschworen! Meine Feinde haben mich beim Emir verleumdet. Hilf mir, guter Freund!"

Darauf hatte Nasreddin nur gewartet, denn von selber anbieten wollte er seine Hilfe nicht, um keinen Verdacht zu erwecken.

„Helfen soll ich dir?" fragte er. „Wie kann ich dir denn helfen, nicht zu reden davon, daß ich dich als treuer und ergebener Sklave meines Gebieters sofort der Wache übergeben müßte."

Der Weise schluckte, zitterte und sah Nasreddin flehend an.

„Aber du sagst, daß man dich verleumdet hat", beeilte sich Nasreddin ihn zu beruhigen. „Ich glaube dir, denn du hast schließlich ein Alter erreicht, wo man im Harem nichts mehr zu suchen hat."

„Das ist wahr!" rief der Alte aus. „Gibt es keinen Weg, mich zu retten?"

„Es gibt einen", sagte Nasreddin. Er führte den Alten in das Hinterzimmer des Teehauses und reichte ihm das Bündel mit den Frauenkleidern. „Ich habe diese Sachen heute aus Gelegenheit für meine Frau gekauft. Wenn du willst, tausche ich sie gegen deinen Rock und Turban um. Als Frau verkleidet wirst du den Spitzeln des Emirs entkommen."

Begeistert und dankbar ergriff der Alte die Frauenkleider und zog sie an. Nasreddin zog den weißen Rock über, setzte den Turban mit dem eingerollten Ende auf und legte den breiten Gürtel mit den Sternen um. Der Alte wollte auch sein Kamel gegen Nasreddins Esel umtauschen, doch Nasreddin tat es leid, sich von dem treuen Tier zu trennen, und er lehnte ab.

 Er half dem Alten, das Kamel zu besteigen.

„Allah behüte dich, o Weiser! Vergiß nicht, daß du deine Stimme verstellen und mit hoher Frauenstimme sprechen mußt."

Der Alte schlug auf das Kamel ein und ritt davon.

Nasreddins Augen strahlten. Der Weg in den Palast war frei!

Zehntes Kapitel

Nachdem sich der Emir überzeugt hatte, daß die Prügelei auf dem Basar nachließ, beschloß er, in den großen Saal zu gehen und sich seinen Höflingen zu zeigen. Er setzte eine traurige, aber ruhige Miene auf, damit keiner der Höflinge auf den Gedanken käme, daß Furcht des Gebieters Herz beschleichen könnte.

Er trat in den Saal, und die Hofleute erstarrten vor Angst, der Emir könnte ihnen ansehen, daß sie seine wahren Gefühle errieten.

Der Emir schwieg, und die Höflinge schwiegen. Lastende Stille lag im Raum.

Endlich wandte sich der Emir an die Anwesenden:

„Was sagt ihr dazu, was ratet ihr mir? Nicht zum erstenmal frage ich danach."

Niemand hob den Kopf, niemand antwortete. Über des Emirs Gesicht zuckte ein drohendes Wetterleuchten, und wer weiß, wieviel turbangeschmückte und von weißen Bärten umrahmte Häupter an diesem Tage auf dem Richtblock gelandet, wieviel Schmeichlerzungen, im Todeskampf zerbissen, für immer verstummt wären und, zwischen blauen Lippen hervorhängend, die Lebenden daran erinnert hätten, wie trügerisch ihr Wohlergehen, wie eitel und nichtig ihr Mühen, Streben und Hoffen war!

Doch alle Köpfe blieben auf den Schultern, alle Zungen blieben lebendig, bereit, neuerliche Schmeichellieder anzustimmen, denn der Palastaufseher trat ein und verkündete:

„Preis und Ehre dem Größten des Weltalls! Vor den Toren des Palastes steht ein Unbekannter, der sich Hussein Guslija, Weiser aus Bagdad, nennt. Er erklärt, daß er in wichtiger Angelegenheit komme und den erlauchten Emir sofort sprechen müsse."

„Hussein Guslija", rief der Emir lebhaft. „Laßt ihn herein. Bringt ihn hierher."

Der Weise trat nicht würdevoll ein, er kam vielmehr hereingerannt und hatte nicht einmal seine bestaubten Reiseschuhe abgelegt. Vor dem Emir fiel er auf die Knie.

„Ich grüße den berühmten, erlauchten Emir, die Sonne und den Mond des Weltalls, seinen Schrekken und seinen Segen! Tag und Nacht eilte ich hierher, um den Emir vor einer großen Gefahr zu warnen. Ist der Emir heute schon bei den Frauen gewesen? Ich flehe den Emir an, dem nichtswürdigen Sklaven dies mitzuteilen."

„Bei den Frauen?" fragte der Emir besorgt. „Heute? ... Nein, ich habe es vor, aber ich war noch nicht im Harem."

Der Weise erhob sich. Er sah sehr blaß aus. Diese Antwort hatte er mit großer Spannung erwartet. Ein tiefer Seufzer der Erleichterung entrang sich seiner Brust, und das Blut kehrte in sein Antlitz zurück.

„Allah, der Allmächtige, sei gepriesen", rief er aus. „Er wollte diese Leuchte der Weisheit und Barmherzigkeit nicht auslöschen. Der große Emir möge erfahren, daß seit gestern abend die Sterne und Planeten sehr ungünstig für ihn stehen. Ich, der nichtige Sklave, der nicht würdig ist, den Staub von deinen Spuren zu küssen, o Gebieter, habe den Stand der Planeten errechnet und festgestellt, daß sich der Emir keiner Frau nähern darf, bevor die Planeten ihm wieder Glück verheißen, sonst droht ihm der Tod. Allah sei gepriesen, daß ich noch zur rechten Zeit kam."

„Warte, Hussein Guslija", unterbrach ihn der Emir. „Deine Worte sind mir unverständlich."

„Allah sei gepriesen, daß ich rechtzeitig gekommen bin", fuhr der verkleidete Nasreddin erregt fort. „Bis an mein Lebensende werde ich stolz darauf sein, daß ich den Emir daran hinderte, heute eine Frau zu berühren, wodurch ich die Welt vor dem Unglück seines Todes bewahrte."

Seine Freude und Begeisterung wirkten so echt, daß ihm der Emir glauben mußte.

„Als der große Emir geruhte, sich an mich nichtswürdige Ameise zu erinnern und mich nach Buchara zu rufen, war mir, als sei ich plötzlich in ein Meer nie dagewesenen Glückes getaucht. Ich folgte sofort dem Ruf und blieb nur noch einige Tage, um dem großen Emir das Horoskop zu stellen, denn ich betrachtete mich schon als seinen Diener und wollte die Bewegung der Gestirne beobachten, die auf sein Schicksal Einfluß haben. Und als ich gestern nacht zum Himmel hinaufschaute, sah ich, daß die Planeten für den Emir sehr schlecht standen, und zwar befand sich der Stern Al Kalb, der einen Stachel bedeutet, in Opposition zu Asch Schual, dem Sinnbild des Herzens. Ferner erblickte ich die drei Sterne Al Hafr, die ein Frauengewand bedeuten, die beiden

Sterne Al Iklil, die eine Krone versinnbildlichen, und die beiden Sterne Asch Scharatan, das Zeichen des Horns. Das war am Dienstag, dem Tag, der dem Planeten Mars geweiht ist, und dieser Tag deutet, im Gegensatz zum Donnerstag, auf den Tod von großen Männern hin und ist für Emire sehr ungünstig. Ich nichtswürdiger Sterndeuter erkannte sofort, daß der Stachel des Todes dem Herzen desjenigen droht, der eine Krone trägt, wenn er das Gewand einer Frau berührt, und darum eilte ich Tag und Nacht, um den Gekrönten zu warnen. Zwei Kamele habe ich zu Tode gejagt und bin schließlich zu Fuß nach Buchara gekommen."

„Allmächtiger Allah", rief der Emir erschüttert. „Drohte mir wirklich eine solche Gefahr? Vielleicht hast du dich geirrt, Hussein Guslija?"

„Ich mich geirrt? Der große Emir möge wissen, daß es zwischen Bagdad und Buchara keinen Weisen gibt, der mir an Weisheit gleicht und die Kunst, zu heilen und die Sterne zu deuten, so beherrscht wie ich. Ich konnte mich nicht irren! Der hohe Gebieter möge seine Weisen befragen, ob ich den Stand der Sterne richtig errechnet und die Konstellation richtig gedeutet habe."

Der Weise mit dem krummen Hals trat auf ein Zeichen des Emirs vor und erklärte:

„Mein unvergleichlicher Bruder auf dem Gebiete der Gelehrsamkeit, Hussein Guslija, hat die Sterne richtig beim Namen genannt, und das beweist sein Wissen, an dem niemand zweifeln wird. Aber" – fuhr der Weise fort, und seine Stimme klang boshaft – „weshalb hat der weise Hussein Guslija nicht die Stellung des Mondes innerhalb der Gestirne angegeben? Wer diese Stellung nicht kennt, kann nicht ohne weiteres behaupten, daß der Dienstag, der Tag des Planeten Mars, auf einen Todesfall deutet, noch dazu auf den Tod einer hohen Persönlichkeit, denn der Mars hat in jedem Sternbild eine andere Bedeutung und nicht nur eine, wie der ehrwürdige Hussein Guslija behauptet."

Der Weise schwieg, und ein verschlagenes Lächeln spielte um seinen Mund. Die Höflinge tuschelte beifällig und freuten sich über die Blamage des Neuen, denn sie fürchteten stets für ihre Stellung und sahen in jedem, der neu in den Palast kam, einen gefährlichen Nebenbuhler.

Aber Nasreddin ließ sich nie verblüffen, wenn er ein festes Ziel verfolgte. Er durchschaute die Weisen, die Höflinge und den Emir. Ohne jede Verlegenheit antwortete er herablassend:

„Vielleicht übertrifft mich mein verehrter Bruder auf irgendeinem anderen Gebiet der Gelehrsamkeit, aber was die Sternkunde betrifft, so offenbart er völlige Unkenntnis der Lehren Ibn Badschas, des Weisesten der Weisen, der bestätigt, daß der Mars immer am Dienstag den stärksten Einfluß ausübt, der gekrönten Häuptern zum Verhängnis werden kann, ganz gleich, ob er im Widder oder Skorpion, im Steinbock, im Krebs oder in der Waage steht."

Nasreddin fürchtete keinen Augenblick, in seiner Unwissenheit entlarvt zu werden, denn er wußte wohl, daß bei einem solchen Steit immer derjenige siegt, der am besten reden kann, und in dieser Beziehung hatte Nasreddin keinen Gegner zu fürchten.

Er stand nun da, auf den Widerspruch des Weisen gefaßt und bereit, würdig zu antworten, doch der Weise parierte nicht. Er schwieg, obwohl der

Verdacht in ihm keimte, daß der neue Weise ein Schwindler und völlig unwissend sei. Doch ein Verdacht ist noch kein Beweis, man kann sich irren, und da der Weise nur zu gut seine eigene Unwissenheit kannte, zog er es vor, nicht weiter mit dem Fremden zu streiten. So verwandelte sich die Blamage Nasreddins in einen vollen Sieg. Die Höflinge flüsterten dem Weisen ermunternd zu, er aber gab ihnen durch Blicke zu verstehen, daß der Gegner zu gefährlich sei, als daß man sich offen mit ihm messen könnte.

Das alles entging Nasreddins Aufmerksamkeit nicht. Wartet nur, dachte er, ihr werdet mich schon noch kennenlernen!

Der Emir war in tiefes Nachdenken versunken. Niemand rührte sich, aus Angst, ihn zu stören.

„Wenn die Konstellation der Sterne, die du nanntest, richtig ist, dann hast du recht mit deiner Warnung", sagte der Emir. „Ich verstehe nur nicht, wie die beiden Sterne Asch Scharatan, die ein Horn bedeuten, in mein Horoskop hineinkommen. Du bist tatsächlich rechtzeitig eingetroffen, Hussein Guslija! Heute früh wurde ein Mädchen in meinen Harem gebracht, und ich wollte gerade ..."

Entsetzt winkte Nasreddin ab.

„Verbanne sie aus deinen Gedanken, großer Emir, verbanne sie!" rief er aus, als hätte er vergessen, daß er den Emir nur in der dritten Person anreden durfte. Er rechnete damit, daß man ihm sein impulsives Reden als Sorge für das Wohlergehen des Emirs auslegen und hoch anrechnen würde, weil es die Echtheit seiner Gefühle bewies.

Er flehte den Emir an, das Mädchen nicht zu berühren, damit er, Hussein Guslija, nicht in schwarzen Trauerkleidern gehen und ein Meer von Tränen vergießen müsse, so daß der Emir ganz gerührt war.

„Beruhige dich, beruhige dich, Hussein Guslija! Ich bin nicht ein Feind meines Volkes, ich will es nicht verwaisen und in Kummer versinken lassen. Ich verspreche dir, aus Sorge um mein kostbares Leben dieses Mädchen nicht zu berühren und überhaupt den Harem nicht zu betreten, bis du mir mitteilst, daß die Sterne wieder günstig stehen. Tritt näher!"

Er gab dem Pfeifenträger ein Zeichen, nahm einen Zug aus dem goldenen Tschibuk und reichte ihn dann eigenhändig Nasreddin, was als große Gunst galt. Der Weise fiel auf die Knie und nahm die Gnade des Emirs mit gesenkten Augen entgegen, während ein Zittern über seinen Körper lief (vor Begeisterung, dachten die neidischen Höflinge).

„Ich versichere den Weisen Hussein Guslija meiner Huld und meines Wohlwollens", erklärte der Emir. „Er soll der oberste Weise meines Reiches sein, denn seine Weisheit, seine Gelehrsamkeit und vor allem seine große Treue und Ergebenheit können allen anderen als Vorbild dienen."

Der Hofchronist, dessen Aufgabe es war, alle Worte und Taten des Emirs aufzuzeichnen und zu verherrlichen, damit sein Ruhm der Nachwelt erhalten bliebe, woran dem Emir äußerst viel gelegen war, kratzte mit der Rohrfeder über das Papier.

„Und euch", wandte sich der Emir an die Höflinge, „euch spreche ich meine höchste Unzufriedenheit aus. Zu all dem Ungemach, das eurem Herrn und Gebieter durch Nasreddin widerfuhr, drohte ihm obendrein der Tod, aber keiner von euch kam auf den Gedanken, ihn zu warnen. Schau sie dir an, diese Fratzen, Hussein Guslija, gleichen sie nicht alle einem Esel? Noch nie hat ein Herrscher so dumme und faule Wesire gehabt!"

„Der große Emir hat vollkommen recht", antwortete Nasreddin und ließ den Blick über die schweigenden Höflinge gleiten, als bereite er den ersten Schlag gegen sie vor. „Der Ausdruck ihrer Gesichter zeugt nicht gerade von Weisheit."

„Siehst du", unterbrach ihn der Emir. „Siehst du! Ganz richtig: Die Weisheit fehlt. Hört ihr's, ihr Narren?"

„Ich sehe auch kein Gesicht, das von Tugend und Ehrlichkeit zeugt", fuhr Nasreddin fort.

„Diebe sind sie alle!" rief der Emir hitzig. „Alle miteinander! Ohne Ausnahme! Sie bestehlen mich Tag und Nacht, das kannst du glauben, Hussein Guslija! Jede Kleinigkeit im Palast muß ich selber bewachen, und jedesmal, wenn ich die Schatzkammer kontrolliere, fehlt etwas. Erst heute habe ich im Garten einen seidenen Gürtel verloren, und eine halbe Stunde später war er schon verschwunden. Einer von ihnen hat ihn ... du verstehst schon, Hussein Guslija."

Bei diesen Worten schlug der Weise mit dem krummen Hals besonders scheinheilig die Augen nieder. Nasreddin, dessen Sinne heute besonders geschärft waren, bemerkte das wohl und erriet sofort den Zusammenhang.

Seiner Sache sicher, ging er auf den Weisen zu, griff ihm in die Tasche und zog einen seidenen, reichbestickten Gürtel heraus.

„Hat der Emir diesen Gürtel gesucht?" fragte er.

Die Höflinge erstarrten vor Entsetzen. Der neue Weise war in der Tat ein gefährlicher Gegner.

Schon trat er den ersten, der gegen ihn aufgestanden war, in den Staub. In diesem Moment zitterte manchem Wesir, manchem Poeten und Würdenträger das Herz.

„Beim Barte des Propheten, das ist mein Gürtel!" rief der Emir aus. „Hussein Guslija, du bist wahrlich ein großer Weiser! Ha!" wandte er sich triumphierend an die Höflinge, während sein Gesicht große Freude verriet. „Endlich habt ihr euren Meister gefunden! Jetzt könnt ihr mir keinen Faden mehr stehlen! Ich habe genug unter euren Diebereien gelitten. Dieser freche Dieb, der mir meinen Gürtel stahl, bekommt hundert Stockschläge auf die Fußsohlen. Außerdem werden ihm sämtliche Haare auf dem Kopf, im Gesicht und am ganzen Körper ausgerissen. Dann wird er nackt auf einen Esel gesetzt, mit dem Gesicht zum Schwanz, und so durch die Stadt geführt. Dabei wird überall verkündet, daß er ein Dieb ist."

Auf ein Zeichen Arslanbeks stürzte sich die Wache auf den Weisen und schleppte ihn zur Tür hinaus. Draußen machten sich die Henker sogleich emsig an die Arbeit, und als sie ihn bald darauf, nackt und sämtlicher Haare beraubt, wieder in den Saal stießen, da wurde es allen klar, daß bisher nur der lange Bart und der riesige Turban seine Laster verhüllt hatten und daß ein Mann mit einem derartigen Gaunergesicht nichts anderes sein konnte als ein Dieb und ein Schurke.

Der Emir rümpfte die Nase.

„Hinweg mit ihm!"

Die Henker schleppten den Weisen fort. Bald darauf erscholl draußen ein Schmerzensgeheul, begleitet vom rhythmischen Klatschen der Stockschläge auf seine Fußsohlen. Danach wurde er nackt auf einen Esel gesetzt, das Gesicht dem Schwanz zugekehrt, und unter entsetzlichem Lärm von Trommeln und Hörnern zum Platz des Basars geführt.

Der Emir unterhielt sich noch lange mit seinem neuen Weisen. Die Höflinge standen unbeweglich daneben, was eine Qual war, denn es herrschte große Hitze, und die schweißnassen Rücken juckten unerträglich unter den Röcken. Der Großwesir Bachtjar, der den Fremden mehr als alle anderen fürchtete, entwarf im Geist allerlei Pläne zu dessen Sturz und überlegte dabei, wie er die übrigen Höflinge hierbei am besten auf seine Seite ziehen könne. Die Höflinge jedoch, durch Erfahrungen gewitzt, glaubten den Ausgang dieses Kampfes voraussehen zu können und überlegten ihrerseits, wie sie um des eigenen Vorteils willen Bachtjar im entscheidenen Augenblick verlassen und das Vertrauen wie die Gunst des neuen Weisen gewinnen könnten.

Unterdessen erkundigte sich der Emir bei Nasreddin nach der Gesundheit des Kalifen, nach den Neuigkeiten aus Bagdad und nach seinen Reiseerlebnissen. Nasreddin mußte sich immer wieder aus einer heiklen Situation herauswinden, aber es ging alles gut. Müde geworden, befahl der Emir, ihm ein Lager zum Ausruhen zu bereiten, als man plötzlich vor dem Fenster ein Jammern und den Schall aufgeregter Stimmen hörte.

Der Palastaufseher trat eilig herein, sein Gesicht strahlte.

„Der große Emir vernehme, daß der Unruhestifter und Gotteslästerer Hodscha Nasreddin gefangen ist und soeben in den Palast gebracht wird", verkündete er.

Unmittelbar nach diesen Worten öffneten sich die reichgeschnitzten Nußbaumtüren. Triumphierend schleppte die Wache einen hakennasigen, graubärtigen Greis in Frauenkleidung herein und warf ihn vor dem Thron des Emirs auf den Teppich.

Nasreddin fühlte, wie es ihm kalt über den Rükken lief; die Palastwände schwankten vor seinen Augen, und die Gesichter der Höflinge verschwanden hinter einem grünen Nebel.

Elftes Kapitel

Der Weise aus Bagdad, der echte Hussein Guslija, war am Stadttor ergriffen worden, als er bereits durch seinen Schleier Felder und Wege erblickte, die in verschiedene Richtungen führten. Jeder von ihnen bedeutete die Rettung vor der furchtbaren Hinrichtung.

Doch die Wache am Stadttor rief ihn an:

„Wohin reitest du, Weib?“

Der Weise antwortete mit der Stimme eines heiseren jungen Hahns:

„Nach Hause, zu meinem Mann. Laßt mich durch, tapfere Krieger!“

Die Soldaten warfen einander Blicke zu. Die Stimme kam ihnen verdächtig vor. Einer von ihnen ergriff das Kamel am Zügel.

„Wo wohnst du?“

„Nicht weit von hier“, antwortete der Weise mit noch höherer Stimme. Er hatte sich aber zu großen Zwang angetan und brach nun in einen heiseren, erstickenden Husten aus. Da rissen ihm die Männer der Wache den Schleier herunter. Ihr Jubel war grenzenlos.

„Das ist er, das ist er!“ frohlockten sie. „Haltet ihn!“

Sie führten den Weisen zum Palast und unterhielten sich während des ganzen Weges über die bevorstehende Hinrichtung und über die dreitausend Tanga, die sie zu erhalten hofften. Jedes ihrer Worte fiel dem Alten wie glühende Kohle ins Herz.

Und nun lag er vor dem Thron und flehte schluchzend um Gnade.

„Hebt ihn auf!" gebot der Emir.

Die Wache hob den Alten auf. Arslanbek trat vor.

„Der große Emir möge dem ergebenen Sklaven sein Ohr leihen. Das hier ist nicht Hodscha Nasreddin, das ist ein anderer, Hodscha Nasreddin ist jung, er ist noch keine vierzig Jahre alt, während dieser hier ein Greis ist."

Die Wache sah bekümmert drein, die sicher geglaubte Belohnung verschwand in weiter Ferne. Die Höflinge schwiegen erstaunt.

„Weshalb hast du dich als Frau verkleidet?" fragte der Emir drohend.

„Ich ritt zum Palast, zum großen und gnädigen Emir", antwortete der Alte zitternd, „und traf einen Mann, der mir mitteilte, daß der Emir schon vor meiner Ankunft in Buchara den Befehl erteilt habe, mich zu köpfen. Da bekam ich Angst und floh in Frauenkleidung."

Der Emir lachte verächtlich.

„Du hast einen Unbekannten getroffen und ihm sofort geglaubt? Eine merkwürdige Geschichte! Weshalb sollte ich dich denn köpfen wollen?"

„Weil ich angeblich öffentlich geschworen habe, in den Harem des großen Emirs einzudringen ... Aber Allah ist mein Zeuge, daß ich nie daran gedacht habe! Ich bin alt und habe schon seit langem auf den eigenen Harem verzichtet."

„In meinen Harem eindringen?“ fragte der Emir und preßte die Lippen zusammen. Man sah ihm an, daß ihm der Alte immer verdächtiger wurde. „Wer bist du, und wo kommst du her?“

„Ich bin Hussein Guslija aus Bagdad, der Weise, Astrologe und Heilkundige. Der große Emir hat mich nach Buchara gerufen.“

„So, dein Name ist Hussein Guslija! Du wagst es, mir direkt ins Gesicht zu lügen, gemeiner Alter?“ brüllte der Emir so laut, daß der „König der Dichter“ ohne Grund auf die Knie fiel. „Du lügst! Das da ist Hussein Guslija.“

Er gab Nasreddin ein Zeichen. Furchtlos trat Nasreddin einen Schritt vor und schaute dem Weisen kühn und offen ins Gesicht.

Der Alte wich verblüfft zurück. Er faßte sich jedoch sofort und schrie:

„Das ist ja der Mann, den ich auf dem Basar traf und der mir sagte, daß der Emir mich köpfen wolle.“

„Was sagt er da, Hussein Guslija?“ rief der Emir fassungslos aus.

„Das ist ja gar nicht Hussein Guslija“, heulte der Alte. „Ich bin Hussein Guslija, der da ist ein Betrüger! Er hat sich meinen Namen angeeignet.“

Nasreddin verneigte sich tief vor dem Emir.

„Der große Emir verzeihe mir mein kühnes Wort, aber die Schamlosigkeit dieses Greises kennt keine Grenzen! Er sagt, daß ich mir seinen Namen angeeignet habe. Vielleicht behauptet er jetzt auch noch, daß ich mir seinen Rock angeeignet habe?“

„Natürlich“, schrie der Alte, „das ist mein Rock.“

„Vielleicht gehört auch dieser Turban dir?“ fragte Nasreddin spöttisch.

„Ja das ist mein Turban, du hast mir doch meine Sachen gegen die Frauenkleidung umgetauscht!“

„So!“ sagte Nasreddin noch spöttischer. „Gehört dieser Gürtel auch zufällig dir?“

„Das ist mein Gürtel“, antwortete der Alte wütend.

Nasreddin wandte sich wieder an den Emir:

„Der erlauchte Emir hat sich überzeugen können, wen er vor sich hat. Heute behauptet dieser verlogene Alte, daß ich mir seinen Namen angeeignet hätte, daß dieser Rock sein Rock, dieser Turban sein Turban, dieser Gürtel sein Gürtel sei. Morgen wird er erklären, daß dieser Palast sein Palast, dieses Land sein Land sei und daß nicht der wirkliche Emir von Buchara hier vor uns auf dem Thron sitzt, sondern er, dieser gemeine, verlogene Alte, unser großer, sonnengleicher Emir sei. Von ihm ist alles zu erwarten! Er ist ja schon mit der Absicht nach Buchara gekommen, in den Harem des großen Emirs einzudringen, als sei es der seine.“

„Du hast recht, Hussein Guslija“, antwortete der Emir. „Ich habe mich überzeugt, daß dieser Alte verdächtig und gefährlich ist. Er hegt schwarze Gedanken. Ich bin der Ansicht, daß er auf der Stelle geköpft werden muß.“

Stöhnend fiel der Alte auf die Knie und bedeckte sein Gesicht mit den Händen.

Doch Nasreddin konnte nicht zulassen, daß jemand seinetwegen hingerichtet würde, auch wenn es ein Weiser und ein Höfling war, der schon mehr als ein Menschenleben auf dem Gewissen haben mochte. In diesem Fall war er jedenfalls unschuldig.

Nasreddin verneigte sich vor dem Emir.

„Der große Emir möge geruhen, meine Worte

gnädig anzuhören. Den Alten zu köpfen ist immer noch Zeit. Zunächst gilt es jedoch, seinen wirklichen Namen zu erfahren und herauszubekommen, welche Absichten ihn nach Buchara geführt haben. Es muß festgestellt werden, ob er nicht Helfer hat oder ob er gar ein schwarzer Magier ist, der die schlechte Sternenkonstellation des großen Emirs ausnützen will, um den Staub in den Fußspuren des großen Emirs zu sammeln, mit dem Gehirn einer Fledermaus zu vermischen und ihn dann in des weisen Emirs Nargileh zu streuen, um ihm dadurch Schaden zuzufügen. Der große Emir möge ihn vorläufig nicht hinrichten lassen, sondern ihn mir übergeben, denn einen gewöhnlichen Gefängniswärter könnte er durch seine schwarzen Künste verwirren; mir gegenüber wird er jedoch machtlos sein, da ich alle Mittel der schwarzen Magie und deren Bekämpfung kenne. Ich werde ihn einsperren und über dem Türschloß Gebete sprechen, die nur mir bekannt sind, sonst könnte er das Schloß ohne Schlüssel, nur durch Zauberei, öffnen. Durch grausame Folterungen werde ich ihn zwingen, alles zu gestehen."

„Nun gut, was du sagst, dünkt mir vernünftig", antwortete der Emir. „Nimm ihn und tue ihm, was du willst; sorge nur dafür, daß er nicht flieht."

„Ich hafte mit meinem Kopf für ihn."

Eine halbe Stunde später betrat Nasreddin als oberster Weiser Hussein Guslija das Gemach, das in einem Turm an der Palastmauer für ihn vorbereitet war. Ihm folgte, von den Wachen begleitet, mit gesenktem Kopf der Verbrecher – der echte Hussein Guslija.

Im Turm, oberhalb des Gemaches, das Nasreddin bewohnen sollte, befand sich ein kleines, rundes Gelaß mit vergittertem Fenster. Mit einem riesigen Schlüssel öffnete Nasreddin das grünspanbedeckte kupferne Schloß und stieß die eisenbeschlagene Tür auf. Die Wache schob den Alten hinein, nachdem sie ihm ein Bündel Stroh für sein Lager hingeworfen hatte. Nasreddin schloß die Tür wieder zu und murmelte lange etwas über dem Schloß. Er sprach jedoch so schnell und undeutlich, daß die Wache außer dem oft wiederkehrenden Wort Allah nichts verstehen konnte.

Mit seinem Zimmer war Nasreddin sehr zufrieden. Der Emir hatte ihm zwölf Decken, acht Kissen, verschiedenes Gerät, einen Korb mit frischem weißem Gebäck, einen Krug Honig und eine Menge Leckereien von seiner Tafel geschickt. Nasreddin war sehr müde und hungrig, doch ehe er sich zum Essen setzte, ging er zu seinem Gefangenen und brachte ihm sechs Decken und vier Kissen.

Der Alte saß in der Ecke auf dem Stroh und funkelte ihn aus der Dunkelheit mit den Augen an wie ein wütender Kater.

„Sei nicht zornig, Hussein Guslija", sagte Nasreddin versöhnlich. „Wir werden hier ganz gut leben, ich unten und du über mir, wie es dir nach deinem Alter und deiner Weisheit zukommt. Wie staubig es hier ist! Ich werde gleich ein wenig Sauberkeit schaffen."

Nasreddin holte eine Kanne mit Wasser und einen Besen, fegte den Steinfußboden, breitete die Decken aus, legte die Kissen darauf, ging noch einmal hinunter und brachte Gebäck, Honig, Chalwa, Pistazien und teilte alles vor den Augen des Gefangenen redlich in zwei Teile.

 „Du wirst nicht verhungern, Hussein Guslija",

sagte er. „Wir werden mit dem Essen schon auskommen. Hier hast du ein Nargileh, und hier ist auch Tabak.“

Nachdem Nasreddin den Raum so eingerichtet hatte, daß er beinahe gemütlicher war als sein eigenes Gemach, ging er wieder nach unten, nicht ohne zuvor die Tür verschlossen zu haben.

Der Alte blieb allein. Er war völlig verwirrt und überlegte lange hin und her, ohne das Geschehene zu begreifen. Die Decken waren weich, die Kissen bequem, und weder der Honig noch das Gebäck war vergiftet.

Von den Ereignissen des Tages ermüdet, legte sich der Alte zur Ruhe und befahl sein weiteres Schicksal in Allahs Hand.

Inzwischen saß Nasreddin, der Urheber seiner Leiden, im unteren Gemach vor dem offenen Fenster, beobachtete, wie aus der Dämmerung allmählich Finsternis wurde, und dachte an sein bewegtes Leben und an die Geliebte, die ganz in seiner Nähe war, jedoch nichts davon wußte. Die frische Kühle der Nacht drang zum Fenster herein, über der Stadt verflochten sich wie Silberfäden die traurigen Stimmen der Muezzins, und am dunklen Himmel funkelten und flimmerten die Sterne in kaltem, fernem Licht. Da waren auch der Stern Asch Schual, das Sinnbild des Herzens, die drei Sterne All Hafr, die ein Frauengewand, und die zwei Sterne Asch Scharatan, die ein Horn bedeuten, und nur die bösen Sterne Al Kalb, die den Stachel des Todes versinnbildlichen, schimmerten nicht in der blauen Höhe …

Dritter Teil

„Gepriesen sei der Lebende,
der nicht stirbt."
(Tausendundeine Nacht.)

Erstes Kapitel

Hodscha Nasreddin gewann das Vertrauen des Emirs und wurde sein Ratgeber in allen Angelegenheiten. Der Emir unterschrieb, was Nasreddin beschloß, und der Großwesir Bachtjar setzte nur das in Kupfer geschnittene Siegel darunter. „Allmächtiger Allah, was geschieht nicht alles in unserem Reich“, rief er aus, wenn er die Anordnungen des Emirs las, in denen bald die Aufhebung des Brückengeldes und mancher Steuern, bald die Herabsetzung der Basarzölle und vieles andere verfügt wurde. „Die Staatskasse wird ja ruiniert! Dieser neue Weise – mögen ihm die Gedärme verfaulen – hat in einer Woche zerstört, was ich in zehn Jahren aufgebaut habe.“

Eines Tages wagte er seine Befürchtungen vor dem Emir zu äußern.

„Was weißt du, Nichtswürdiger, und was verstehst du davon?“ entgegnete der Herrscher. „Ich bin selbst nicht weniger unglücklich als du über diese Anordnungen, die meine Staatskasse leeren, aber was läßt sich dagegen tun, wenn es die Sterne gebieten? Tröste dich, Bachtjar, das ist nur vorübergehend, solange die Sternkonstellation so schlecht ist. Erkläre es ihm, Hussein Guslija!“

Nasreddin entfernte sich mit dem Großwesir,

setzte ihn auf ein Kissen und erklärte ihm des langen und breiten, weshalb die zusätzliche Steuer für Waffen- und Kupferschmiede aufgehoben werden mußte.

„Die Sterne Al Awwa im Sternbild der Jungfrau und Al Balda im Sternbild des Schützen stehen in Opposition zu den Sternen Sad Bula im Wassermann“, sagte Nasreddin. „Du verstehst, ehrwürdiger Wesir: wenn sie in Opposition stehen, sind sie weit davon entfernt, miteinander zu harmonieren.“

„Und was ist dabei, wenn sie in Opposition stehen?“ widersprach Bachtjar. „Sie haben auch früher in Opposition gestanden, doch das hinderte uns nicht daran, die Steuern zu erheben.“

„Du hast den Stern Ak Dabaran im Sternbild des Stiers vergessen!“ rief Nasreddin. „Schaue in den Himmel, o Wesir, und du wirst dich überzeugen.“

„Weshalb soll ich in den Himmel schauen?“ rief der Wesir eigensinnig. „Meine Pflicht ist es, die Staatskasse zu hüten und dafür zu sorgen, daß sie sich füllt. Ich sehe, daß die Staatseinnahmen zurückgehen, seit du im Palast bist. Gerade jetzt ist der Termin für die Erhebung der Handwerkersteuer. Warum können wir nicht wenigstens diese erheben?“

„Warum?“ fragte Nasreddin. „Seit einer Stunde setze ich dir das auseinander. Hast du noch immer nicht begriffen, daß in jedem der zwölf Tierkreiszeichen zweiundeindrittel Mondphasen ausfallen?“

„Ich muß aber doch Steuern erheben“, widersprach der Großwesir. „Verstehst du, Steuern!“

„Gemach! Ich habe dir noch nicht erklärt, daß das Sternbild As Surei und die acht Sterne An Naimi …“ Und Nasreddin erging sich in derart nebelhaften und weitschweifigen Darstellungen, daß es dem Großwesir schwindelte. Vor seinen Augen verschwamm alles. Er erhob sich und ging schwankend hinaus. Nasreddin kehrte zum Emir zurück.

„O großer Gebieter, das Alter hat sein Haupt von außen mit Silber geschmückt, doch das Innere des Kopfes hat sich nicht in Gold verwandelt. Er hat meine Weisheit nicht in sich aufzunehmen vermocht. Nichts hat er begriffen, o Gebieter. Wenn er doch nur den tausendsten Teil von des Emirs Weisheit besäße, der die größten Weisen aller Zeiten in den Schatten stellt!"

Der Emir lächelte gnädig und selbstzufrieden.

Nasreddin hatte sich in der letzten Zeit bemüht, den Emir zu überzeugen, daß er der weiseste aller Herrscher sei, und es war ihm vollkommen gelungen. Und wenn er ihm jetzt etwas erklärte, hörte der Gewaltige von Buchara mit tiefsinniger Miene zu und wagte nicht zu widersprechen, um sein wahres Maß an Weisheit nicht zu verraten.

Am nächsten Tag erklärte Bachtjar im Kreise der Höflinge:

„Der neue Weise, dieser Hussein Guslija, wird uns bald völlig ruinieren. Wir können uns nur an den Tagen bereichern, an denen die Steuern eingesammelt werden, wenn es uns gelingt, von dem Strom, der in des Emirs Kasse fließt, etwas abzuschöpfen. Jetzt wäre es gerade wieder einmal an der Zeit, unsern Beutel zu füllen, doch Hussein Guslija macht uns einen Strich durch die Rechnung. Er beruft sich auf die Sternkonstellation. Aber wann hat man je gehört, daß die Sterne, von Allah geleitet, eine Stellung einnahmen, die den reichen und angesehenen Bürgern schadete, den kleinen, nichtswürdigen Handwerkern aber zugute kam? Jetzt verprassen sie schamlos ihren Verdienst, statt ihn uns zukommen zu lassen. Wer von euch hat je von solcher Sternkonstellation gehört? In keinem Buch steht davon nur ein Wort, denn so ein Buch wäre sofort verbrannt und sein Verfasser als der größte Ketzer, Bösewicht und Gotteslästerer hingerichtet worden."

Die Höflinge schwiegen, denn sie wußten noch nicht, ob es nicht vorteilhafter sei, statt Bachtjars Partei die Hussein Guslijas zu ergreifen.

„Schon jetzt gehen von Tag zu Tag weniger Steuern ein", fuhr Bachtjar fort, „und die Zeit ist nicht mehr fern, da die Staatskasse leer sein wird. Wir, die Höflinge und Minister des Emirs, werden dann einfache Röcke statt der Brokatröcke tragen, zwei Frauen statt zwanzig besitzen, aus irdenen Schüsseln statt aus silbernen essen und statt eines zarten Hammelbratens zähes Rindfleisch verzehren, das nur für Hunde und Handwerker gut ist. Diese Zukunft ist's, die uns Hussein Guslija bereitet, und wer das nicht sieht, der ist blind!"

So sprach er, um die Hofleute gegen den neuen Weisen aufzuhetzen.

Seine Bemühungen blieben erfolglos.

Hussein Guslijas Einfluß am Hofe wuchs von Tag zu Tag.

Am „Tag der Lobpreisung" zeichnete er sich besonders aus. Nach alter Sitte mußten an diesem Tage alle Weisen, Wesire, Poeten und Würdenträger um die beste Lobpreisung des Emirs wetteifern. Der Sieger erhielt eine Belohnung.

Alle hatten bereits ihre Lobeshymnen auf den Emir vorgebracht, doch der Emir war immer noch nicht zufrieden.

 „Genau dasselbe habt ihr mir schon im vorigen

Jahr gesagt“, nörgelte er. „Es mangelt euch an Eifer und Begeisterung. Ihr wollt eure Köpfe nicht anstrengen, doch ich werde euch heute dazu zwingen! Ich werde euch Fragen stellen, und in euren Antworten müssen Wahrheit und Lobpreisung zugleich enthalten sein.“

Und er stellte folgende Frage:

„Wenn ich, der große Emir von Buchara, wirklich so unbesiegbar bin, wie ihr sagt, weshalb haben dann die Herrscher der angrenzenden mohammedanischen Länder nicht schon längst ihre Gesandten zu mir geschickt, um mit reichen Geschenken ihre Ergebenheit zu bekunden?“

Die Höflinge waren verwirrt. Sie murmelten unverständliche Worte und suchten eine direkte Antwort zu vermeiden. Nur Nasreddin bewahrte seine überlegene Ruhe. Als er an der Reihe war, antwortete er:

„Möge der große Emir meinen nichtswürdigen Worten Gehör schenken. Die Frage unseres Gebieters ist leicht zu beantworten. Alle Herrscher der angrenzenden Länder leben in ständiger Angst vor dem allmächtigen Gebieter von Buchara. Und sie denken folgendermaßen: Wenn wir dem großen, ruhmreichen Emir von Buchara kostbare Geschenke senden, so wird er annehmen, unser Land sei sehr reich, und damit wird an ihn die Versuchung herantreten, unser Land mit seinem Heer zu unterwerfen. Senden wir ihm aber geringe Geschenke, so wird er beleidigt sein und unser Land gleichfalls mit Krieg überziehen. Der Emir von Buchara ist groß und mächtig. Am besten, wir erinnern ihn gar nicht an uns! So denken die Herrscher der benachbarten Länder, und aus diesem Grund schicken sie keine Gesandten mit reichen Geschenken nach Buchara. Sie zittern vor dem allgewaltigen Emir."

„Ja, so müssen meine Fragen beantwortet werden!" rief der Emir begeistert. „Habt ihr das gehört, ihr Dummköpfe? Lernt von ihm! Hussein Guslija übertrifft euch wahrlich zehnmal an Weisheit. Ich versichere ihn meines allerhöchsten Wohlwollens!"

Der Hofkoch rannte sofort zu Nasreddin und stopfe ihm so viel Chalwa und Zuckerkand in den Mund, daß er mit aufgeblähten Backen dastand und mühsam um Atem rang, während ihm süßer Speichel am Kinn hinunterrann.

Der Emir stellte noch einige verfängliche Fragen, und jedesmal waren Nasreddins Antworten die besten.

„Worin besteht die wichtigste Aufgabe eines Hofbeamten?"

Nasreddin antwortete:

„O großer Gebieter, sie besteht in einer Reihe täglicher Übungen, die dahin zielen, das Rückgrat gelenkig zu machen, damit man dem Herrscher dieses Landes durch tiefe Verbeugung seine Ergebenheit bekunden kann. Das Rückgrat eines Hofbeamten muß sich in alle Richtungen beugen und sogar schlängeln können im Gegensatz zum verknöcherten Rückgrat eines gewöhnlichen Mannes, der sich nicht einmal nach vorn zu verbeugen versteht."

„Das ist es!" rief der begeisterte Emir. „Genau das! Täglich muß das geübt werden! Ich bestätige dem Weisen Hussein Guslija von neuem, daß er mein allerhöchstes Wohlwollen genießt."

Und wieder stopfte der Hofkoch Nasreddin Chalwa und Zuckerkand in den Mund.

An diesem Tage bekannten sich viele Höflinge zu Nasreddin und wandten sich von Bachtjar ab.

Am Abend rief Bachtjar Arslanbek zu sich. Der neue Weise war ihnen beiden gleichermaßen gefährlich, und angesichts dieser Gefahr vergaßen sie ihre alte Feindschaft.

„Am besten wäre es, ihm etwas in den Pilaw zu streuen", sagte Arslanbek, der in solchen Dingen Meister war.

„Und dann läßt uns der Emir köpfen", widersprach Bachtjar. „Nein, ehrwürdiger Arslanbek, wir müssen anders vorgehen. Wir müssen die Weisheit Hussein Guslijas preisen und so viel darüber reden, bis der Emir Verdacht schöpft, daß wir Hussein Guslijas Weisheit mehr bewundern als die unseres hohen Gebieters. Wir werden Hussein Guslija immer begeisterter verherrlichen, bis der Emir eines Tages eifersüchtig wird. Und an diesem Tage wird Hussein Guslijas Aufstieg enden und sein Niedergang beginnen."

Doch das Schicksal meinte es gut mit Nasreddin und ließ sogar aus seinen Fehlern Gutes erwachsen.

Als Bachtjar und Arslanbek, die den neuen Weisen tagtäglich mit überschwenglichen Worten priesen, ihr Ziel schon beinahe erreicht hatten und der Emir bereits insgeheim auf Nasreddin eifersüchtig wurde, geschah es, daß sich Nasreddin durch eine unüberlegte Antwort dem Emir gegenüber eine Blöße gab.

Sie gingen im Garten spazieren, atmeten den Duft der Blumen und erfreuten sich am Gesang der Vögel. Der Emir war schweigsam. Nasreddin fühlte in seinem Schweigen eine verborgene Feindseligkeit, vermochte jedoch nicht den Grund zu erraten.

„Was macht dein Gefangener, der alte Mann?" fragte der Emir. „Hast du seinen wirklichen Namen erfahren und die Absichten, die ihn nach Buchara führten?"

Nasreddin dachte gerade an Güldschan und antwortete zerstreut:

„Der große Gebieter möge dem nichtswürdigen Sklaven verzeihen! Ich habe noch nichts erfahren können. Der Mann ist stumm wie ein Fisch."

„Hast du ihn gefoltert?"

„Und wie ich ihn gefoltert habe, o großer Emir! Ich habe ihm vorgestern alle Gelenke ausgebrochen, und gestern habe ich ihm mit einer Eisenzange die Zähne gelockert."

„Das ist eine gute Folter!" sagte der Emir. „Merkwürdig, daß er schweigt! Soll ich dir einen geschickten und erfahrenen Henker zu Hilfe schikken?"

„O nein! Der große Gebieter mache sich deshalb keine Sorgen! Morgen will ich eine neue Folter anwenden. Ich werde dem Alten Zunge und Gaumen mit glühenden Nadeln durchbohren."

„Warte", rief der Emir, und sein Gesicht strahlte. „Wie soll er dir seinen Namen sagen, wenn du seine Zunge mit glühenden Nadeln durchbohrst? Daran hast du nicht gedacht, Hussein Guslija, aber ich, der große Emir, habe das erkannt und diesen Fehler rechtzeitig verhindert. Daraus geht hervor, daß meine Weisheit die deine überragt, obwohl du ein unvergleichlicher Weiser bist. Davon hast du dich eben überzeugen können."

Strahlend und freudig erregt rief der Emir sofort den ganzen Hof zusammen und erklärte feierlich, seine Weisheit habe heute die des Weisen Hussein Guslija in den Schatten gestellt, denn der Weise habe im Begriff gestanden, einen großen Fehler zu begehen, und sei nur durch ihn, den Gebieter Bucharas, davon abgehalten worden.

Der Hofchronist schrieb sorgfältig jedes Wort des Emirs auf, um den kommenden Generationen von seiner Weisheit zu berichten.

An diesem Tag verließ die Eifersucht des Emirs Herz.

Nasreddin hatte es also einem kleinen Versehen zu danken, daß die hinterlistigen Ränke seiner Feinde nicht zum Erfolg führten.

Immer häufiger geschah es jedoch in den einsamen Nachtstunden, daß er sehnsüchtig der Liebsten gedachte. Der Vollmond stand hoch über Buchara, die mosaikgeschmückten Dächer der zahllosen Minarette schimmerten in schwachem Licht, indes ihre mächtigen Steinfundamente in bläulichem Dunst versanken. Ein kühler Wind strich über die Dächer, doch über der Erde brütete noch die Glut des heißen Tages, von Steinen und Mauern ausgestrahlt. Der Palast, die Moscheen, die armseligen Hütten schlummerten, nur eine Eule unterbrach mit durchdringendem Schrei das Schweigen der heiligen Stadt. Nasreddin saß am offenen Fenster. Sein Herz fühlte, daß Güldschan nicht schlief und an ihn dachte, daß sie vielleicht dasselbe Minarett betrachtete wie er und ihn doch nicht sehen konnte, weil Wände, Gitter, Eunuchen und alte Frauen sie trennten. Nasreddin hatte Zutritt zum Serail, doch der Harem blieb ihm nach wie vor verschlossen, und nur ein glücklicher Zufall konnte ihn in dieses Heiligtum führen. Er hoffte zuversichtlich, daß dieser Zufall eines Tages kommen würde. Vorläufig sah er sich jedoch in seinen Hoffnungen betrogen, und es war ihm noch nicht einmal möglich gewesen, Güldschan eine Nachricht zu schicken.

Er saß am Fenster, küßte den Wind und sagte zu ihm: „Dir macht es doch keine Mühe, bei Güldschan ins Fenster zu fliegen und ihre Lippen zu berühren. Bringe ihr meine Küsse und sage ihr, daß ich sie nicht vergessen habe und sie retten werde.“ Der Windhauch kehrte in die Finsternis der Nacht zurück, und Nasreddin war mit seiner Sehnsucht wieder allein.

Wieder brach ein Tag an, wieder begannen die Pflichten und Sorgen, wieder mußte Nasreddin in den großen Saal gehen und dort auf das Erscheinen des Emirs warten, mußte die Schmeicheleien der Höflinge anhören, die schlauen Ränke Bachtjars erraten und seine giftigen Blicke auffangen. Er mußte vor dem Emir auf die Knie fallen, ihn preisen, ihm stundenlang gegenübersitzen und, den inneren Abscheu verbergend, sein schlaffes, aufgeschwemmtes Gesicht betrachten, aufmerksam seinen dummen Reden lauschen und ihm den Stand der Sterne erklären. Das alles erfüllte Nasreddin mit Überdruß und mit Widerwillen. Er zerbrach sich nicht einmal mehr den Kopf über neue Begründungen für alles mögliche, sondern erklärte des Emirs Kopfschmerzen, die Dürre und die erhöhten Weizenpreise mit denselben Worten und Sternkonstellationen.

„Die Sterne Sad Ad Sabijach“, sagte er gelangweilt, „stehen in Oppostition zum Wassermann, während der Planet Merkur links vom Skorpion steht. Dadurch erklärt sich die schlaflose Nacht des Gebieters.“

„Die Sterne Sad Ad Sabijach stehen in Opposition zum Merkur, während die … das muß man sich merken … Wiederhole es noch einmal, Hussein Guslija."

Der große Emir besaß überhaupt kein Gedächtnis. Am nächsten Morgen begann ein ähnliches Gespräch.

„Die Viehseuchen in den Bergen, o großer Emir, sind auf die Konjunktion der Sterne Sad Ad Sabijach mit dem Wassermann zurückzuführen, während der Merkur in Opposition zum Skorpion steht."

„Also die Sterne Sad Ad Sabijach … das muß man sich merken", meinte der Emir.

Allmächtiger Allah, was ist er doch dumm, dachte Nasreddin verzweifelt. Er ist ja noch dümmer als der Kalif von Bagdad. Ich habe das Ganze satt. Wenn ich doch endlich wegkönnte.

Inzwischen setzte der Emir die Unterhaltung fort:

„In unserem Reiche herrscht jetzt Ruhe und Frieden. Man hört nichts mehr von diesem Bösewicht Hodscha Nasreddin. Wohin hat er sich gewandt, und weshalb läßt er nichts von sich hören? Erkläre mir das, Hussein Guslija."

„O gewaltiger Herrscher von Buchara, o Sonne des Weltalls, die Sterne Sad Ad Sabijach …", fing Nasreddin mit gelangweilter Stimme an und wiederholte alles, was er schon viele Male gesagt hatte.

„Außerdem ist dieser Bösewicht in Bagdad gewesen und kennt meinen Ruhm und meine Weisheit. Als er erfuhr, daß ich nach Buchara gekommen sei, hat er sich voll zitternder Furcht versteckt, denn er weiß, daß es eine Kleinigkeit für mich ist, ihn zu fangen."

„Ihn zu fangen? Das wäre vortrefflich. Wie willst du ihn denn fangen?"

„Ich muß erst eine günstige Konstellation der Sterne Sad Ad Sabijach und Jupiter abwarten."

„Jupiter?" fragte der Emir. „Das muß ich mir merken. Weißt du, Hussein Guslija, was für ein weiser Gedanke mir in dieser Nacht gekommen ist? Es wäre vielleicht angebracht, Bachtjar an die Luft zu setzen und dich zum Großwesir zu ernennen."

Und nun mußte Nasreddin auf die Knie fallen, des Emirs Weisheit preisen und ihm erklären, daß die gegenwärtige Konstellation der Sterne Sad Ad Sabijach einem Wechsel des Großwesirs nicht günstig sei. Wenn ich nur bald frei wäre, stöhnte Nasreddin innerlich.

So wartete Nasreddin auf einen glücklichen Zufall und führte im Palast ein freudloses Dasein. Es zog ihn fort, auf den Basar, unter das Volk, in die Teehäuser und verräucherten Schenken. Alle Lekkerbissen der Palastküche hätte er gern für eine stark gepfefferte, mit Hammelfüßen gekochte Zwiebelsuppe hergegeben oder für billigen Pilaw mit Sehnen und Knorpeln, wie er auf dem Basar feilgeboten wurde. Gern hätte er seinen Brokatrock gegen ein zerlumptes Wams getauscht, wenn er nur statt fader Schmeicheleien und verlogener Lobpreisungen die schlichte, kernige Sprache des Volkes und sein herzliches Lachen hätte hören können.

Doch das Schicksal prüfte Nasreddin auch weiterhin und führte keine günstige Gelegenheit herbei. Inzwischen fragte der Emir den neuen Weisen immer öfter, wann endlich die Sterne ihm gestatten würden, mit seiner königlichen Hand den Schleier der neuen Haremsbewohnerin zu heben.

Zweites Kapitel

Eines Morgens verlangte der Emir zu ungewöhnlich früher Stunde nach dem Weisen aus Bagdad. Der ganze Palast schlief noch. Leise plätscherten die Springbrunnen im Garten, die Tauben gurrten und rauschten mit den Flügeln. Was mag er von mir wollen? wunderte sich Nasreddin, während er die Jaspisstufen zu des Emirs Schlafgemach emporstieg.

Leise wie ein Schatten glitt der Großwesir Bachtjar aus dem Schlafgemach. Im Vorübergehen begrüßten sie einander. Nasreddin witterte eine Falle.

Im Schlafgemach traf er den Obereunuchen an. Kläglich stöhnend kniete er vor dem Ruhebett des Emirs, und neben ihm auf dem Teppich lagen die Bruchstücke eines vergoldeten Bambusstabes.

Schwere Samtvorhänge schützten das Gemach vor dem frischen Morgenwind, vor Sonnenstrahlen und vor dem Gesang der Vögel. Eine kleine Lampe, die nicht weniger als ein gewöhnliches Tonlämpchen qualmte, wiewohl sie aus Gold war, verbreitete mattes Licht. Der unangenehme Geruch des Hammelfettes, mit dem die Lampe gefüllt war, mischte sich mit dem würzigsüßen Duft, den ein verziertes Räuchergefäß ausströmte. Die Luft war so schwer, daß Nasreddin kaum zu atmen vermochte.

Der Emir saß auf dem Bett. Unter der seidenden Decke schauten seine behaarten Beine hervor. Nasreddin bemerkte, daß die Fersen des Gebieters dunkelgelb waren, als räuchere er sie von Zeit zu Zeit über dem indischen Räuchergefäß.

„Hussein Guslija, ich bin äußerst erregt", sagte der Emir. „Der Obereunuch, den du hier liegen siehst, ist schuld daran."

„O großer Gebieter", rief Nasreddin aus und erbleichte, „hat er es gewagt ...?"

„Nein." Der Emir rümpfte die Nase und winkte ab. „Wie sollte er, da ich in meiner Weisheit allem vorgebeugt und vor seiner Ernennung zum Obereunuchen alles Nötige veranlaßt habe. Nein, es handelt sich um etwas ganz anderes. Mir wurde heute mitgeteilt, daß dieser Halunke von Obereunuch die große Gnade, die ich ihm dadurch erwies, daß ich ihn mit dieser hohen Würde betraute, völlig vergessen hat. Er vernachlässigte in verbrecherischer Weise seine Pflichten, entfernte sich drei Tage lang aus dem Harem, den ich in letzter Zeit nicht mehr besuchte, um sich dem Laster des Haschischrauchens hinzugeben. Inzwischen wurden Ruhe und Ordnung im Harem gestört. Meine Beischläferinnen, die nicht mehr unter Aufsicht standen, verzankten sich, rissen einander die Haare aus, zerkratzten sich gegenseitig die Gesichter und fügten mir dadurch großen Schaden zu, denn eine Frau mit spärlichem Haarschmuck und mit zerkratztem Gesicht kann in meinen Augen nicht mehr als Schönheit gelten. Außerdem ist noch etwas geschehen, was mich mit Kummer erfüllt:

Meine neue Beischläferin ist erkrankt und verweigert seit drei Tagen jegliche Nahrung."

Nasreddin erschrak und wollte etwas sagen. Mit einem Wink gebot ihm der Emir Schweigen.

„Ich bin noch nicht fertig. Sie ist also krank und kann sterben. Wenn ich sie schon einmal besessen hätte, würde mir ihr Tod nicht so nahegehen; aber nun, das mußt du verstehen, Hussein Guslija, bin ich sehr bekümmert. Deshalb habe ich", fuhr der Emir mit erhobener Stimme fort, „um weiterem Kummer und Ärger vorzubeugen, beschlossen, diesen Gauner und Wüstling aus dem Amt zu jagen, ihn mit zweihundert Peitschenhieben zu bestrafen und dafür dir, Hussein Guslija, die große Gnade zu erweisen, dich zum Obereunuchen des Harems zu ernennen."

Nasreddin taumelte, er rang mühsam nach Atem und fühlte, wie ihm kalte Schauer über den Rükken liefen.

Der Emir runzelte die Stirn.

„Du möchtest wohl widersprechen, Hussein Guslija? Vielleicht ziehst du dem großen Glück, mir zu dienen, nichtigere und flüchtigere Genüsse vor? Wenn dem so ist, antworte."

Nasreddin hatte seine Selbstbeherrschung wiedererlangt und verneigte sich vor dem Emir.

„Allah beschirme den herrlichen Gebieter! Seine Gnade gegenüber mir Nichtswürdigem ist grenzenlos. Der große Emir besitzt die Zauberkraft, die geheimsten Wünsche seiner Diener zu erraten und den Strom seiner Wohltaten über sie auszugießen. Wie oft habe ich Armseliger davon geträumt, die Stelle dieses faulen und dummen Menschen einzunehmen, der nun auf dem Teppich liegt und mit dünner Stimme jammert, weil er die verdiente

Strafe erhalten wird. Wie oft habe ich davon geträumt, doch ich wagte nicht, meinen Wunsch laut werden zu lassen. Nun hat der große Gebieter selber ..."

„Also gibt es kein Hindernis", unterbach ihn der Emir vergnügt. „Ich rufe sofort den Arzt. Er bringt seine Messer mit, und du entfernst dich dann mit ihm. Inzwischen befehle ich Bachtjar, die Anordnung über deine Ernennung schriftlich aufzusetzen. Hierher", rief der Emir und klatschte in die Hände.

„Möge der große Gebieter gnädig meinen Worten lauschen", sagte Nasreddin eilig und schaute ängstlich zur Tür. „Mit größter Freude würde ich mich mit dem Arzt entfernen, doch die Sorge um das Wohlergehen des Gebieters läßt mich zögern. Ich werde hinterher lange das Bett hüten müssen, und inzwischen könnte die neue Beischläferin des Herrschers sterben. Das Herz des Emirs würde im schwarzen Nebel der Trauer versinken, und dieser Gedanke ist mir unerträglich. Deshalb wäre es wohl angebracht, zunächst die Krankheit aus dem Körper der Haremsfrau zu verjagen. Hinterher werde ich mich auf die Pflichten eines Obereunuchen vorbereiten."

„Hm", sagte der Emir und betrachtete Nasreddin mit argwöhnischen Blicken.

„O großer Gebieter, sie verweigert doch schon seit drei Tagen die Nahrung."

„Hm", wiederholte der Emir und wandte sich an den auf dem Boden liegenden Eunuchen. „Nichtswürdige Mißgeburt einer Spinne, antworte: Ist die neue Beischläferin wirklich so schwer krank? Muß man für ihr Leben fürchten?"

 Nasreddin fühlte, wie ihm kalter Schweiß auf

die Stirn trat. Mit schrecklicher Ungeduld erwartete er die Antwort.

„O großer Gebieter, sie ist dünn und so bleich wie der junge Mond“, erklärte der Obereunuch. „Ihr Gesicht ist wie Wachs, und ihre Finger sind kalt. Die alten Weiber sagen, das sei ein sehr schlechtes Zeichen.“

Der Emir versank in Nachdenken. Nasreddin trat ein wenig zurück und segnete die rauchige Dämmerung in dem Gemach, die seine Blässe verbarg.

„Ja“, sagte der Emir. „Wenn dem so ist, dann könnte sie tatsächlich sterben und mir dadurch großen Kummer bereiten, zumal ich bisher noch nie das Lager mit ihr geteilt habe. Bist du überzeugt, Hussein Guslija, daß du sie heilen kannst?“

„Der große Gebieter weiß, daß es zwischen Buchara und Bagdad keinen größeren Heilkundigen gibt als mich.“

„Nun wohl, dann geh, Hussein Guslija, und bereite ihr eine Arznei.“

„O großer Gebieter, vorher muß ich ihre Krankheit feststellen, und dazu muß ich sie untersuchen.“

„Sie untersuchen?“ Der Emir lachte auf. „Erst wenn du Obereunuch bist, Hussein Guslija, wirst du Gelegenheit haben, sie zu sehen, vorher nicht.“

„O Gebieter“, rief Nasreddin und verneigte sich bis zur Erde. „Ich muß ...“

„Nichtswürdiger Sklave“, herrschte ihn der Emir an. „Weißt du denn nicht, daß kein Sterblicher meinen Beischläferinnen ins Antlitz blicken darf? Darauf steht Todesstrafe! Weißt du das nicht?“

„Ich weiß es, o Gebieter“, antwortete Nasreddin. „Ich will auch gar nicht ihr Gesicht sehen. Nie würde ich es wagen, ihr ins Antlitz zu blicken. Mir genügt es, ihre Hand zu betrachten, denn ein geschickter Heilkundiger wie ich erkennt die Krankheiten schon an der Farbe der Nägel."

„Die Hand?" fragte der Emir. „Warum hast du das nicht gleich gesagt, Hussein Guslija? So hast du umsonst meinen Zorn herausgefordert! Natürlich darfst du ihre Hand sehen. Ich werde dich selber in den Harem begleiten, denn der Anblick einer Frauenhand kann mir doch sicherlich nicht schaden."

„Der Anblick der Hand kann dem großen Gebieter nicht schaden", antwortete Nasreddin. Er sah ein, daß es ihm doch nicht gelingen würde, Güldschan allein zu sehen. Da war es ihm schon am liebsten, wenn der Emir selbst dabei war, denn dann konnte dieser hinterher nicht mißtrauisch werden.

Drittes Kapitel

So öffneten sich nach langer Zeit erfolglosen Wartens endlich doch die Türen des Harems vor Hodscha Nasreddin.

Die Wache trat beiseite und verneigte sich. Nasreddin folgte dem Emir die Steintreppe hinauf, schritt durch eine Pforte und erblickte einen herrlichen Garten, in dem Rosen, Levkojen, Hyazinthen dufteten, er sah Springbrunnen und Bassins aus schwarzem und weißem Marmor, über denen ein leichter Nebel lag. Auf den Blumen, Gräsern und Blättern schimmerten Tautropfen.

Nasreddin wurde abwechselnd blaß und rot. Ein Eunuch öffnete die geschnitzte Nußbaumtür. Es duftete plötzlich nach Ambra, Moschus und Rosenöl. Das war der Harem, der traurige Aufenthalt der schönen Gefangenen des Emirs.

Nasreddin merkte sich sorgfältig alle Ecken, Gänge und Biegungen, um sich im entscheidenden Augenblick nicht zu verirren. Rechts, wiederholte er im stillen, jetzt links. Hier ist die Treppe. Da wacht eine alte Frau. Jetzt wieder nach links ... Die Gänge waren von mattem rosa, grünem und blauem Licht erhellt, das durch buntes chinesisches Glas hereinfiel. Vor einer niedrigen Tür blieb der Eunuch stehen.

„Hier ist sie, o Gebieter."

Nasreddin überschritt nach dem Emir die geheiligte Schwelle.

Sie befanden sich in einem kleinen, mit Teppichen ausgelegten Gemach, an dessen Wänden ebenfalls Teppiche hingen. In Nischen standen Perlmuttkästchen mit Armbändern, Ohrringen und Halsketten, an der Wand hing ein großer silberner Spiegel. Noch nie hatte die arme Güldschan von derartigem Reichtum geträumt. Nasreddin erbebte, als er ihre kleinen, mit Perlen bestickten Schuhe sah, deren Absätze schon niedergetreten waren. Wieviel Kraft brauchte er, um seine Aufregung nicht zu verraten!

Der Eunuch wies auf einen Seidenvorhang in der Ecke. Dahinter lag Güldschan. „Sie schläft", wisperte er.

Nasreddin zitterte. Nun stand er vor der Geliebten. Mut, Hodscha Nasreddin, rief er sich in Gedanken zu.

Doch als er auf den Vorhang zutrat, die Atemzüge der Schlafenden vernahm und die leise Bewegung des Vorhanges am Kopfende sah, da war ihm, als würge ihn eine eiserne Faust, und Tränen traten ihm in die Augen.

„Warum zögerst du, Hussein Guslija?" fragte der Emir.

„Ich lausche ihren Atemzügen, o Gebieter. Durch den Vorhang versuche ich die Herzschläge der Kranken zu vernehmen. Wie ist ihr Name?"

„Güldschan", antwortete der Emir.

„Güldschan", rief Nasreddin.

Der Vorhang, der sich am Kopfende gleichmäßig bewegt hatte, hing plötzlich regungslos. Güldschan war erwacht. Sie wußte nicht, hatte sie die teure Stimme im Traum vernommen oder in Wirklichkeit?

„Güldschan", wiederholte Nasreddin. Sie stieß einen leisen Schrei aus. Nasreddin sagte schnell: „Ich heiße Hussein Guslija und bin der neue Weise, Sterndeuter und Heilkundige aus Bagdad, der in den Dienst des Emirs getreten ist. Verstehst du mich, Güldschan? Ich bin der neue Weise, Sterndeuter und Heilkundige Hussein Guslija."

Nasreddin wandte sich an den Emir und fügte hinzu:

„Sie erschrak aus irgendeinem Grunde, als sie meine Stimme vernahm. Sicherlich hat der Eunuch sie in Abwesenheit des Gebieters schlecht behandelt."

Der Emir runzelte die Stirn und warf dem Eunuchen einen drohenden Blick zu. Der Eunuch zitterte wie Espenlaub, verbeugte sich bis zur Erde und wagte kein Wort zu seiner Rechtfertigung.

„Güldschan, dir droht eine Gefahr", fuhr Nasreddin fort, „aber ich werde dich retten. Du mußt daran glauben, daß meine Kunst alles zuwege bringt."

Er schwieg und wartete auf Antwort. Hatte Güldschan ihn etwa nicht verstanden, nichts erraten? Da vernahm er ihre Stimme:

„Ich höre dich, Hussein Guslija, Weiser aus Bagdad. Ich kenne dich und glaube dir. Das erkläre ich hier in Gegenwart des Gebieters, dessen Füße ich durch eine Spalte meines Vorhangs sehe."

Nasreddin fiel ein, daß er in Gegenwart des Emirs eine stolze und gelehrte Miene aufsetzen müsse.

„Gib mir deine Hand, damit ich an der Farbe deiner Nägel die Krankheit feststellen kann", sagte er streng. Der seidene Vorhang teilte sich ein wenig. Nasreddin ergriff vorsichtig Güldschans schmale Hand. Seine Gefühle konnte er nur durch einen Händedruck spüren lassen, den Güldschan schwach erwiderte. Er hielt ihre Hand und betrachtete sie aufmerksam. Wie mager sie geworden ist, dachte er erschüttert. Der Emir beugte sich über seine Schulter und schnaufte direkt an seinem Ohr. Nasreddin zeigte ihm den Nagel von Güldschans kleinem Finger und schüttelte besorgt den Kopf. Obgleich sich dieser Nagel in nichts von den anderen Nägeln unterschied, schien der Emir etwas Besonderes an ihm zu entdecken, denn er biß sich auf die Unterlippe und warf Nasreddin einen bedeutsamen, verstehenden Blick zu.

„Wo hast du Schmerzen?" fragte Nasreddin.

„Im Herzen", antwortete sie seufzend. „Mein Herz tut mir weh, vor Sehnsucht und Kummer."

„Was ist es, das dir Kummer verursacht?"

„Ich bin getrennt von dem, den ich liebe."

Nasreddin flüsterte dem Emir zu: „Sie wurde krank, weil sie vom Gebieter getrennt war."

Der Emir strahlte. Er schnaufte noch stärker.

„Ich war vom Geliebten getrennt", fuhr Güldschan fort. „Doch nun fühle ich, daß er in meiner Nähe ist. Aber ich darf ihn nicht umarmen noch küssen. Wann endlich kommt der Tag, da er mich umarmen und an sich ziehen wird?"

„Allmächtiger Allah", rief Nasreddin mit gespieltem Erstaunen. „Was für eine Leidenschaft hat der Gebieter in so kurzer Zeit in dieser Frau entzündet!"

Der Emir war begeistert. Er konnte vor Freude nicht mehr stillstehen, trat von einem Fuß auf den anderen und kicherte einfältig.

„Güldschan“, sagte Nasreddin. „Beruhige dich, der, den du liebst, hört dich.“

„Ja, ja!“ Der Emir konnte sich nicht länger beherrschen. „Dein Geliebter hört dich, Güldschan.“

Hinter dem Vorhang erklang leises Lachen, das wie das Plätschern einer Quelle klang.

Nasreddin fuhr fort.

„Dir droht eine Gefahr, Güldschan. Aber fürchte nichts, ich, der berühmte Weise, Sterndeuter und Heilkundige Hussein Guslija, werde dich retten!“

„Er wird dich retten“, wiederholte der begeisterte Emir. „Er wird dich ganz bestimmt retten.“

„Du hörst, was der Gebieter sagt“, schloß Nasreddin. „Du mußt mir vertrauen, dann werde ich dich retten. Der Tag deiner Freude ist nah. Der Gebieter kann jetzt nicht zu dir kommen, denn ich habe ihn davor gewarnt, weil die Sterne ihm verbieten, eine Frau zu berühren. Aber die Sterne ändern schon ihre Konstellation. Verstehst du mich, Güldschan? Bald werden sie günstig stehen, und du wirst den Geliebten umarmen. Der Tag, an dem ich dir die Arznei schicke, geht dem Tag deiner Freude voran. Du verstehst mich, Güldschan? Sobald du die Arznei erhalten hast, mußt du bereit sein.“

„Ich danke dir, Hussein Guslija“, antwortete sie und lachte und weinte vor Freude. „Ich danke dir, du unvergleichlicher Weiser und Heiler meiner Krankheit. Mein Geliebter ist hier, ich fühle unseren gemeinsamen Herzschlag.“

Der Emir und Nasreddin verließen das Gemach.

An der Gartenpforte holte sie der Obereunuch ein.

„O Gebieter“, rief er aus und fiel auf die Knie. „Wahrlich, einen so unvergleichlichen Heilkundigen hat die Welt noch nie gesehen. Drei Tage lag sie regungslos da. Nun hat sie ihr Lager plötzlich verlassen, lacht und tanzt und hat mir sogar eine Ohrfeige gegeben, als ich mich ihr näherte."

Damit ist sie rasch zur Hand, dachte Nasreddin. Daran erkenne ich meine Güldschan.

Während des Frühstücks überschüttete der Emir alle Höflinge mit Zeichen seiner Gunst. Nasreddin erhielt von ihm einen großen Beutel mit Silber und einen kleineren mit Gold. „Welch eine Leidenschaft ich ihr eingeflößt habe", sagte der Emir lächelnd. „Gestehe, Hussein Guslija, dir ist noch nicht oft eine derartige Leidenschaft begegnet. Wie ihre Stimme zitterte, wie sie lachte und weinte! Du wirst noch so manches erleben, wenn du in meinem Harem Obereunuch bist."

Ein Flüstern ging durch die Reihen der Höflinge. Über Bachtjars Gesicht glitt ein schadenfrohes Lächeln. Erst jetzt begriff Nasreddin, wer dem Emir geraten hatte, ihn zum Obereunuchen zu ernennen.

„Sie ist schon gesund", fuhr der Emir fort, „und es liegt nun kein Grund mehr vor, deine Ernennung noch länger aufzuschieben. Erst trinken wir zusammen Tee, und hinterher, Hussein Guslija, ziehst du dich mit dem Arzt zurück. Hole deine Messer", wandte sich der Emir an den Arzt. „Bachtjar, reiche mir die Ernennungsurkunde."

Nasreddin verschluckte sich am heißen Tee und mußte husten. Bachtjar trat mit dem Schriftstück vor und zitterte vor Schadenfreude. Man reichte dem Emir die Feder, er unterzeichnete und gab das Schriftstück an Bachtjar zurück, der eilig das Siegel daruntersetzte. Das alles vollzog sich im Handumdrehen.

„Dir hat das Glück wohl die Sprache verschlagen, o Hussein Guslija", sagte Bachtjar mit triumphierendem Lächeln. „Aber die Hofsitte verlangt, daß du dich beim Emir bedankst."

Nasreddin verneigte sich vor dem Emir.

„Endlich ist mein Wunsch in Erfüllung gegangen", sagte er. „Und ich bin ganz verzweifelt über die neuerliche Verzögerung, die sich aus der Notwendigkeit ergibt, für die Beischläferin erst noch eine Arznei zu bereiten, sonst kehrt die Krankheit in ihren Körper zurück."

„Nimmt denn das so viel Zeit in Anspruch?" erkundigte sich Bachtjar besorgt. „Die Arznei kann man doch in einer halben Stunde bereiten."

„Ganz recht", bestätigte der Emir. „Eine halbe Stunde müßte genügen."

„O hoher Gebieter, es hängt alles von den Sternen Sad Ad Sabijach ab", erwiderte Nasreddin, sein wirksamstes Argument zu Hilfe rufend. „Bei der augenblicklichen Konstellation werde ich immerhin zwei bis fünf Tage brauchen."

„Fünf Tage!" entsetzte sich Bachtjar. „Ehrwürdiger Hussein Guslija, ich habe noch nie gehört, daß man zur Herstellung einer Arznei fünf Tage braucht!"

Nasreddin wandte sich an den Emir. „Vielleicht wünscht der erlauchte Gebieter die Behandlung der Kranken dem Großwesir Bachtjar zu übertragen? Mag er versuchen, sie zu heilen; in diesem Fall allerdings kann ich für ihr Leben nicht einstehen!"

„Um Allahs willen", rief der Emir erschrocken. „Bachtjar hat ja keine Ahnung von Krankheiten. Er hat überhaupt nicht viel im Kopf; das sagte ich dir schon, als ich dir seinerzeit das Amt des Großwesirs antrug."

Bachtjars Körper krümmte sich wie in einem Krampf, er warf Nasreddin einen Blick voll unauslöschlichen Hasses zu.

„Geh und bereite die Arznei", schloß der Emir. „Fünf Tage sind freilich eine lange Zeit, Hussein Guslija. Vielleicht wirst du eher fertig, denn ich kann es nicht erwarten, dich als Obereunuchen zu sehen."

„O hoher Gebieter, ich kann es selbst kaum erwarten", beteuerte Nasreddin. „Ich werde mich bemühen, so schnell wie möglich fertig zu werden."

Mit vielen Verbeugungen verließ er, rückwärts schreitend, den Raum. Bachtjar begleitete ihn mit einem Blick, in dem deutlich das Bedauern über den erfolgreichen Rückzug seines Feindes zu lesen war.

Du Schlange, du boshafte Hyäne, dachte Nasreddin und knirschte mit den Zähnen vor Wut. Aber du kommst zu spät, Bachtjar! Nun wird es dir nicht mehr gelingen, mir zu schaden, denn ich weiß, was ich wissen wollte, ich kenne alle Eingänge, Korridore und Ausgänge im Harem. Meine geliebte Güldschan, du bist zur rechten Zeit erkrankt, um Hodscha Nasreddin vor dem Messer des Hofarztes zu retten.

Er ging zu seinem Turm hinüber. Im Schatten des Turmes saß die Wache beim Würfelspiel. Einer hatte all sein Geld verspielt und zog eben die Stiefel aus, um nunmehr sie als Einsatz zu wagen. Es war sehr heiß, doch im Turm mit seinen dicken Mauern herrschte angenehme Kühle. Nasreddin stieg die schmale Steintreppe hinauf, ging an seinem Zimmer vorbei und begab sich in das oberste Stockwerk, wo der Weise aus Bagdad untergebracht war.

Der Alte sah völlig verwildert aus, so sehr waren ihm während seiner Gefangenschaft Bart und Haare gewachsen. Er empfing Nasreddin mit Schmähreden.

„Wie lange willst du mich hier noch gefangenhalten, du verfluchter Sohn der Sünde? Möge dir ein Stein auf den Kopf fallen und bei den Füßen herauskommen! Du gemeiner Schuft, du Gauner, der sich meinen Namen, meinen Rock, meinen Turban und meinen Gürtel angeeignet hat; daß dich die Leichenwürmer bei lebendigem Leibe fressen, daß sie dir Magen und Leber zernagen mögen!"

Nasreddin hatte sich an diese liebevollen Redensarten schon gewöhnt und fühlte sich nicht gekränkt.

„Ehrwürdiger Hussein Guslija, für heute habe ich mir eine neue Folter ausgedacht; ich lege dir einen Strick um den Kopf und drehe ihn mit einem Stock zusammen. Unten sitzt die Wache. Du mußt so schreien, daß sie dich hört."

Der Alte ging an das vergitterte Fenster und schrie mit gelangweilter Stimme:

„O allmächtiger Allah! Oh, diese Qualen! Das ist ja nicht mehr auszuhalten! Zerdrücke mir nicht den Kopf mit deinem Strick und deinem Stock! Lieber sterben, als diese Qualen länger erdulden!"

„Warte, ehrwürdiger Hussein Guslija", unterbrach ihn Nasreddin. „Du gibst dir ja überhaupt keine Mühe beim Schreien! Vergiß nicht, daß die Wache in dieser Beziehung reiche Erfahrungen besitzt! Wenn sie auf den Gedanken kommt, daß alles nur Vorspiegelung ist, meldet sie es sofort Arslanbek, und dann kommst du in die Hände eines richtigen Henkers. Zeige lieber jetzt etwas mehr Eifer. Ich mache es dir einmal vor."

Nasreddin trat ans Fenster, holte tief Luft und stieß plötzlich ein so gellendes Geheul aus, daß der Alte zurückprallte und sich entsetzt die Ohren zuhielt.

„O du Hundesohn“, rief er aus. „Wo soll ich die Stimme hernehmen, um so zu brüllen! Man hört dich ja am anderen Ende der Stadt.“

„Das ist für dich das einzige Mittel, dem Henker zu entrinnen“, entgegnete Nasreddin.

Dem Alten blieb nichts anderes übrig, als sich anzustrengen. Er schrie so furchtbar, daß die Wache am Fuß des Turmes ihr Spiel unterbrach und andächtig zuhörte.

Hinterher rang der Alte lange nach Luft und erstickte beinahe an einem Hustenanfall.

„Ach“, keuchte er. „Wie kann man meinem alten Kehlkopf eine solche Arbeit zumuten! Bist du nun endlich mit meinem Geschrei zufrieden, du verfluchter Gauner, den der Scheitan hole?“

„Vollkommen“, antwortete Nasreddin. „Dein Eifer soll auch sogleich belohnt werden, o weiser Hussein Guslija.“

Er zog die beiden Beutel, die ihm der Emir geschenkt hatte, aus der Tasche, schüttete den Inhalt auf ein Tablett und teilte ihn in zwei gleiche Teile.

Der Alte fuhr fort zu schelten.

„Weshalb beschimpfst du mich?“ fragte Nasreddin ruhig. „Habe ich etwa deinen Namen entehrt? Habe ich deine Weisheit mit Schande bedeckt? Dieses Geld schenkte der Emir dem berühmten Sterndeuter und Heilkundigen, weil er ein Mädchen im Harem heilte.“

„Du hast ein Mädchen geheilt?“ keuchte der Alte. „Was verstehst denn du von Krankheiten, du unwissender Schelm und Spitzbube!“

„Von Krankheiten nichts, aber von Mädchen einiges“, entgegnete Nasreddin. „Und deshalb habe ich die Gabe des Emirs gerecht geteilt. Du erhältst die eine Hälfte für das, was du verstehst, und ich die andere für das, was ich verstehe. Wisse übrigens, o Hussein Guslija, daß ich sie nicht auf gut Glück geheilt habe, sondern erst nachdem ich die Konstellation der Sterne erforscht hatte. Gestern abend sah ich, daß die Sterne Sad Ad Suud in Konjunktion mit den Sternen Sad Ad Sabijach stehen, während der Skorpion in Konjunktion mit dem Steinbock steht.“

„Was?“ rief der Alte wütend und rannte im Zimmer auf und ab. „Das ist ja höherer Blödsinn! Die Sterne Sad Ad Suud können ja gar nicht mit den Sternen Sad Ad Sabijach in Konjunktion stehen, denn sie gehören zu ein und demselben Sternbild! Die ganze Nacht habe ich den Himmel betrachtet. Die Sterne Sad Bula und As Simak stehen in Konjunktion, während der Al Dschachba im Sinken begriffen ist. Der Skorpion ist in dieser Jahreszeit überhaupt nicht zu sehen! Du Rindvieh und Eseltreiber hast den Stern Al Hak, der in Opposition zu den Sternen Al Butein steht, mit dem Skorpion verwechselt!“

Wutentbrannt und Nasreddin seine Unwissenheit vorwerfend, erklärte er noch lange die richtige Sternkonstellation. Nasreddin hörte aufmerksam zu und versuchte sich jedes Wort einzuprägen, um sich bei der Unterhaltung mit dem Emir in Gegenwart der Weisen keine Blöße zu geben.

„O du unwissender Esel“, fuhr der Alte fort, „du weißt ja nicht einmal, daß das Menschenschicksal augenblicklich nur vom Stand des Mondes im Schützen beeinflußt wird und von den Sternen dieses Sternbildes, von nichts anderem. Ganz ausdrücklich wird im Buche des Weisen Schichab Addin Mohammed Ibn Karadschi darauf hingewiesen."

Schichab Addin Mohammed Ibn Karadschi, prägte Nasreddin seinem Gedächtnis ein. Morgen werde ich dem bärtigen Weisen in Gegenwart des Emirs die mangelhafte Kenntnis dieses Buches vorwerfen, damit er sich vor meiner Gelehrsamkeit fürchtet.

Viertes Kapitel

Im Hause des Wucherers Dschafar standen zwölf versiegelte Töpfe mit Gold. Er hatte sich jedoch in den Kopf gesetzt, zwanzig solcher Töpfe zu besitzen. Aber das Schicksal hatte ihm, offenbar in der Absicht, die Unerfahrenen und Vertrauensseligen vor ihm zu warnen, das Aussehen eines Gauners gegeben, und es kostete ihn viel Mühe, neue Opfer in seine Netze zu ziehen; seine Töpfe füllten sich viel langsamer, als ihm lieb war. Wenn ich doch meine Mißgestalt loswerden könnte, dachte er. Dann würden die Leute bei meinem Anblick nicht mehr die Flucht ergreifen. Sie hätten mehr Vertrauen zu mir, und es würde leichter werden, sie zu betrügen und meine Einkünfte zu mehren.

Als sich in der Stadt das Gerücht verbreitete, daß des Emirs neuer Weiser Hussein Guslija eine ungewöhnliche Kunstfertigkeit in der Heilung von Kranken bewiesen habe, füllte Dschafar einen Korb mit reichen Geschenken und begab sich in den Palast zu Arslanbek.

Arslanbek schaute in den Korb und erklärte sich bereit, dem Wucherer zu helfen.

„Du kommst gerade zur rechten Zeit, o ehrwürdiger Dschafar, denn unser Gebieter ist heute gut aufgelegt und wird deine Bitte sicherlich erfüllen.“

Der Emir hörte den Wucherer an, empfing als Geschenk ein goldenes Schachbrett, dessen weiße Felder mit Elfenbein ausgelegt waren, und ließ den Weisen rufen.

„Hussein Guslija", sagte er, als Hodscha Nasreddin vor ihm niederkniete, „dieser Mann ist der Wucherer Dschafar. Er hat sich große Verdienste erworben, und ich befehle dir, sofort sein lahmes Bein, seinen Buckel und sein krankes Auge sowie alle übrigen Schönheitsfehler zu heilen."

Und der Emir wandte sich ab. Das war das Zeichen, daß er keinen Widerspruch duldete. Nasreddin blieb nichts anderes übrig, als sich zu verbeugen und das Gemach zu verlassen. Hinter ihm her schleppte der Wucherer, einer Schildkröte gleich, seinen Buckel.

„Komm doch schnell, o weiser Hussein Guslija", sagte Dschafar, der Nasreddin mit dem falschen Bart nicht erkannte. „Komm schneller! Die Sonne ist noch nicht untergegangen, und ich könnte bis zur Nacht geheilt werden. Du hast doch gehört, daß der Emir dir befahl, mich sofort zu heilen."

Nasreddin verfluchte im stillen den Emir, den Wucherer und nicht zuletzt den Übereifer, mit dem er selbst seine Heilkunst gepriesen hatte. Wie sollte er sich nun aus der Verlegenheit ziehen? Der Wucherer zupfte ihn am Ärmel und nötigte ihn, rascher zu gehen. Die Straßen waren leer. Nasreddins Füße versanken im heißen Staub. Er ging und dachte: Was soll ich tun? Plötzlich blieb er stehen. Jetzt ist der Augenblick gekommen, meinen Schwur zu erfüllen! Er erwog das Für und Wider. Ja, der Augenblick ist gekommen! Du Wucherer, du erbarmungsloser Blutsauger der Armen, heute wirst du ertränkt! Und Nasreddin wandte sich ab, damit der Wucherer den verräterischen Glanz seiner schwarzen Augen nicht bemerke.

Sie bogen in eine Seitengasse ein. Hier wirbelte der Wind dichte Staubwolken auf. Der Wucherer öffnete vor Nasreddin die Pforte seines Hauses. Hinter einem niedrigen Zaun, der das Frauengemach vom übrigen Teil des Hauses trennte, hörte man leises Tuscheln und Kichern. Das waren Dschafars Frauen und Beischläferinnen, die sich über die Ankunft eines Gastes freuten. In ihrer Gefangenschaft kannten sie keine andere Abwechslung. Der Wucherer warf einen drohenden Blick in die Richtung des Zaunes, und alles verstummte. Ich werde euch heute noch befreien, schöne Gefangene, dachte Nasreddin.

Der Raum, zu dem sie nun gingen, hatte keine Fenster und wurde mit drei gewöhnlichen Schlössern und einem Geheimschloß versperrt, dessen Mechanismus nur dem Hausherrn vertraut war. Er hantierte lange mit den Schlüsseln, bis sich die Tür öffnete. In diesem Raum standen die Töpfe mit Gold. Hier schlief der Wucherer auf einer Falltür, die zu einem unterirdischen Gang führte.

„Zieh dich aus", befahl Nasreddin. Der Wucherer legte die Kleider ab. Sein Körper war unbeschreiblich häßlich. Nasreddin schloß die Tür und begann mit seinen Zaubersprüchen.

Inzwischen hatten sich die zahlreichen Verwandten Dschafars auf dem Hof versammelt. Viele schuldeten ihm Geld und hofften, daß er ihnen heute aus Freude die Schulden erlassen würde. Vergeblich hofften sie. Der Wucherer hörte durch die verschlossene Tür ihre Stimmen und grinste boshaft. Ich werde ihnen heute sagen, daß ich ihnen die Schulden erlasse, dachte er, werde aber die Schuldscheine behalten. Sie werden sorglos drauflosleben, und ich werde schweigen. Ich werde nur immer weiterrechnen, und wenn auf jeden Tanga Schuld zehn Tanga Zinsen kommen und die Summe so groß ist, daß sie den Wert ihres Besitzes erreicht hat, dann verklage ich sie, weise die Schuldscheine vor und verkaufe ihre Häuser, Gärten und Weinberge. Sie werden Bettler, und ich fülle noch einen Topf mit Gold. So träumte der habgierige und hartherzige Mann.

„Steh auf und zieh dich an", sagte Nasreddin. „Wir gehen jetzt zum Teich des heiligen Achmed, und du mußt in dem geheiligten Wasser untertauchen. Zu deiner Genesung ist das unbedingt erforderlich."

„Zum Teich des heiligen Achmed?" rief Dschafar erschrocken aus. „Ich bin schon einmal fast in ihm ertrunken. Bedenke, weiser Hussin Guslija, daß ich nicht schwimmen kann."

„Du mußt auf dem Wege zum Teich recht fleißig beten und darfst keine irdischen Gedanken hegen", bedeutete ihm Nasreddin. „Außerdem mußt du einen Beutel voll Gold mitnehmen und jedem Vorübergehenden eine Goldmünze reichen."

Der Wucherer jammerte und stöhnte, doch er tat genau, wie ihm geheißen. Sie trafen Handwerker, Bettler und allerlei Leute, und jedem gab Dschafar zähneknirschend eine Goldmünze. Die zahlreichen Verwandten des Wucherers folgten ihnen. Nasreddin hatte sie gebeten, mitzukommen, damit ihm später nicht der Vorwurf gemacht werden könne, er habe den Wucherer absichtlich ertränkt.

Die Sonne verschwand hinter den Dächern, die langen Schatten der Bäume legten sich über den

Teich, die Mücken summten. Dschafar zog sich aus und ging ans Wasser.

„Hier ist es sehr tief", sagte er kläglich. „Hussein Guslija, du hast doch nicht vergessen, daß ich nicht schwimmen kann?"

Die Verwandten beobachteten, wie der Wucherer, mit den Händen seine Scham bedeckend, um den Teich herumging, um eine seichte Stelle auszusuchen.

Er kauerte sich nieder, hielt sich an einem Busch fest und streckte vorsichtig einen Fuß ins Wasser.

„Es ist sehr kalt", jammerte er, und seine Augen wurden groß und rund.

„Du darfst dich nicht so lange besinnen", entgegnete Nasreddin und schaute an dem Wucherer vorbei, um kein unangebrachtes Mitleid in seinem Herzen aufkommen zu lassen. Er dachte an die Armen, die Dschafar zugrunde gerichtet hatte, an die aufgesprungenen Lippen des kranken Kindes, an die Tränen des alten Nijas. Zorn flammte in seinem Gesicht auf, und er blickte Dschafar gerade in die Augen.

„Du darfst dich nicht so lange besinnen", wiederholte er. „Wenn du gesund werden willst, mußt du flugs untertauchen."

Der Wucherer ließ sich ins Wasser gleiten. Er bewegte sich sehr langsam, und als seine Beine bis zu den Knien im Wasser waren, lag er noch immer mit dem Bauch auf dem Ufer. Schließlich richtete er sich auf. Das Wasser reichte ihm sofort bis zur Hüfte. Die Wasserpflanzen bewegten sich und umfingen seinen Körper mit kaltem Griff. Zitternd und frierend ging Dschafar einige Schritte weiter hinein und schaute sich um. Dann machte er noch einen Schritt und wandte sich abermals um. In seinen Augen stand ein stummes Flehen. Aber Nasreddin gab nicht nach. Hätte er in diesem Moment Mitleid empfunden, so hätte er damit Tausende von Armen dem sicheren Untergang geweiht.

Der Buckel des Wucherers verschwand unter der Wasseroberfläche, doch Nasreddin trieb ihn unerbittlich immer tiefer hinein.

„Noch weiter, noch weiter! Das Wasser muß dir bis zu den Ohren reichen, sonst kann ich dich nicht heilen. Nur Mut, ehrwürdiger Dschafar! Immer weiter. Noch ein paar Schritte."

„Ach ...", gurgelte plötzlich der Wucherer und sank mit dem Kopf unter Wasser.

„Ach", wiederholte er ebenso gurgelnd, als er einen Augenblick später wieder auftauchte.

„Er ertrinkt, er ertrinkt", schrien die Verwandten. Es entstand eine heillose Verwirrung. Man reichte dem Wucherer Hände und Stöcke hin. Manche wollten ihm wirklich helfen, andere bemühten sich nur zum Schein. Nasreddin erkannte daraus, wie hoch ein jeder von ihnen an Dschafar verschuldet war. Er selbst lief hin und her und schrie am meisten von allen.

„Gib deine Hand, ehrwürdiger Dschafar! Hörst du, gib mir deine Hand. Gib sie!"

„Gib die Hand, gib die Hand!" schrien die Verwandten im Chor.

Der Wucherer tauchte schweigend auf und wieder unter und erschien immer seltener an der Oberfläche. Und er hätte in dem heiligen Teich sein Ende gefunden, wenn nicht just in diesem Augenblick ein barfüßiger Wasserträger mit einem leeren Wasserschlauch auf dem Rücken vorübergekommen wäre.

 „Das ist doch der Wucherer Dschafar", rief er aus,

als er den Ertrinkenden sah. Und ohne einen Augenblick zu überlegen, sprang er, so wie er war, ins Wasser und streckte Dschafar seine Hand entgegen.

„Da, nimm!“ schrie er.

Der Wucherer ergriff die Hand und wurde glücklich herausgezogen.

Während er, am Ufer ausgestreckt, wieder zu sich kam, erklärte der Wasserträger redselig den Verwandten:

„Ihr habt es falsch gemacht! Ihr habt immer ‚Gib!‘ gerufen. Ihr hättet ‚Nimm!‘ rufen sollen. Ihr wißt doch, daß der ehrwürdige Dschafar schon einmal beinahe in diesem heiligen Teich ertrunken wäre. Damals ritt ein Mann auf einem Esel vorbei, der zu Dschafars Rettung diese Methode anwandte, die ich mir gemerkt und heute ebenfalls angewandt habe.“

Nasreddin hörte zu und biß sich auf die Lippen. Er hatte also den Wucherer in Wirklichkeit zweimal gerettet, einmal mit eigenen Händen, das andere Mal mit den Händen des Wasserträgers. Nein, ich werde ihn doch noch ertränken, und wenn ich dazu hundert Jahre in Buchara bleiben müßte, dachte er. Inzwischen hatte sich der Wucherer ein wenig erholt und schalt:

„Du wolltest mich heilen, o Hussein Guslija, und hast mich statt dessen beinahe ertränkt. Ich schwöre bei Allah, daß ich mich diesem Teich fortan nie weiter als bis auf hundert Schritte nähern werde. Und was bist du für ein Weiser, Hussein Guslija, wenn du mich nicht einmal vom Ertrinken retten kannst. Ein einfacher Wasserträger übertrifft dich an Verstand. Gebt mir meinen Rock und meinen Turban. Komm, Hussein Guslija, es dunkelt schon, wir wollen das Angefangene endlich beenden. Wasserträger", wandte er sich an seinen Retter, „vergiß nicht, daß deine Schuld in einer Woche fällig ist. Aber ich will dich belohnen und erlasse dir die Hälfte ... nein, ein Viertel ... wollte sagen, ein Zehntel deiner Schuld. Das genügt vollständig, denn ich wäre auch ohne deine Hilfe aus dem Wasser herausgekommen."

„O ehrwürdiger Dschafar", sagte der Wasserträger schüchtern, „ohne meine Hilfe wäre es dir nicht gelungen, ans Ufer zu gelangen. Erlasse mir wenigstens ein Viertel meiner Schuld!"

„So! Also hast du mich nur aus Eigennutz gerettet!" schrie der Wucherer. „Also sprach nicht die Hilfsbereitschaft eines guten Mohammedaners aus dir, sondern nur die Geldgier! Dafür mußt du bestraft werden. Ich erlasse dir nichts von deiner Schuld."

Mit gesenktem Kopf ging der Wasserträger von dannen. Nasreddin sah ihm mitleidig nach und blickte dann haßerfüllt und mit Verachtung auf den Wucherer.

Dschafar trieb Nasreddin zur Eile.

„Hussein Guslija, komm schnell! Was hast du da überhaupt mit diesem geldgierigen Wasserträger zu flüstern?"

„Gemach", sagte Nasreddin, „du hast vergessen, daß du jedem Vorübergehenden eine Goldmünze geben sollst. Warum hast du dem Wasserträger nichts gegeben?"

„O wehe, ich werde zugrunde gerichtet", zeterte der Wucherer. „Diesem erbärmlichen, habgierigen Strolch muß ich auch noch Geld geben!" Er öffnete den Beutel und warf dem Wasserträger eine Münze hin. „Das soll die letzte sein! Es dunkelt bereits, und wir werden auf dem Rückweg wohl niemand mehr treffen."

Aber Nasreddin hatte nicht vergeblich mit dem Wasserträger geflüstert.

Sie machten sich auf den Heimweg. Der Wucherer schritt voran, ihm folgte Nasreddin, dann kamen die Verwandten. Sie waren noch nicht fünfzig Schritt gegangen, da trafen sie den Wasserträger, der ihnen aus einer Seitengasse entgegenkam. Es war derselbe Wasserträger, den sie vor einigen Minuten am Ufer zurückgelassen hatten.

Der Wucherer wandte sich ab und wollte vorbeigehen. Doch Nasreddin sagte streng:

„Vergiß nicht, Dschafar, jeder Vorübergehende erhält eine Goldmünze."

Ein gequältes Stöhnen klang durch die Nacht. Es war Dschafar, der den Beutel öffnete.

Der Wasserträger erhielt seine Münze und verschwand in der Dunkelheit. Aber fünfzig Schritte weiter kam er dem Wucherer abermals entgegen. Dschafar erbleichte und zitterte vor Wut.

„Hussein Guslija", sagte er kläglich, „das ist doch wieder derselbe!"

„Jedem Vorübergehenden", beharrte Nasreddin.

Wieder klang ein Stöhnen durch die Dunkelheit, dieweil Dschafar seinen Beutel öffnete.

So ging es den ganzen Weg. Alle fünfzig Schritt trafen sie den Wasserträger. Er keuchte, atmete schwer vom schnellen Laufen, und der Schweiß stand ihm in hellen Tropfen auf der Stirn. Wie alles zusammenhing, begriff er nicht; er haschte nach der Münze, stürzte davon und rannte so schnell er konnte, um einige Minuten später dem Wucherer wiederum entgegenzutreten.

Der Wucherer beschleunigte seine Schritte, um

sein Geld zu retten, und rannte schließlich, was er konnte, doch mit seinem lahmen Bein vermochte er den Wasserträger, der wie ein Wahnsinniger über Zäune und Mauern sprang, nicht zu überholen. Dem Wasserträger gelang es, Dschafar fünfzehnmal zu begegnen, und im letzten Augenblick sprang er noch von irgendeinem Dach herunter und versperrte Dschafar den Weg in sein Haus. Er erhielt die letzte Münze und sank erschöpft zu Boden.

Der Wucherer stürzte ins Haus. Nasreddin folgte ihm. Wutentbrannt warf ihm der Wucherer den leeren Beutel vor die Füße.

„Hussein Guslija, meine Heilung kommt mich teuer zu stehen", brüllte er. „Ich habe schon über dreitausend Tanga für Geschenke, Bakschische und für diesen verfluchten Wasserträger ausgegeben."

„Beruhige dich", antwortete Nasreddin, „in einer halben Stunde wirst du dafür belohnt werden. Lasse in der Mitte des Hofes ein großes Feuer anzünden!"

Während die Diener Holz herbeitrugen und das Feuer anfachten, dachte Nasreddin nach, wie er den Wucherer überlisten und das Mißlingen der Heilung ihm in die Schuhe schieben könnte. Verschiedene Mittel fielen ihm ein, er verwarf sie wieder, weil sie ihm unwürdig dünkten. Das Feuer brannte, die Flammen züngelten und tauchten die Weinreben in rote Glut.

„Ziehe dich aus, Dschafar, und gehe dreimal um das Feuer herum", sagte Nasreddin, dem noch immer nichts eingefallen war. Er machte ein besorgtes Gesicht.

 Die Verwandten beobachteten schweigend, wie

der nackte Dschafar gleich einem Affen an der Kette um das Feuer herumging und die Arme schwenkte, die ihm bis zu den Knien herabhingen.

Plötzlich erhellte sich Nasreddins Gesicht. Er atmete erleichtert auf und stellte sich in Positur.

„Gebt mir eine Decke!" gebot er. „Dschafar und ihr anderen, tretet näher!"

Er ließ die Verwandten im Kreise Aufstellung nehmen. In der Mitte des Kreises mußte sich der Wucherer auf den Erdboden setzen. Dann verkündete er:

„Gleich werde ich Dschafar mit dieser Decke zudecken und ein Gebet sprechen. Ihr alle, auch Dschafar, müßt mir das Gebet mit geschlossenen Augen nachsprechen. Wenn ich die Decke wieder abnehme, wird Dschafar geheilt sein. Doch ich muß euch eine wichtige Bedingung auferlegen. Wird sie nicht erfüllt, so kann Dschafar nicht geheilt werden. Hört gut zu und merket, was ich sage!"

Die Verwandten schwiegen und waren bereit, alles zu beherzigen.

„Während ihr mir die Worte des Gebetes nachsprecht", sagte Nasreddin laut und eindringlich, „darf keiner von euch, auch Dschafar nicht, an einen Affen denken! Wenn nur einer an einen Affen denkt oder, was noch schlimmer ist, sich einen Affen mit seinem Schwanz, seinem roten Hinterteil, seiner häßlichen Schnauze und seinen gelben Zähnen vorstellt, dann kann natürlich von einer Heilung keine Rede sein, denn fromme Andacht ist unvereinbar mit dem Gedanken an ein so abscheuliches Tier. Habt ihr mich verstanden?"

Die Verwandten bejahten.

„Halte dich bereit, Dschafar, und schließe die

Augen", sagte Nasreddin feierlich und breitete die Decke über den Wucherer. „Schließt jetzt auch die Augen", forderte er die Verwandten auf, „und beherzigt mein Verbot, an den Affen zu denken."

Singend sprach er die ersten Worte des Gebetes: „O weiser Allah, bringe durch die Kraft der heiligen Zeichen Alif, Lam, Mim und Ra deinem nichtswürdigen Sklaven Dschafar Heilung."

„O weiser Allah", wiederholten die Verwandten im Chor.

Nasreddin sah, daß der eine plötzlich ein verlegenes Gesicht machte. Der zweite begann zu husten, der dritte wiederholte die Worte falsch, und der vierte schüttelte den Kopf, als wollte er lästige Gedanken verscheuchen. Kurz darauf begann Dschafar unter seiner Decke erregt hin und her zu rutschen. Das Bild des Affen mit der häßlichen Schnauze, dem langen Schwanz und den gelben Zähnen wollte nicht weichen, es schien ihn sogar zu necken, indem es ihm bald die Zunge herausstreckte, bald den roten Hintern zukehrte, die Stelle, also, die am wenigsten geeignet ist, von einem Mohammedaner betrachtet zu werden.

Nasreddin sprach laut das Gebet, doch plötzlich hielt er inne und schien zu lauschen. Die Verwandten verstummten ebenfalls, einige wichen erschrocken zurück. Dschafar knirschte unter der Decke mit den Zähnen, denn sein Affe benahm sich immer unflätiger.

„Wie!" rief Nasreddin mit Donnerstimme. „Ihr Lumpen und Gotteslästerer! Ihr habt gegen meinen Befehl gehandelt und habt es gewagt, während des Gebetes an den Affen zu denken!" Er riß die Decke weg und brüllte den Wucherer an: „Weshalb hast du mich hergerufen? Jetzt sehe ich, daß du überhaupt nicht geheilt werden wolltest! Du wolltest meine Weisheit zum Gespött meiner Feinde machen. Meine Feinde sind es, die dich dazu gedungen haben! Aber hüte dich, Dschafar! Morgen wird der Emir alles erfahren! Ich werde ihm erzählen, daß du während des Gebetes in gotteslästerlicher Weise immerzu an den Affen gedacht hast. Hüte dich, Dschafar! Hütet euch alle! Das sollt ihr nicht umsonst getan haben! Ihr wißt, wie Gotteslästerung bestraft wird!“

Da auf Gotteslästerung tatsächlich sehr schwere Strafen standen, wurden die Verwandten bleich vor Entsetzen. Der Wucherer murmelte etwas und versuchte sich zu rechtfertigen. Aber Nasreddin hörte gar nicht hin. Er wandte sich jäh ab, ging und warf die Pforte hinter sich zu.

Bald ging der Mond auf und tauchte ganz Buchara in ein mildes Licht. In Dschafars Haus hörte man bis in die späte Nacht Schreien und Schelten. Man stritt sich darüber, wer zuerst an den Affen gedacht hätte.

Fünftes Kapitel

Nachdem Hodscha Nasreddin den Wucherer solcherart zum Narren gehalten, kehrte er wieder in den Palast zurück.

Buchara schlummerte nach schwerer Tagesarbeit. Kühl und dunkel lagen die Straßen, unter den Brücken murmelte das Wasser. Es roch nach feuchter Erde, und ab und zu glitt Nasreddin im Straßenschlamm aus. Hier hatte jemand besonders eifrig die Straße gesprengt, damit der nächtliche Wind den Straßenstaub nicht aufwirbelte und den Schlummer der Menschen in den Höfen und auf den Dächern nicht störte. Die Gärten, in Dunkelheit gebettet, strömten duftende Frische aus. Die Sterne hoch droben am Himmel zwinkerten Nasreddin zu und verhießen ihm Erfolg. Ha, dachte er lächelnd, die Welt ist gar nicht so schlecht für einen, der ein kluges Köpfchen auf den Schultern trägt.

Unterwegs bog er nach dem Platz des Basars ab und erblickte bald die einladenden Lichter in der Teestube seines Freundes Ali. Nasreddin klopfte an die Hintertür. Der Wirt öffnete ihm. Sie umarmten einander und traten in ein dunkles Zimmer. Von jenseits der dünnen Wand hörte man Gelächter, Stimmengewirr und das Klirren von

Teekannen. Ali schloß die Tür und zündete eine Lampe an.

„Alles ist bereit", flüsterte er. „Ich werde Güldschan hier erwarten. Der Schmied Jussup hat schon eine sichere Zuflucht vorbereitet. Dein Esel ist Tag und Nacht gesattelt. Es geht ihm gut, er frißt viel und ist ganz dick geworden."

„Ich danke dir, Ali! Ich weiß nicht, wie ich dir das alles je vergelten soll."

„Das wird sich finden", sagte Ali. „Dir gelingt alles! Sprechen wir nicht mehr von Vergelten."

Sie setzten sich und flüsterten miteinander. Ali zeigte Nasreddin einen Männerrock für Güldschan und einen großen Turban, der ihr Haar verbergen sollte.

Sie besprachen alles. Schon wollte Nasreddin gehen, als er plötzlich hinter der Wand eine bekannte Stimme vernahm. Es war die Stimme des pockennarbigen Spions. Nasreddin öffnete die Tür ein wenig und spähte in die Gaststube.

Der Spitzel saß in einem reichverzierten Rock, mit Turban und falschem Bart inmitten einfacher Leute und erklärte feierlich:

„Derjenige, der sich die ganze Zeit für Hodscha Nasreddin ausgegeben hat, ist gar nicht der echte Hodscha Nasreddin, sondern ein Schwindler, der sich Nasreddins Namen anmaßt. Der echte Hodscha Nasreddin bin ich! Doch ich habe mich schon seit langem von meinen früheren Irrtümern losgesagt, nachdem ich ihre Verderblichkeit eingesehen hatte. Und ich, der echte Hodscha Nasreddin, rate euch allen, meinem Beispiel zu folgen. Ich habe eingesehen, daß der Islam die einzig wahre Religion und daß unser großer, sonnengleicher Emir wirklich Allahs Stellvertreter auf Erden ist, was durch seine unvergleichliche Weisheit und Gerechtigkeit bewiesen wird. Das sage ich euch, ich, der echte Hodscha Nasreddin!“

„Aha“, sagte Nasreddin leise und stieß Ali mit dem Ellbogen an. „Nun verfallen sie auf solche Scherze, weil sie mich außerhalb der Stadt wähnen! Ich werde mich wohl wieder in Erinnerung bringen müssen. Ali, ich lasse vorläufig meinen Rock, den Turban und den falschen Bart hier. Gib mir irgend etwas anzuziehen!“

Der Wirt reichte ihm einen alten Rock, der schon lange als Schlafmatte gedient hatte, schmutzig und zerrissen war und außerdem voller Flöhe steckte.

„Du scheinst sie ja direkt zu züchten. Willst dich wohl auf den Flohhandel verlegen?“ sagte Nasreddin, während er den Rock anzog. „Gib nur acht, daß sie dich nicht vorher auffressen!“

Mit diesen Worten ging er auf die Straße. Ali kehrte zu seinen Gästen zurück und wartete ungeduldig auf Nasreddins Erscheinen. Er brauchte nicht lange zu warten. Nasreddin kam die Gasse entlang mit dem müden Schritt eines Menschen, der den ganzen Tag unterwegs gewesen ist. Er trat in das Teehaus, setzte sich in eine dunkle Ecke und bestellte Tee. Niemand achtete auf ihn. Es gab ja so viele Landstreicher in den Straßen von Buchara. Der pockennarbige Spitzel fuhr fort:

„Meine Fehler und Irrtümer sind so zahlreich, daß ich sie gar nicht alle aufzählen kann, aber nun habe ich, Hodscha Nasreddin, sie bereut und habe geschworen, daß ich fortan stets ehrlich bleiben, die Vorschriften des Islams befolgen und dem Emir, seinen Wesiren, Würdenträgern und Verwaltungsbeamten gehorchen werde. Früher war ich ein verachteter Landstreicher. Jetzt lebe ich, wie es einem guten Mohammedaner geziemt."

Ein Kameltreiber mit einer Peitsche im Gürtel reichte dem Spitzel ehrfürchtig eine Tasse Tee.

„Ich komme aus Kokand, o unvergleichlicher Hodscha Nasreddin, und habe viel von deiner Weisheit gehört. Ich habe aber nie geglaubt, daß ich je das Glück haben würde, dich kennenzulernen oder gar mit dir zu sprechen. Jetzt werde ich allen von der Begegnung mit dir erzählen und deine Worte weitersagen."

„Das tue nur!" Der Pockennarbige nickte befriedigt. „Erzähle allen, daß sich Hodscha Nasreddin gebessert und von seinen Irrtümern losgesagt hat. Nun ist er ein ehrsamer Rechtgläubiger, ergebener Sklave des großen Emirs. Alle sollen das wissen."

„Ich möchte dir eine Frage stellen, o unvergleichlicher Hodscha Nasreddin", fuhr der Kameltreiber fort. „Ich bin ein ehrsamer Rechtgläubiger und möchte nicht aus Unwissenheit die Gesetze verletzen. Leider weiß ich nicht, wie ich mich zu verhalten habe, wenn ich in einem Fluß bade und vom Minarett die Stimme des Muezzins höre. In welche Richtung muß ich meinen Blick wenden?"

Der Spitzel lächelte herablassend.

„Natürlich in Richtung der heiligen Stadt Mekka!"

Aus der dunklen Ecke erklang eine Stimme:

„In Richtung der Kleider. Das ist das beste, wenn du nicht nackt nach Hause gehen willst."

Aus Ehrfurcht vor dem Pockennarbigen senkten alle die Köpfe, um ihr Schmunzeln zu verbergen.

Der Spitzel warf Nasreddin einen prüfenden Blick zu, doch in der dunklen Ecke erkannte er ihn nicht.

„Wer quakt denn da aus der Ecke?“ fragte er hochmütig. „Du bist es, alter Herumtreiber? Du willst dich wohl an Witz mit Hodscha Nasreddin messen, wie?“

„Wie könnte ich das, ich Nichtswürdiger“, antwortete Nasreddin bescheiden und trank seinen Tee.

Ein Bauer wandte sich an den Spitzel:

„Sage mir, ehrwürdiger Hodscha Nasreddin, wenn ein Gläubiger an einer Beerdigung teilnimmt, wie schreibt es der Islam vor, soll er lieber vor oder hinter der Totenbahre gehen?“

Der Spitzel hob feierlich den Finger, um zu antworten, doch die Stimme aus der dunklen Ecke kam ihm zuvor:

„Das ist vollkommen gleichgültig, ob du vor oder hinter der Totenbahre gehst, wenn du nur nicht darauf liegst.“

Der lachlustige Ali platzte heraus, hielt sich den Bauch und bog sich vor Vergnügen. Auch die anderen vermochten sich nicht zu beherrschen. Der Mann in der Ecke war nicht auf den Mund gefallen, der konnte es ja bald mit Hodscha Nasreddin aufnehmen!

Wütend fuhr der Spitzel seinen Gegner an:

„Hüte deine lange Zunge, sonst könntest du leicht in Verlegenheit geraten, dich von ihr trennen zu müssen. Es würde mir nichts ausmachen, ihn mit meiner Schlagfertigkeit zum Schweigen zu bringen“, wandte er sich an die Anwesenden, „doch wir führen im Augenblick ein frommes und ehrbares Gespräch, in dem Witze nicht am Platze sind. Alles zu seiner Zeit. Deshalb will ich die Worte dieses Landstreichers gar nicht beantworten. Ich, Hodscha Nasreddin, fordere euch also auf, ihr Gläubigen, meinem Beispiel zu folgen. Achtet die Mollas und gehorcht den Behörden, dann wird Glück in eurem Hause herrschen. Hört vor allem nicht auf irgendwelche Herumtreiber, die sich für Hodscha Nasreddin ausgeben, wie kürzlich der Gauner, der in Buchara sein Unwesen trieb und spurlos verschwand, als er erfuhr, daß der echte Hodscha Nasreddin hier eingetroffen sei. Fangt solche Schwindler und überantwortet sie der Wache des Emirs!"

„Sehr richtig", rief Nasreddin und trat aus der Dunkelheit ins Licht.

Alle erkannten ihn sofort und erstarrten vor Überraschung. Der Spitzel erbleichte. Nasreddin trat ganz nahe an ihn heran, gefolgt von Ali, der sich bereit hielt, den Spitzel jeden Moment am Halse zu packen.

„Du also bist der richtige Hodscha Nasreddin?"

Der Spitzel schaute sich verwirrt um; seine Augen huschten hin und her, seine Backen zitterten. Er beherrschte sich jedoch so weit, daß er antworten konnte:

„Ja, ich bin der richtige Hodscha Nasreddin. Alle anderen sind Schwindler. Auch du."

„Ihr Rechtgläubigen, was steht ihr da und schaut?" rief Nasreddin. „Packt ihn! Er hat es ja selbst zugegeben! Kennt ihr nicht den Befehl des Emirs, und wißt ihr nicht, wie man mit Hodscha Nasreddin umgehen muß? Packt ihn, sonst werdet ihr noch bestraft, weil ihr ihm Vorschub geleistet habt."

Er riß dem Spitzel den falschen Bart ab.

Alle erkannten das verhaßte pockennarbige Gesicht mit der flachen Nase und den unruhigen Augen.

„Er hat es selbst eingestanden", rief Nasreddin und zwinkerte nach rechts. „Packt ihn!" Er zwinkerte nach links.

Ali stürzte sich als erster auf den Spitzel. Der wollte fliehen, aber Bauern, Handwerker und Wasserträger versperrten ihm den Weg. Eine ganze Weile sah man nur erhobene Fäuste, die immer wieder mit Wucht herniedersausten. Der echte Nasreddin war am eifrigsten von allen.

„Ich habe nur Spaß gemacht", schrie der Spitzel stöhnend. „O ihr Gläubigen, ich habe ja nur Spaß gemacht, ich bin gar nicht Hodscha Nasreddin. Laßt mich gehen!"

„Das ist eine Lüge", brüllte Nasreddin und bearbeitete den Spitzel mit den Fäusten wie ein guter Bäcker seinen Teig. „Du hast es selber zugegeben! Wir haben es alle gehört! O ihr Gläubigen, wir alle sind unserem Emir von Herzen ergeben und wollen seine Befehle aufs Wort befolgen! Deshalb haut ihn, diesen Hodscha Nasreddin! Schleppt ihn zum Palast und übergebt ihn der Wache! Haut ihn, zu Allahs und des Emirs Ruhm!"

Der Spitzel wurde zum Palast geschleift. Unterwegs verprügelte man ihn mit unermüdlichem Eifer weiter. Nasreddin gab ihm zum Abschied einen Fußtritt unterhalb des Rückens und kehrte in die Teestube zurück.

„Uff", sagte er und wischte sich den Schweiß von der Stirn. „Dem hat es gelangt. Ich glaube, sie walken ihn immer noch, hörst du ihn schreien, Ali?"

Aus der Entfernung erklangen erregte Stimmen und das klägliche Geschrei des Spitzels. Er hatte vielen geschadet, und nun wollte jeder es ihm heimzahlen. Des Emirs Befehl war willkommener Vorwand.

Vergnügt und zufrieden streichelte Ali seinen dicken Bauch.

„Das wird ihm eine gute Lehre sein. Der kommt nie wieder in meine Teestube!"

Nasreddin zog sich im Hinterzimmer um, klebte sich den falschen Bart an und verwandelte sich wieder in Hussein Guslija, den Weisen aus Bagdad.

Als er in den Palast zurückkehrte, hörte er aus der Wachstube lautes Stöhnen. Er schaute hinein.

Der pockennarbige Spitzel, verschwollen, zerschrammt und in zerfetzter Kleidung, lag auf einer Matte, und Arslanbek beugte sich mit einer Laterne über ihn.

„Ehrwürdiger Arslanbek, was ist hier geschehen?" fragte Nasreddin mit unschuldiger Miene.

„Etwas sehr Unangenehmes, o Hussein Guslija! Dieser Landstreicher Hodscha Nasreddin ist wieder in Buchara aufgetaucht und hat unseren besten Spitzel verprügelt, der sich auf meinen Befehl als Hodscha Nasreddin ausgab und fromme Reden hielt, um dem schädlichen Einfluß Hodscha Nasreddins auf die Einwohner entgegenzuwirken. Aber du siehst, was daraus geworden ist!"

„Oh! Oh!" stöhnte der Spitzel und hob sein blutiges und mit blauen Flecken bedecktes Gesicht. „Nie wieder lasse ich mich mit diesem verfluchten Landstreicher ein! Nächstes Mal schlägt er mich bestimmt tot! Ich will auch nicht länger Spitzel sein. Morgen fahre ich irgendwohin, wo keiner mich kennt, und fange dort ein ehrliches Leben an."

Wahrlich, meine Freunde haben sich angestrengt. Hoffentlich ist es ihm eine Lehre, dachte Nasreddin. Er betrachtete den Spitzel und fühlte sogar ein wenig Mitleid mit ihm. Wäre der Weg zum Palast zweihundert Schritte länger gewesen, er wäre schwerlich mit dem Leben davongekommen.

In der Morgendämmerung sah Nasreddin aus seinem Turmfenster, wie der pockennarbige Spitzel mit einem kleinen Bündel in der Hand den Palast verließ. Bald auf dem linken, bald auf dem rechten Bein hinkend, sich alle Augenblicke nach der Brust, dem Rücken und den Hüften greifend und sich immer wieder niederkauernd, um Atem zu schöpfen, überquerte er langsam den Platz des Basars, über dem das kühle, blasse Licht der Morgensonne lag, und verschwand im Schatten der Standreihen.

Der dunklen Nacht folgte ein herrlicher klarer Morgen. Leuchtendes Sonnengold spiegelte sich in schimmernden Tautropfen, die Vögel zwitscherten, Schmetterlinge gaukelten empor, um sich in den ersten Sonnenstrahlen zu erwärmen, und eine Biene ließ sich vor Nasreddin auf dem Fensterbrett nieder, angelockt von dem Duft, der aus dem Honigkrug drang.

Die Sonne, Nasreddins alter treuer Freund und Begleiter, ging auf. Jeden Morgen sah er sie wieder, und jeden Morgen freute er sich, als hätte er sie ein Jahr lang nicht gesehen. Wie ein gütiger, freigebiger Gott, der seine Gnade über alle gleichermaßen ergießt, stieg die Sonne am hellen Himmel auf, und die ganze Welt breitete ihr, dankbar jauchzend, ihre Schönheit entgegen; alles glühte, glänzte und funkelte im Strahlenschimmer – die flaumigen Wolken, die zierlichen Minarette, die taufeuchten Blätter, die Blumen und Gräser, das Wasser und selbst der von der Natur so stiefmütterlich behandelte einfache Pflasterstein, der wie mit Diamantstaub bestreut glitzerte – alles hatte sich festlich geschmückt, um die Sonne würdig zu empfangen. Auf dem nahen Minarett gurrten die Tauben und putzten ihr Gefieder. Zwei Schmetterlinge flatterten vor seinem Fenster, und Nasreddin spürte die trunkene Wonne, mit der sie im goldenen Licht schwebten. Seine Augen wurden feucht vor Glück. Der pockennarbige Spitzel fiel ihm ein, und er wünschte ihm, daß dieser Morgen für ihn der Anfang eines neuen, besseren Lebens sein möge. Aber im gleichen Moment dachte er betrübt daran, daß dieser Mensch so viel gemeine Taten vollbracht hatte, daß es schwer für ihn sein würde, sich davon frei zu machen. Er würde sicherlich bald rückfällig werden und zu seiner alten Tätigkeit zurückkehren.

Leider sollte Hodscha Nasreddin mit seiner Vermutung recht behalten. Er kannte die Menschen zu gut, um sich zu irren. Und wie gern hätte er sich manchmal geirrt!

Sechstes Kapitel

Die Morgenstunden flogen dahin, ihnen folgte ein Tag voll schwüler Hitze.

Alles war für die Flucht vorbereitet.

Hodscha Nasreddin trat lächelnd in das Zimmer seines Gefangenen.

„Deine Gefangenschaft, o weiser Hussein Guslija, ist beendet. Heute nacht verlasse ich den Palast. Ich werde deine Tür nicht abschließen, aber nur unter der Bedingung, daß du das Zimmer erst in zwei Tagen verläßt. Solltest du diese Frist nicht einhalten, so wäre es immerhin möglich, daß ich mich noch im Palast befände. Dann bliebe mir nichts anderes übrig, als dich den Henkern zu überantworten mit der Begründung, du hättest versucht zu fliehen. Leb wohl, Hussein Guslija, Weiser aus Bagdad, und behalte mich in guter Erinnerung! Ich ermächtige dich, dem Emir die Wahrheit zu sagen und ihm meinen Namen zu nennen. Merk ihn dir gut: ich heiße – Hodscha Nasreddin."

„Oh", rief der Weise aus und prallte zurück. Er brachte kein Wort mehr hervor, so sehr hatte ihm dieser Name die Sprache verschlagen.

Die Tür knarrte. Nasreddins Schritte verklangen. Vorsichtig ging der Alte an die Tür und versuchte sie zu öffnen. Sie war nicht abgeschlossen.

Er spähte hinaus, es war niemand zu sehen. Da schlug er die Tür wieder zu und schob von innen den Riegel vor. „Nein", murmelte er, „lieber sitze ich noch eine Woche hier, als daß ich mich mit Hodscha Nasreddin einlasse!"

Als gegen Abend am grünlichen Himmel die ersten Sterne aufleuchteten, trat Nasreddin mit einem Tonkrug in der Hand zu der Wache am Eingang des Harems. Die Soldaten hatten sein Nahen nicht bemerkt und setzten ihr Gespräch fort:

„Eben ist noch ein Stern gefallen", sagte der dicke, faule Eierschlucker; „wenn sie tatsächlich auf die Erde fallen, wie du behauptest, warum findet sie kein Mensch?"

„Sie fallen wahrscheinlich ins Meer", antwortete sein Kamerad.

„He, ihr tapferen Krieger", wandte sich Nasreddin an die beiden, „ruft mir bitte den Obereunuchen, ich muß ihm diese Arznei für die Kranke überreichen."

Der Obereunuch nahm den Krug, in dem sich nur etwas in Wasser aufgelöste Kreide befand, mit beiden Händen entgegen, hörte sich genau die Gebrauchsanweisung an und entfernte sich wieder.

„O weiser Hussein Guslija", sagte der Dicke mit einschmeichelnder Stimme, „du weißt alles, und deine Weisheit kennt keine Grenzen. Sage uns doch, wohin die Sterne fallen und weshalb die Menschen sie niemals finden!"

Nasreddin konnte der Versuchung, den Dicken ein wenig zu foppen, nicht widerstehen.

„Wißt ihr das denn nicht?" antwortete er mit todernster Miene. „Wenn sie fallen, zerplatzen sie in lauter silberne Münzen. Die Bettler sammeln dann diese Münzen auf. Ich kenne Menschen, die dadurch reich geworden sind."

Die beiden Männer warfen sich Blicke zu. Ihr Gesicht verriet größte Überraschung.

Nasreddin ging und lächelte über die Dummheit der Wache. Er ahnte nicht, wie trefflich ihm dieser Scherz bald zustatten kommen sollte.

Bis Mitternacht saß er in seinem Turm. Endlich wurde alles still. Die Lichter der Stadt erloschen. Er durfte nicht lange zögern, denn die Sommernächte hatten rasche Flügel. Nasreddin ging hinunter, schlich im Schatten der Bäume zum Harem und hoffte die Wachen schlafend vorzufinden.

Wie groß war seine Enttäuschung, als er ihre leisen Stimmen vernahm.

„Wenn doch nur ein einziger Stern hier herunterfallen wollte", sagte der dicke Faule, „dann könnten wir das Silber gleich auflesen und reich werden."

„Ich kann es nicht recht glauben, daß die Sterne in Silbermünzen zerfallen", sagte der zweite.

„Der Weise aus Bagdad hat es doch aber gesagt", widersprach der Dicke. „Seine Weisheit ist bekannt, er hat sicherlich recht."

Hol euch der Scheitan, dachte Nasreddin ärgerlich und blieb im Schatten stehen. Hätte ich denen bloß nicht das mit den Münzen erzählt! Nun werden sie sich die ganze Nacht darüber streiten. Ob wir die Flucht bis morgen verschieben?

Tausende von Sternen funkelten hoch droben am Firmament. Plötzlich löste sich ein kleiner Stern und stürzte in die Tiefe, ihm folgte ein zweiter, der eine leuchtende Spur hinterließ. Es war die Spätsommerzeit, die so reich an Sternschnuppen ist.

„Wenn die nun in Silbermünzen zerfallen", sagte der eine Soldat.

Da kam Nasreddin plötzlich ein glänzender Gedanke. Hastig holte er den Beutel hervor, der mit Silbermünzen gefüllt war, und wartete auf die nächste Sternschnuppe.

Als sie endlich fiel, warf Nasreddin eine Handvoll Münzen den beiden Soldaten geradewegs vor die Füße. Die Münzen rollten klirrend über die Steinplatten.

Die beiden waren wie versteinert. Dann erhoben sie sich und starrten einander an.

„Hast du das gehört?" fragte der eine mit zitternder Stimme.

„Ich habe es gehört", stotterte der zweite.

Nasreddin schleuderte noch eine Münze hinüber. Sie leuchtete im Mondlicht auf. Der Faule schrie kurz auf und warf sich voller Habgier mit dem Bauch auf die Münze.

„Ha-ha-hast du sie?" fragte der andere.

„Ich – hab sie geschnappt", antwortete der Dicke mit zitternden Lippen. Er erhob sich und zeigte die Münze.

Am Himmel lösten sich plötzlich mehrere Sternschnuppen auf einmal. Nasreddin warf wiederum eine Handvoll Münzen und gleich darauf noch eine. Das Klirren der Silbermünzen klang durch die nächtliche Stille. Die Wachen warfen wie irrsinnig ihre Speere weg und krochen über den Boden, um die Münzen zu suchen.

„Ich hab eine gefunden", schrie der eine heiser. „Da ist sie!"

Der zweite kroch schweigend umher und krächzte vergnügt, als er plötzlich einen ganzen Haufen Silbermünzen fand.

Nasreddin warf ihnen noch eine Handvoll Münzen zu und schlüpfte ungehindert in den Harem.

Nun war es nicht mehr schwer. Er hatte sich die Gänge genau gemerkt. Die weichen Perserteppiche dämpften seine Schritte, die Eunuchen schliefen.

Güldschan empfing ihn mit einem heißen Kuß und schmiegte sich zitternd an ihn.

„Schnell", raunte er.

Niemand hielt sie an, nur ein Eunuch drehte sich auf die andere Seite und stöhnte im Schlaf. Nasreddin verhielt einen Augenblick an seinem Lager und beugte sich über ihn. Doch das letzte Stündchen des Eunuchen hatte noch nicht geschlagen. Er schnarchte weiter. Schwaches Mondlicht fiel durch die bunten Glasscheiben.

An der Pforte blieb Nasreddin stehen und lugte vorsichtig hinaus. Die Wachen krochen auf allen vieren im Hof umher und beobachteten den Himmel in Erwartung weiterer Sternschnuppen. Nasreddin holte weit aus und warf eine Handvoll Silbermünzen, die weit hinter den Bäumen niederfielen. Die beiden rannten hin, sie waren so von der Geldgier gepackt, daß sie nichts mehr sahen und hörten; sie keuchten, stießen irre Schreie aus, brachen blindlings durch ein dorniges Gestrüpp, das ihnen Hosen und Röcke zerfetzte.

In dieser Nacht hätte man sämtliche Beischläferinnen aus dem Harem rauben können.

„Schnell, schnell", drängte Nasreddin und zog das Mädchen hinter sich her. Sie liefen zum Turm und stiegen zu Nasreddins Zimmer hinauf. Nasreddin holte den Strick unter dem Bett hervor, den er schon seit langem bereithielt.

 „Das ist aber schrecklich hoch … Ich fürchte

mich", flüsterte Güldschan. Er fuhr sie ärgerlich an, und sie gehorchte.

Nasreddin band Güldschan den Strick um die Mitte und nahm das Fenstergitter heraus, das er schon vorher durchgesägt hatte.

Güldschan setzte sich auf das Fensterbrett. Es war wirklich sehr hoch. Sie begann zu zittern. „Kriech hinaus", herrschte er sie an und stieß sie leicht in den Rücken. Sie schloß die Augen, glitt über den glatten Stein und hing in der Luft.

Als sie ihre Fassung wiederfand, war sie schon unten.

„Lauf, lauf!" hörte sie Nasreddins Stimme über sich. Er hing mit halbem Leib zum Fenster heraus, zog am Strick und winkte. Güldschan band schnell den Strick los und eilte über den menschenleeren Platz.

Sie wußte nicht, daß in diesem Moment schon größte Verwirrung im Palast herrschte. Der Obereunuch, in dem des Emirs Bambusrohr ungeheuren Diensteifer erweckt hatte, war vor kurzem in das Gemach der neuen Beischläferin getreten und hatte entdeckt, daß ihr Bett leer war. Er stürzte sofort zum Emir und weckte ihn. Der Emir rief Arslanbek, der sofort Alarm schlug. Die ganze Wache war auf den Beinen, Fackeln wurden angezündet, Schilde und Speere klirrten.

Man holte den Weisen aus Bagdad. Der Emir empfing ihn mit Klagen und schrie erregt:

„Hussein Guslija, wie weit ist es mit unserem Reiche gekommen, wenn ich, der Emir von Buchara, nicht einmal in meinem eigenen Serail vor diesem Landstreicher Hodscha Nasreddin Ruhe habe! So was gibt es ja gar nicht, daß dem Emir eine Beischläferin aus dem Harem geraubt wird!"

„O großer Emir", mischte sich Bachtjar in das Gespräch, „vielleicht ist es gar nicht Hodscha Nasreddin gewesen!"

„Wer denn sonst?" schrie der Emir. „Am Morgen erfahre ich, daß er nach Buchara zurückgekehrt ist, und in der Nacht verschwindet seine ehemalige Braut aus dem Harem. Wer außer Hodscha Nasreddin hätte das gewagt? Sucht ihn, stellt überall dreifache Wachen auf! Sicherlich befindet er sich noch im Palast. Arslanbek, ich warne dich, dein Kopf sitzt nicht mehr fest auf deinen Schultern!"

Die Wache durchsuchte sämtliche Winkel des Palastes. Überall flammten Fackeln auf, ihre Glut spiegelte sich in den glatten Wänden.

Nasreddin war der Eifrigste beim Suchen. Er lüpfte die Teppiche, suchte mit einem Stock die Marmorbecken ab, schrie und rannte hin und her, schaute in Teekannen und stocherte sogar in Mauselöchern herum.

Schließlich kehrte er in des Emirs Schlafgemach zurück und meldete:

„O großer Gebieter, Hodscha Nasreddin ist es bereits gelungen, den Palast zu verlassen."

„Hussein Guslija", antwortete der Emir wütend „ich wundere mich über deinen Leichtsinn! Und wenn er sich irgendwo versteckt hat? Er könnte sogar in dieses Gemach eindringen. Wache! Wache Hierher!" schrie er plötzlich, entsetzt über den eigenen Gedanken.

Draußen erklang Kanonendonner, der den unauffindbaren Hodscha Nasreddin einschüchtern sollte. Der Emir kroch in eine Ecke und schrie ängstlich:

„Wache! Wache!"

 Er beruhigte sich erst, als Arslanbek dreißig

Mann vor seine Tür und zehn Mann vor jedes Fenster postierte.

Der Emir kam aus seiner Ecke heraus und sagte kläglich zu Nasreddin:

„Glaubst du nicht, Hussein Guslija, daß sich dieser Unruhestifter vielleicht doch in meinem Schlafgemach versteckt halten könnte?"

„Vor den Fenstern steht eine Wache", antwortete Nasreddin. „Wir sind zu zweit im Zimmer. Wo sollte Hodscha Nasreddin sein?"

„Aber diesen Raub wird er büßen!" schrie der Emir. Seine Angst war hellem Zorn gewichen, seine Finger krampften sich zusammen, als hielten sie Nasreddins Hals umklammert. „O Hussein Guslija", fuhr der Emir fort. „Mein Zorn und meine Empörung kennen keine Grenzen. Ich habe sie doch noch kein einziges Mal besessen! Verzweiflung packt mich, wenn ich daran denke! Und an allem sind deine Sterne schuld, Hussein Guslija! Wenn es möglich wäre, ließe ich sie alle köpfen, deine Sterne! Aber diesmal wird Nasreddin der Strafe nicht entgehen! Ich habe Arslanbek schon die entsprechenden Befehle erteilt. Und dir, Hussein Guslija, befehle ich, alles daranzusetzen, um diesen Strolch zu finden! Denke daran, daß deine Ernennung zum Obereunuchen vom Ausgang dieser Sache abhängt. Morgen verläßt du den Palast und kehrst nicht ohne Hodscha Nasreddin zurück!"

Hodscha Nasreddin kniff die hellen, schlauen Augen zusammen und verbeugte sich vor dem Emir bis zur Erde.

Siebentes Kapitel

Die ganze Nacht erzählte Nasreddin dem Emir von seinen Plänen, wie er Hodscha Nasreddin zu fangen gedachte. Diese Pläne waren überaus schlau, und der Emir zeigte sich sehr befriedigt.

Am Morgen erhielt Nasreddin einen Beutel mit Gold für seine etwaigen Ausgaben. Er schob das Geld in seinen Gürtel und stieg zum letzten Male in sein Turmzimmer hinauf. Hier sah er sich seufzend um: Es tat ihm plötzlich leid, dieses Gemach zu verlassen. Wieviel schlaflose Nächte hatte er hier verbracht, welch trüben Gedanken hatte er hier nachgehangen! Etwas von seiner Seele blieb in den düsteren Turmmauern zurück.

Er schlug die Tür hinter sich zu, lief leichtfüßig die Steintreppe hinab und schritt der Freiheit entgegen. Wieder lag die ganze Welt vor ihm offen. Die Wege, Gebirgspässe und Bergpfade lockten ihn, die grünen Wälder verhießen ihm köstliche Rast im Schatten auf weichem Laub, die Flüsse harrten seiner, ihn mit herrlich frischem Wasser zu erquicken, die Vögel hielten ihm ihre schönsten Lieder bereit. Er hatte zu lange im goldenen Käfig geweilt, der fröhliche Vagabund Nasreddin, und die Welt langweilte sich ohne ihn.

 Doch am Tor traf ein furchtbarer Schlag sein

Herz. Er blieb erbleichend stehen und drückte sich an die Mauer.

Unter starker Bewachung zogen in langer Reihe, mit gesenkten Köpfen und gefesselten Händen, alle seine Freunde durch das offene Tor: der alte Töpfer Nijas, der Teehausbesitzer Ali, der Schmied Jussup und viele andere, jeder, mit dem er irgendwann einmal gesprochen, den er um einen Schluck Wasser oder um eine Handvoll Heu für seinen Esel gebeten hatte, war dabei. Arslanbek ging am Schluß des traurigen Zuges.

Es dauerte lange, bis Nasreddin seine Fassung wiederfand. Unterdessen hatte sich das Tor geschlossen, und die Gefangenen waren in den unterirdischen Gewölben verschwunden.

Nasreddin suchte in fieberhafter Eile Arslanbek auf.

„Was ist geschehen, ehrwürdiger Arslanbek? Wo kommen diese Leute her? Was haben sie verbrochen?"

„Die Leute sind Helfer und Spießgesellen des verfluchten Hodscha Nasreddin", antwortete Arslanbek triumphierend. „Meine Spione haben sie aufgespürt, und wenn sie Hodscha Nasreddin nicht ausliefern, werden sie noch heute grausam hingerichtet. Aber du bist so blaß, Hussein Guslija! Worüber regst du dich auf?"

„Da soll ich mich nicht aufregen, wenn die Belohnung aus meinen Händen in die deinen übergeht!" antwortete Nasreddin.

Nasreddin mußte nun im Palast bleiben. Da diesen Unschuldigen der Tod drohte, blieb ihm nichts anderes übrig.

Um die Mittagszeit marschierte die Wache auf den Platz und umgab das Gerichtspodium mit einem Kordon von drei Reihen. Das Volk hatte durch Ausrufer von der bevorstehenden Hinrichtung erfahren und wartete schweigend. Der glühende Himmel strahlte sengende Hitze aus.

Das Tor öffnete sich, und heraus zogen in gewohnter Ordnung Ausrufer, Wache, Musikanten, Elefanten und das Gefolge des Emirs. Schließlich erschien auch der Emir selbst. Das Volk fiel auf die Knie. Des Emirs Sänfte wurde auf das Podium getragen.

Der Emir nahm auf dem Thron Platz. Dann wurden die Gefangenen aus dem Tor geführt. Ein dumpfes Murren ging durch die Menge. Die Verwandten und Freunde der Verurteilten standen ganz vorne, um besser zu sehen.

Die Henker bereiteten eifrig die Äxte, Pfähle und Stricke vor. Sie hatten heute einen schweren Tag. Sechzig Personen sollten hingerichtet werden.

Der alte Nijas war als erster an der Reihe. Die Henker hielten ihn fest. Rechts von ihm erhob sich der Galgen, links stand der Richtblock, und direkt vor ihm ragte der spitze Pfahl aus der Erde.

Der Großwesir Bachtjar verkündete laut und feierlich:

„Im Namen Allahs, des Gnädigen und Barmherzigen! Der Herrscher von Buchara, der sonnengleiche Emir, hat auf der Waage der Gerechtigkeit die Verbrechen von sechzig seiner Untertanen abgewogen. Sie haben sich der Begünstigung des Empörers, Unruhestifters und Gotteslästerers Hodscha Nasreddin schuldig gemacht. Darum hat der Emir folgendes beschlossen:

Der Töpfer Nijas als der Hauptschuldige, der den Landstreicher Hodscha Nasreddin lange bei sich versteckte, wird geköpft.

Was die übrigen Verbrecher betrifft, so werden sie dazu verurteilt, der Hinrichtung des Töpfers Nijas beizuwohnen, damit das Grauen vor der eigenen Hinrichtung sie erfaßt. Auf welche Weise diese erfolgt, wird in jedem Falle gesondert bekanntgegeben."

Auf dem Platz herrschte eine derartige Stille, daß jedes Wort Bachtjars selbst in den hintersten Reihen verstanden wurde.

„Des weiteren wird bekanntgegeben", fuhr Bachtjar mit erhobener Stimme fort, „daß das gleiche Schicksal jeden erwartet, der Hodscha Nasreddin Unterschlupf gewährt. Sollte jedoch einer der Verurteilten den Aufenthaltsort Hodscha Nasreddins nennen, so rettet er damit nicht nur sich selbst, sondern auch alle übrigen Verurteilten vor dem Tode; er wird vom Emir reichlich belohnt werden, und der Segen Allahs wird auf ihm ruhen. Auch du, Nijas, kannst dich und die anderen vor der Hinrichtung bewahren, wenn du es uns sagst, wo sich Hodscha Nasreddin befindet."

Nijas schwieg lange mit gesenktem Kopf. Bachtjar wiederholte seine Frage. Schließlich antwortete Nijas:

„Nein, ich kann seinen Aufenthaltsort nicht nennen."

Die Henker schleppten den Alten zum Richtblock. Jemand in der Menge schrie auf. Der Alte kniete nieder, streckte den Hals vor und legte den weißhaarigen Kopf auf den Richtblock.

In diesem Augenblick stieß Hodscha Nasreddin die Höflinge auseinander und trat vor den Emir.

„O großer Gebieter", sagte er laut, damit das Volk ihn hörte. „Laß die Hinrichtung einstellen. Ich werde Hodscha Nasreddin sofort fangen."

Der Emir sah ihn erstaunt an. Bewegung kam in die Menge. Der Henker gehorchte dem Wink des Emirs und ließ das Beil sinken.

„O großer Herrscher", sagte Nasreddin laut, „es wäre ungerecht, wenn man diese kleinen Mitverschworenen Hodscha Nasreddins hinrichtete, während derjenige, der Hodscha Nasreddin am meisten begünstigte und bei dem er die ganze letzte Zeit wohnte, der ihn noch jetzt beherbergt, ihn verpflegt, für ihn sorgt und ihn mit Wohltaten überschüttet, ungestraft bleiben sollte."

„Du hast recht", sagte der Emir mit wichtiger Miene. „Wenn es diesen Mann gibt, dann muß er als erster geköpft werden. Nenne mir seinen Namen, Hussein Guslija."

Ein Raunen ging durch die Menge. Die ersten Reihen wiederholte den hinteren die Worte des Emirs.

„Wenn jedoch der große Emir diesen Hauptschuldigen nicht hinrichten lassen will, so wäre es jedenfalls ungerecht, diese kleinen Leute hinzurichten. Ist der große Emir meiner Meinung?" fragte Nasreddin.

Der Emir antwortete erstaunt:

„Wenn ich den Hauptschuldigen, der Hodscha Nasreddin versteckt hat, nicht hinrichten lasse, dann verzichte ich natürlich auch auf die Hinrichtung dieser Leute. Aber ich verstehe nicht, Hussein Guslija, was mich dazu bewegen sollte, von der Hinrichtung dieses Hauptschuldigen abzusehen. Wo ist er? Zeige ihn mir. Ich werde ihn dann sofort hinrichten lassen."

Nasreddin wandte sich an das Volk.

„Ihr habt des Emirs Worte gehört! Der Gebieter von Buchara hat erklärt, daß er alle diese Verurteilten begnadigt, wenn er den Mann, der Hodscha Nasreddin die ganze Zeit über versteckt hielt, nicht hinrichten läßt. Habe ich mich richtig ausgedrückt, o großer Gebieter?"

„Du hast mich ganz richtig verstanden, Hussein Guslija. Ich gebe dir mein Wort darauf. Aber nenne mir schnell den Mann."

„Ihr habt es gehört", sagte Nasreddin, sich an das Volk wendend, „der Emir hat sein Wort gegeben."

Er holte tief Atem, fühlte Tausende von Augen auf sich ruhen und fuhr fort:

„Der Mann, der Hodscha Nasreddin so lange versteckt hat …"

Er stockte und ließ den Blick über den Platz schweifen.

Viele bemerkten eine grenzenlose Trauer in seinen Augen. Hodscha Nasreddin nahm Abschied vom geliebten Leben, von den Menschen, von der Sonne.

„Schneller", rief der Emir ungeduldig aus. „Sprich schneller, Hussein Guslija."

Hodscha Nasreddin sagte mit fester Stimme:

„Der Mann, der Hodscha Nasreddin die ganze Zeit versteckte, bist du selber, Emir!"

Mit einer jähen Bewegung warf er den Turban vom Kopf und riß sich den falschen Bart ab.

Die Menge erstarrte. Der Emir saß mit weitaufgerissenen Augen da und bewegte lautlos die Lippen. Wie versteinert standen die Hofleute.

Doch diese Stille dauerte nicht lange.

„Hodscha Nasreddin, Hodscha Nasreddin", schrie die Menge.

„Hodscha Nasreddin", flüsterten die Würdenträger.

„Hodscha Nasreddin", rief Arslanbek aus.

Schließlich fand auch der Gebieter seine Fassung wieder.

„Hodscha Nasreddin!" stammelte er.

„Ja, das bin ich! Nun, wie ist es, Emir, läßt du dich als Hauptschuldigen hinrichten? Ich habe in deinem Palast gewohnt und gegessen, bin von dir belohnt worden und war dein nächster Ratgeber! Du hast mich versteckt gehalten, Emir! Nun lasse dich selber köpfen!"

Hodscha Nasreddin wurde gefesselt. Er leistete keinen Widerstand, er schrie:

„Der Emir hat versprochen, die Verurteilten zu begnadigen! Ihr habt des Emirs Wort gehört!"

Das Volk begann erregt zu murren. Der dreifache Kordon der Wache vermochte kaum dem Druck der Menge standzuhalten. Immer mehr Rufe wurden laut:

„Laßt die Verurteilten frei!"

„Der Emir hat sein Wort gegeben!"

„Laßt sie frei!"

Das Murren und Schreien schwoll mehr und mehr an. Die Wache begann dem gewaltigen Druck des Volkes nachzugeben.

Bachtjar verbeugte sich vor dem Emir.

„O großer Gebieter, wir müssen sie freilassen, sonst empört sich das Volk."

Der Emir nickte.

„Der Emir hält sein Wort!" schrie Bachtjar.

Die Wache trat auseinander. Die Menge nahm die Verurteilten auf.

Hodscha Nasreddin wurde in den Palast geführt. Viele in der Volksmenge weinten und riefen:

„Leb wohl, Hodscha Nasreddin! Leb wohl, lieber, edler Hodscha Nasreddin! In unseren Herzen wird die Erinnerung an dich weiterleben."

Mit hocherhobenem Kopf schritt Hodscha Nasreddin einher. Sein Antlitz zeigte keine Furcht. Vor dem Tor wandte er sich noch einmal um und winkte zum Abschied. Die Menge antwortete ihm mit brausenden Zurufen.

Der Emir kletterte eilig in die Sänfte, und die Hofprozession zog zurück in den Palast.

Achtes Kapitel

Der Diwan trat zusammen, um Hodscha Nasreddin abzuurteilen.

Als er, an Händen und Füßen gefesselt, von der Wache hereingebracht wurde, senkten die Höflinge den Blick. Sie schämten sich, einander anzusehen. Die Weisen rümpften die Nase und strichen sich über den Bart. Der Emir wandte sich ab, seufzte und hustete. Nasreddin aber schaute mit klaren, offenen Augen in die Runde. Wäre er nicht gefesselt gewesen, dann hätte man denken können, daß nicht er, sondern die vor ihm Sitzenden angeklagt seien.

Der echte Hussein Guslija, der Weise aus Bagdad, war auch erschienen. Endlich hatte er seinen Turm verlassen können. Als Nasreddin ihm freundschaftlich zuzwinkerte, sprang er vor Wut von seinen Kissen hoch und zischte erbost.

Die Beratung dauerte nicht lange. Hodscha Nasreddin wurde zum Tode verurteilt. Es galt nur noch, die Art der Hinrichtung auszuwählen.

„O großer Gebieter", sagte Arslanbek, „meiner Ansicht nach muß dieser Verbrecher auf den Pfahl gespießt werden, damit er unter furchtbaren Qualen stirbt."

 Nasreddin verzog keine Miene. Sorglos lächelte

er und wandte das Gesicht der Sonne zu, die durch das geöffnete Oberfenster in den Raum schien.

„Nein“, sagte der Emir entschieden. „Der türkische Sultan hat ihn schon einmal auf den Pfahl gespießt, aber dieser Gotteslästerer kennt, scheint's, ein Mittel, diese Hinrichtungsart zu überstehen, sonst wäre er dem Sultan nicht lebend entkommen.“

Bachtjar riet, Nasreddin zu köpfen. „Das ist zwar die leichteste, aber dafür die sicherste Todesart“, fügte er hinzu.

„Nein“, sagte der Emir. „Der Kalif von Bagdad hat ihn schon einmal geköpft, und du weißt, er lebt immer noch.“

Nacheinander erhoben sich die Würdenträger und schlugen verschiedene Verfahren vor: Der eine wollte Nasreddin hängen, ein anderer ihm die Haut schinden. Doch der Emir verwarf alle diese Todesarten, denn er beobachtete heimlich Nasreddins Gesicht und konnte kein einziges Mal Schrekken oder Angst darauf feststellen. Die vorgeschlagenen Hinrichtungsarten konnten also, folgerte er, Nasreddin nichts anhaben.

Verlegen schwiegen die Würdenträger. Der Emir wurde schon zornig.

Da erhob sich der Weise aus Bagdad. Er sprach zum erstenmal vor dem Emir und hatte sich seinen Vorschlag gut überlegt, um sich besonders auszuzeichnen.

„O großer Gebieter des Weltalls! Wenn es diesem Verbrecher bisher gelungen ist, unversehrt alle möglichen Hinrichtungsarten zu erdulden, so ist das ein Beweis für die Hilfe, die er von dunklen Kräften, vom bösen Geist der Finsternis erhält, dessen Namen ich vor dem Emir mich auszusprechen scheue.“

Bei diesen Worten blies er sich auf die Schulter, und alle, außer Nasreddin, folgten seinem Beispiel.

„Der große Emir hat alles Für und Wider erwogen“, fuhr der Weise fort, „und die vorgeschlagenen Todesarten sämtlich abgelehnt, weil er die Macht der dunklen Kräfte fürchtet, die dem Verbrecher helfen könnten, sich der gerechten Strafe abermals zu entziehen. Doch es gibt noch eine Hinrichtungsart, die bei Hodscha Nasreddin noch nicht angewandt wurde: das Ertränken.“

Der Weise von Bagdad warf den Kopf zurück und schaute sich triumphierend um.

Hodscha Nasreddin zuckte zusammen.

Der Emir bemerkte das und dachte: Aha! Darin bestand sein Geheimnis!

Inzwischen dachte Nasreddin: Wie gut, daß sie an meine dunklen Kräfte glauben! Vielleicht besteht doch noch einige Hoffnung für mich!

„Ich weiß aus Büchern und Erzählungen“, fuhr inzwischen der Weise fort, „daß es in Buchara einen heiligen Teich gibt, den Teich des Scheichs Achmed. Sicherlich werden sich die finsteren Kräfte diesem Teich nicht nähern. Deshalb wäre es angebracht, o Gebieter, den Verbrecher längere Zeit mit dem Kopf in das geheiligte Wasser zu tauchen, worauf er sterben wird.“

„Das ist ein Rat, der wahrlich eine Belohnung verdient“, rief der Emir begeistert.

Nasreddin sagte vorwurfsvoll zu dem Weisen: „O Hussein Guslija, habe ich das verdient? War mein Verhalten zu dir so grausam, als ich dich in meiner Gewalt hatte? Da sieht man wieder einmal, was des Menschen Dankbarkeit wert ist. Wahrlich, Undank ist der Welt Lohn!“

 Es wurde beschlossen, Hodscha Nasreddin nach

Sonnenuntergang öffentlich im heiligen Teich des Scheichs Achmed zu ertränken. Damit er unterwegs nicht entfliehen könne, sollte er in einem Ledersack zum Teich gebracht und in diesem Sack ertränkt werden.

Den ganzen Tag erklangen Axtschläge am Teich; die Zimmerleute bauten eine Brücke. Sie wußten, wozu diese Brücke benötigt wurde, doch was konnten sie tun, wenn hinter jedem von ihnen ein Wächter stand? Sie arbeiteten schweigend, mit düsteren, verbitterten Mienen. Als sie fertig waren, verweigerten sie die Annahme des kärglichen Lohnes und gingen mit gesenktem Blick davon.

Die Brücke und das ganze rechte Ufer wurden mit Teppichen belegt. Das gegenüberliegende Ufer war für das Volk bestimmt.

Die Spitzel berichteten, daß das Volk erregt sei. Deshalb ließ Arslanbek am Ufer des Teiches ein großes Aufgebot der Palastwache aufmarschieren und einige Kanonen aufstellen. Aus Angst, das Volk könnte Nasreddin unterwegs befreien, befahl er, vier Säcke mit Lumpen bereitzuhalten und öffentlich durch die belebten Straßen zum Teich zu bringen, während der Sack mit Hodscha Nasreddin durch menschenleere Nebengassen zum Teich gebracht werden sollte. Seine Schlauheit ging noch weiter. Die falschen Säcke sollten von je acht Mann, der richtige mit Nasreddin jedoch nur von drei Mann bewacht werden.

„Ich schicke euch vom Teich einen Boten“, instruierte Arslanbek die Wache. „Die vier falschen Säcke tragt ihr sofort nacheinander heraus, den fünften mit dem Verbrecher jedoch erst später und unauffällig, wenn sich die Menge der Neugierigen am Palasttor verzogen hat und den falschen Säcken gefolgt ist. Habt ihr mich verstanden? Vergeßt nicht, daß ihr mir mit dem Kopf für Nasreddin bürgt!"

Abends wurden die Trommeln auf dem Platz geschlagen, sie verkündeten den Schluß des Basars. Eine große Menschenmenge strömte von allen Seiten zum Teich.

Bald erschien auch der Emir mit seinem Gefolge. Auf der Brücke und in der Nähe des Emirs wurden Fackeln angezündet. Die Flammen zischten und flackerten im Winde, ihr glutroter Widerschein zitterte auf dem Wasser. Das gegenüberliegende Ufer war in tiefste Dunkelheit gehüllt. Von der beleuchteten Brücke aus war die riesige Menschenmenge nicht zu sehen, man hörte nur ihr erregtes Raunen, das sich wie ein verworrenes, beunruhigendes Brausen mit dem Rauschen des Nachtwindes vereinigte.

Mit lauter Stimme verlas Bachtjar Hodscha Nasreddins Todesurteil. In diesem Augenblick legte sich der Wind, und es herrschte eine so beängstigende Stille am Teich, daß der erlauchte Emir zu spüren vermeinte, wie ihm Ameisen den Rücken hinunterliefen. Wieder seufzte der Wind, und mit ihm seufzte die tausendköpfige Menschenmenge.

„Arslanbek", sagte der Emir, und seine Stimme bebte. „Warum zögerst du?"

„Ich habe den Boten schon abgeschickt, o großer Gebieter!" antwortete dieser.

Plötzlich ertönten Schreie und Waffengeklirr in der Dunkelheit. Der Emir sprang erschrocken auf und schaute in die Runde. Gleich darauf traten acht Soldaten in den Lichtkreis der Fackeln. Sie hatten keinen Sack.

 „Wo ist der Verbrecher?" schrie der Emir. „Man

hat ihm zur Flucht verholfen, er ist entkommen! Siehst du, Arslanbek!"

„O großer Gebieter" antwortete Arslanbek, „dein nichtswürdiger Sklave hat alles vorausgesehen. In diesem Sack befanden sich nur Lumpen."

Wieder ertönten Lärm und Schreie, diesmal von der anderen Seite. Arslanbek beeilte sich, den Emir zu beruhigen.

„Sie sollen diesen Sack nur befreien, o Gebieter! Auch in ihm befinden sich nur Lumpen."

Den ersten Sack hatte der Teehausbesitzer Ali mit seinen Freunden der Wache abgenommen, den zweiten die Schmiedeinnung unter der Führung von Jussup. Bald darauf eroberten die Töpfer den dritten Sack, aber er enthielt auch nur Lumpen. Der vierte Sack kam ungehindert durch. Die Wache hob ihn vor aller Augen über das Wasser und schüttete die Lumpen aus.

Die Menge war fassungslos. Aber gerade das hatte der erfahrene Arslanbek bezweckt, denn er wußte, daß die Überraschung die Menge lähmen würde.

Inzwischen hätte der fünfte Sack eintreffen müssen, doch die Wache war wohl unterwegs aufgehalten worden und erschien nicht.

Neuntes Kapitel

Als die Wache Hodscha Nasreddin aus dem unterirdischen Gewölbe herausführte, sagte er zu den Leuten:

„Ihr werdet mich also auf eurem Rücken schleppen? Schade, daß mein Esel das nicht sehen kann! Er würde vor Lachen platzen!"

„Schweig! Du wirst bald Grund zum Weinen haben", antworteten die Soldaten ärgerlich. Sie konnten es Nasreddin nicht verzeihen, daß er sich selbst dem Emir ausgeliefert hatte und daß ihnen deshalb die Belohnung entgangen war.

Sie öffneten den engen Sack und fingen an, Nasreddin hineinzuzwängen.

„Ihr Satansbrüder", schrie Nasreddin, der sich völlig zusammenkrümmen mußte, „konntet ihr nicht einen größeren Sack aussuchen!"

„Das macht nichts", antworteten die Soldaten ächzend und schwitzend. „Du brauchst es ja nicht lange auszuhalten. Mach dich nicht so dick, du Hundesohn, sonst drücken wir dir deine Knie in den Bauch."

Es erhob sich großer Lärm. Die Palastdiener kamen angelaufen, und schließlich gelang es, Nasreddin im Sack zu verstauen und den Sack zuzubinden.

Nasreddin lag nun eng zusammengezwängt in der stinkenden Finsternis. Ein schwarzer Nebel senkte sich auf seine Seele herab, es schien für ihn keine Rettung zu geben. Er rief das Schicksal, die allmächtige Vorsehung an: „O gütiges Schicksal, das mich bisher wie eine Mutter behütet, o freundliche Vorsehung, die mich bisher wie ein Vater beschützt hat, wo bist du jetzt, und warum hilfst du Hodscha Nasreddin nicht? Allmächtige Vorsehung, hörst du mich?"

Inzwischen hatte die Wache die Hälfte des Weges zurückgelegt. Die Leute trugen gemeinsam den Sack, und alle zweihundert Schritte wechselten sie die Plätze. Danach konnte Nasreddin berechnen, wie weit sie gekommen waren.

Er wußte wohl, daß die Vorsehung nie demjenigen hilft, der nur tatenlos klagt und jammert. Wenn ein nächtlicher Wanderer in der Wüste so erschöpft ist, daß ihn die Füße nicht mehr tragen wollen, dann muß er eben auf allen vieren weiterkriechen. Bestimmt wird er dann plötzlich in der Ferne die Lagerfeuer einer Kaufmannskarawane erblicken, die denselben Weg hat wie er, und bestimmt ist dann auch ein freies Kamel vorhanden, das ihn zum Ziel trägt. Wer aber tatenlos am Wege sitzt und sich der Verzweiflung hingibt, wird mit seinem Weinen und Klagen nicht das Mitgefühl der seelenlosen Steine erwecken, sondern am Durst zugrunde gehen. Seine Leiche wird stinkenden Hyänen zum Fraß dienen, und seine Knochen wird der heiße Wüstensand decken. Wie viele Menschen sterben frühzeitig, weil ihr Lebenswille nicht stark genug ist. Ein solcher Tod dünkte Nasreddin schmachvoll.

„Nein", sagte er zu sich, biß die Zähne fest

aufeinander und wiederholte ingrimmig: „Nein! Ich werde heute nicht sterben! Ich will nicht sterben!“

Aber was konnte er tun in diesem engen Sack, in dem er sich nicht einmal zu bewegen vermochte? Seine Knie und Ellbogen klebten geradezu an seinem Körper. Frei war nur seine Zunge.

„O ihr ruhmreichen Krieger“, sagte er, „haltet einen Augenblick! Ich möchte ein Sterbegebet hersagen, damit der barmherzige Allah meine Seele gnädig in seine hellen Gefilde aufnehme!“

Die Soldaten setzten den Sack ab.

„Bete, aber aus dem Sack lassen wir dich nicht heraus!“

„Wo befinden wir uns denn?“ fragte Nasreddin. „Ich frage deshalb, damit ihr mich mit dem Gesicht der nächsten Moschee zuwendet.“

„Wir sind in der Nähe des Karschitores. Rundherum sind Moscheen, so daß du in jedem Falle mit dem Gesicht einer Moschee zugewandt bist. Sag schnell dein Gebet, wir können uns nicht lange aufhalten.“

„Ich danke euch, ihr frommen Krieger“, sagte Nasreddins traurige Stimme aus dem Sack.

Er wußte selbst nicht, worauf er hoffte. Ich gewinne einige Minuten, dann wollen wir weitersehen, dachte er. Vielleicht geschieht etwas.

Er begann laut zu beten und lauschte gleichzeitig dem Gespräch der Wache.

„Warum sind wir nur nicht gleich auf den Gedanken gekommen, daß der neue Sterndeuter niemand anders als Hodscha Nasreddin war“, meinte bedauernd der eine Soldat. „Hätten wir es erraten und ihn gefangen, dann hätten wir die Belohnung erhalten.“

Die Gedanken der Wächter wurden von der Habgier bestimmt, die ihr ganzes Leben leitete.

Nasreddin beschloß, das auszunutzen. Vielleicht erreiche ich, dachte er, daß sie sich für kurze Zeit vom Sack entfernen. Dann versuche ich den Strick zu zerreißen, oder es kommt jemand vorbei und befreit mich.

„Beende schnell dein Gebet", rief einer der Soldaten und stieß mit dem Fuß gegen den Sack. „Hörst du? Wir haben keine Zeit mehr, auf dich zu warten!"

„Einen Augenblick, edle Krieger! Ich habe nur noch eine letzte Bitte an Allah! O gnädiger und allmächtiger Allah, ich flehe dich an, laß den Finder der zehntausend Tanga, die ich vergraben habe, tausend Tanga davon in die Moschee bringen und dem Molla geben, damit er ein Jahr lang für meine Seele bete."

Als die Soldaten von den zehntausend Tanga hörten, wurden sie still. Obwohl Nasreddin in seinem Sack nichts sehen konnte, wußte er, daß sie jetzt einander Blicke zuwarfen und sich gegenseitig anstießen.

„Tragt mich weiter", sagte er mit sanfter Stimme. „In Allahs Hände befehle ich meinen Geist."

Die Wache zögerte.

„Wir wollen uns noch etwas ausruhen", sagte der eine mit einschmeichelnder Stimme. „O Nasreddin, glaube nicht, daß wir schlecht und herzlos sind! Nur der Dienst zwingt uns, so grausam mit dir zu sein. Wenn wir mit unseren Familien ohne den Lohn, den uns der Emir zahlt, leben könnten, würden wir dich sofort freilassen."

„Was redest du da?" flüsterte der andere erschrokken. „Wenn wir ihn freilassen, läßt uns der Emir köpfen."

„Schweig", zischte der erste. „Erst müssen wir das Geld haben! Dann können wir ihn immer noch zum Teich bringen."

Das Flüstern konnte Nasreddin nicht verstehen, doch er erriet, was geflüstert wurde.

„Ich trage euch nichts nach", sagte er seufzend. „Ich selbst bin zu sündig, um andere zu verurteilen! Sollte mir Allah in jener Welt vergeben, dann verspreche ich euch, vor seinem Throne für euch Fürbitte einzulegen. Ihr sagt, daß ihr mich loslassen würdet, wenn ihr auf des Emirs Lohn verzichten könntet? Denkt über eure Worte nach! Ihr hättet euch des Emirs Willen widersetzt und somit eine schwere Sünde auf euch geladen. Nein, ich möchte nicht, daß ihr meinetwegen eure Seelen mit einer Sünde belastet! Hebt den Sack wieder auf und tragt mich zum Teich! Allahs und des Emirs Wille geschehe!"

Verwirrt schauten die Soldaten einander an und verwünschten die edle Regung, die Nasreddins Seele plötzlich in einem nach ihrer Ansicht völlig falschen Moment bewegte.

Da mischte sich der dritte Soldat in das Gespräch. Er hatte bis jetzt geschwiegen und sich eine List ausgedacht.

„Es ist schwer, einen Menschen vor sich zu haben, der erst kurz vor dem Tod seine Sünden bereut", sagte er und zwinkerte den Kameraden zu. „Ich bin kein solcher Mensch. Ich bereue schon seit langem und führe ein frommes Leben. Aber eine Frömmigkeit, die keine Allah wohlgefälligen Taten vollbringt, ist tot", fuhr der Soldat fort, während sich die anderen den Mund zuhielten, um nicht laut loszulachen, denn er war als unverbesserlicher Spieler und Wüstling bekannt. „Ich gehöre zu den Menschen, die nicht nur ein frommes Leben führen, sondern auch Allah mit guten Taten ehren. In meinem Heimatdorf baue ich eine große Moschee und verzichte oft mit meiner Familie sogar auf das Essen, um weiterbauen zu können."

Der eine Wächter hielt es nicht länger aus. Er erstickte beinah vor Lachen und entfernte sich einige Schritte.

„Jede kleinste Münze lege ich beiseite", fuhr der fromme Wachsoldat fort, „dennoch wächst die Moschee nur sehr langsam empor, und das erfüllt mein Herz mit Kummer. Vor einigen Tagen verkaufte ich meine Kuh. Aber auch wenn ich meine letzten Stiefel verkaufen müßte, ich ginge lieber barfuß, als mein Vorhaben nicht auszuführen."

Hodscha Nasreddin in seinem Sack schluchzte auf. Die Soldaten warfen sich Blicke zu. Es ging alles nach Wunsch. Sie stießen ihren schlauen Kumpan mit dem Ellbogen an, damit er sich etwas beeile.

„Wenn ich nur einen Menschen träfe, der bereit wäre, für den Bau dieser Moschee acht- bis zehntausend Tanga zu spenden!" rief er aus. „Ich würde ihm versprechen, daß fünf oder sogar zehn Jahre lang täglich Gebete für sein Seelenheil, von Weihrauch umhüllt, zum Throne Allahs emporsteigen würden."

Der erste Wächter sagte:

„O frommer Kamerad, ich besitze leider keine zehntausend Tanga, aber ich stelle dir mein ganzes erspartes Geld, fünfhundert Tanga, zur Verfügung. Verschmähe dieses bescheidene Angebot nicht! Auch ich möchte an deinem frommen Werk teilhaben!"

„Und ich", sagte der zweite stotternd, weil er

noch immer mühsam das Gelächter unterdrückte, das ihn schüttelte, „ich habe auch noch dreihundert Tanga."

„O frommer, guter Mann!" rief Nasreddin schluchzend aus. „Wie gern würde ich den Saum deines Gewandes küssen! Ich bin ein großer Sünder, aber ich bitte dich, meine Gabe nicht zurückzuweisen. Ich habe nämlich zehntausend Tanga. Nimm sie! Als ich infolge gotteslästerlichen Betrugs dem Emir nahestand, schenkte er mir oft Gold und Silber. Ich sparte das Geld und versteckte es, um es bei meiner Flucht mitzunehmen! Da ich durch das Karschitor fliehen wollte, habe ich es auf dem Karschifriedhof unter einem alten Grabstein vergraben."

„Auf dem Karschifriedhof?" riefen die Soldaten. „Das ist ja ganz in der Nähe!"

„Ja, jetzt befinden wir uns auf der nördlichen Seite des Friedhofes, und wenn man ..."

„Nein, wir sind auf der östlichen Seite. Wo liegt dein Geld?"

„Es ist im westlichen Teil des Friedhofes vergraben", sagte Nasreddin. „Aber erst mußt du mir schwören, o frommer Krieger, tatsächlich dafür zu sorgen, daß in der Moschee zehn Jahre lang für mein Seelenheil gebetet werde."

„Ich schwöre es", rief der Soldat und zitterte vor Ungeduld. „Ich schwöre es im Namen Allahs und seines Propheten Mohammed. Sag schnell, wo dein Geld vergraben ist!"

Nasreddin zögerte. Was tue ich, wenn sie mich erst zum Teich bringen und hinterher das Geld suchen? dachte er. Doch nein, das wird nicht geschehen. Erstens ist ihre Habgier und Ungeduld zu groß, zweitens werden sie fürchten, daß ihnen jemand zuvorkommen könnte, und drittens trauen sie einander nicht. Was für eine Stelle soll ich ihnen angeben, damit sie recht lange graben müssen?

Die Soldaten standen über den Sack gebeugt und warteten. Nasreddin hörte, daß sie heftig atmeten, wie nach raschem Lauf.

„Am westlichen Ende des Friedhofes gibt es drei alte Grabsteine, die ein Dreieck bilden", sagte er schließlich. „Unter jedem liegen dreitausenddreihundertdreiunddreißigeindrittel Tanga."

„... die ein Dreieck bilden", wiederholten die Wächter im Chor, wie brave Schüler ihrem Lehrer die Worte des Korans nachsprechen. „Unter jedem liegen dreitausenddreihundertdreiunddreißigeindrittel Tanga."

Sie beschlossen, daß zwei von ihnen das Geld suchen sollten, während der dritte Nasreddin bewachte. Das hätte Nasreddin mit Besorgnis erfüllt, wenn er nicht die menschliche Natur so gut gekannt hätte. Er wußte, daß der dritte den Sack nicht lange bewachen würde. So kam es auch. Der Soldat schritt unruhig vor dem Sack auf und ab, seufzte und hustete. Nasreddin erriet seine Gedanken: An dem Soldaten nagte die Sorge, daß ihm sein Anteil von dreitausenddreihundertdreiunddreißigeindrittel Tanga entgehen könnte. Nasreddin wartete geduldig.

„Wie lange sie suchen", sagte der Mann.

„Sicherlich verstecken sie das Geld an einem anderen Ort, und ihr holt es morgen gemeinsam ab", meinte Nasreddin.

Das saß. Der Soldat schnaufte vernehmlich und tat dann, als gähne er.

„Wie gern würde ich vor meinem Tod noch eine

fromme Geschichte hören", sagte Nasreddin. „Vielleicht erzählst du mir eine, guter Mann!"

„Nein", antwortete der Wächter ärgerlich, „ich weiß keine frommen Geschichten! Außerdem bin ich müde, ich werde mich hier ins Gras legen und schlafen."

Er bedachte nicht, daß Nasreddin seine Schritte besonders deutlich vernehmen konnte, da er ja mit dem Ohr am Erdboden lag. Anfangs ging er langsam, dann hörte Nasreddin, wie er in Richtung des Friedhofs davonrannte.

Jetzt war es Zeit zu handeln. Doch vergeblich rollte sich Nasreddin hin und her, es gelang ihm nicht, den Strick zu zerreißen, mit dem der Sack zugebunden war.

„O gütiges Schicksal, laß jemand vorüberkommen!" flehte er.

Und das Schicksal erfüllte seine Bitte.

Des Schicksals Bote kam nur langsam näher; er war lahm, wie Nasreddin an seinem Schritt hörte, und alt, denn er litt an Atemnot.

Der Sack lag mitten auf dem Weg. Der Mann blieb stehen, überlegte lange, betrachtete den Sack, stieß ihn mit dem Stock an und fragte schließlich mit knarrender Stimme: „Was mag das für ein Sack sein? Wo mag er herkommen?"

Zu seiner größten Freude erkannte Nasreddin die Stimme des Wucherers Dschafar.

Nun zweifelte Nasreddin nicht mehr an seiner Rettung. Wenn nur die Wache nicht zu früh zurückkam!

Er hustete leise im Sack, um den Wucherer nicht zu erschrecken.

„Da ist ja ein Mensch drin", rief Dschafar aus und sprang zurück.

„Natürlich ist da ein Mensch drin", sagte Nasreddin ruhig mit verstellter Stimme. „Was ist denn daran so erstaunlich?"

„Was daran so erstaunlich ist? Weshalb steckst du in dem Sack?"

„Das hat schon seinen Grund. Geh deines Weges und langweile mich nicht mit deinen Fragen."

Nasreddin wußte, daß der Wucherer jetzt so neugierig war, daß er nicht weggehen würde.

„Das ist ja wirklich merkwürdig! Ein Mann, der in einem zugebundenen Sack steckt", sagte Dschafar. „Hat man dich etwa mit Gewalt hineingesteckt?"

„Mit Gewalt?" Nasreddin lachte auf. „Dann hätte ich nicht sechshundert Tanga dafür bezahlt!"

„Sechshundert Tanga! Wofür hast du die bezahlt?"

„Ich werde es dir erzählen, o Wanderer, wenn du mir versprichst, hinterher wegzugehen und meine Ruhe nicht länger zu stören. Dieser Sack gehörte einem Araber aus unserer Stadt, der die Fähigkeit besitzt, Krankheiten und Schönheitsfehler zu kurieren. Er verleiht diesen Sack nicht an jeden und auch nur um schweres Geld. Ich war lahm und bucklig und hatte ein blindes Auge. Da ich heiraten wollte, führte mich der Vater meiner Braut zu diesem Araber, denn er fürchtete, daß mein Anblick seine Tochter erschrecken könnte. Der Araber lieh mir den Sack für vier Stunden, nachdem ich sechshundert Tanga dafür bezahlt hatte. Weil der Sack seine Heilkräfte nur in der Nähe eines Friedhofes ausstrahlt, kam ich nach Sonnenuntergang hierher, zum alten Karschifriedhof. Der Vater meiner Braut band den Sack zu und entfernte sich, denn die Anwesenheit eines Menschen kann alles verderben. Der Araber hatte mir gesagt: Sobald ich allein sei, würden sich drei Dschinn mit klirrenden Kupferflügeln meinem Sack nähern. Sie würden mit Menschenstimmen fragen, wo auf dem Friedhof die zehntausend Tanga vergraben seien. Darauf sollte ich mit folgender geheimer Beschwörungsformel antworten: ‚Wer einen Metallschild hat, hat auch eine Metallstirn. An der Stelle des Falken sitzt ein Uhu. O ihr Dschinn, ihr sucht dort, wo ihr nichts versteckt habt. Küßt dafür meinen Esel unter dem Schwanz!‘ Und so geschah es auch. Die Dschinn erschienen und fragten mich, wo die zehntausend Tanga vergraben seien. Als sie meine Antwort hörten, gerieten sie in unbeschreibliche Wut und schlugen mich. Ich gedachte der Worte des Arabers und schrie die ganze Zeit: ‚Wer einen Metallschild hat, hat auch eine Metallstirn. Küßt meinen Esel unter dem Schwanz!‘ Dann ergriffen die Dschinn den Sack und trugen ihn irgendwohin. Was weiter mit mir geschah, weiß ich nicht. Ich erwachte zwei Stunden später auf derselben Stelle und bin nun vollständig geheilt. Mein Buckel ist verschwunden, mein Bein ist gelenkig, und mein Auge sieht wieder. Davon habe ich mich durch ein kleines Loch überzeugt, das irgendein Kranker vor mir in diesen Sack gebohrt hat. Und nun sitze ich hier meine Zeit ab. Das Geld für die vier Stunden habe ich sowieso bezahlt, warum sollte ich vorher herauskriechen! Leider habe ich einen Fehler gemacht. Ich hätte mich vorher mit jemand verabreden müssen, der dieselben Schönheitsfehler hat. Wir hätten uns die Ausgaben geteilt, und jeder hätte zwei Stunden in dem Sack verbracht. Dann hätte die Heilung jeden nur dreihundert Tanga gekostet. Aber was geschehen ist, ist geschehen! Lieber opfere ich das Geld und bin geheilt. Nun weißt du alles, o Wanderer. Halte dein Versprechen und geh deiner Wege. Ich bin durch die Heilung etwas geschwächt, und es fällt mir schwer, zu sprechen. Du bist schon der zehnte, der mich ausfragt, und ich bin es müde, immer wieder dasselbe zu erzählen."

Der Wucherer hatte gespannt zugehört. Nur manchmal stieß er erstaunte Rufe aus.

„Höre, was ich dir sage, o Mann im Sack", sagte er.

„Diese Begegnung könnte für uns beide nützlich sein. Du bedauerst, daß du dich nicht vorher mit einem Menschen verabredet hast, der dieselben Schönheitsfehler hat, um mit ihm zusammen den Sack zu benutzen. Nun, dazu ist es noch nicht zu spät, denn ich bin der Mann, den du suchst. Ich bin bucklig und hinke, und ein Auge von mir hat den Star. Ich bezahle dir gern dreihundert Tanga, wenn ich die restlichen zwei Stunden im Sack verbringen kann."

„Du willst dich wohl über mich lustig machen", sagte Nasreddin. „So einen Zufall gibt es ja gar nicht! Sprichst du jedoch die Wahrheit, so danke Allah für den glücklichen Zufall! Ich bin einverstanden, doch ich möchte die dreihundert Tanga im voraus bezahlt haben. Ich mußte meine sechshundert Tanga auch vor der Heilung entrichten. Aufs Stunden lasse ich mich nicht ein!"

„Ich zahle sofort", sagte der Wucherer und band den Sack auf. „Laß uns keine Zeit verlieren, denn die Minuten verrinnen, und die gehören jetzt schon mir."

Nasreddin kletterte aus dem Sack und hielt sich den Ärmel vors Gesicht. Doch der Wucherer nahm sich gar nicht die Zeit, ihn näher zu betrachten. Er zählte hastig das Geld ab, um keine Minute zu verlieren.

Unter Ächzen und Stöhnen kletterte er in den Sack und duckte sich zusammen.

Nasreddin band den Sack fest zu und versteckte sich in der Nähe hinter einem Baum.

Es war höchste Zeit. Vom Friedhof erklang das laute Schelten der Wache. Erst krochen ihre langen Schatten aus dem Friedhofstor auf die Straße, dann erschienen sie selbst. Das helle Mondlicht spiegelte sich in ihren Metallschilden.

Zehntes Kapitel

„Du Strolch“, brüllten die Wächter und stießen mit den Füßen nach dem Sack, wobei ihre Schilde und Waffen klirrten, so daß man tatsächlich vermeinen konnte, es wären Dschinn mit Metallflügeln, „wir haben den ganzen Friedhof umgegraben und nichts gefunden! Sage uns, du Sohn der Sünde, wo die zehntausend Tanga sind!“

Der Wucherer hatte sich die Zauberformel gut gemerkt.

„Wer einen Metallschild hat, hat auch eine Metallstirn“, antwortete er aus seinem Sack. „An der Stelle des Falken sitzt ein Uhu. O ihr Dschinn, ihr sucht dort, wo ihr nichts versteckt habt. Küßt dafür meinen Esel unter dem Schwanz.“

Als die Soldaten diese Worte hörten, gerieten sie in unbeschreibliche Wut.

„Du hast uns betrogen, du stinkender Hund! Und jetzt nennst du uns auch noch Dummköpfe!* Schaut nur, schaut, der ganze Sack ist staubig! Er hat wohl inzwischen versucht, sich zu befreien, hat

* Das arabische Wort „Dschinn“ heißt so viel wie „böse Geister“. Im Usbekischen gibt es das Wort „dschinny“, das „vom bösen Geist besessen“ bedeutet. Es wird aber auch im Sinne von wütend, rasend, verrückt, schwachsinnig sowie im Sinne von „Dummkopf“ gebraucht.

sich hin und her gerollt. Unterdessen haben wir uns auf dem Friedhof die Hände blutig gerieben an den harten Erdschollen. Du wirst deinen Betrug teuer bezahlen, du Ausgeburt der Hölle!"

Sie schlugen auf den Sack ein und trampelten schließlich sogar mit ihren eisenbeschlagenen Schuhen auf ihm herum. Der Wucherer dachte an Nasreddins Anweisungen und schrie ununterbrochen: „Wer einen Metallschild hat, hat auch eine Metallstirn." Diese Worte brachten die Soldaten zur Raserei. Sie bedauerten, daß sie den Verbrecher nicht selbst richten durften, ergriffen den Sack und schleppten ihn zum Teich.

Hodscha Nasreddin verließ sein Versteck, wusch sein Gesicht in einem Bach, warf den Rock ab und bot dem kühlen Nachtwind die breite Brust. Wie froh und frei fühlte er sich, da der dunkle Schatten des Todes nicht mehr über ihm lag! Er suchte sich ein stilles Plätzchen, breitete seinen Rock auf der Erde aus und legte sich nieder, einen Stein unter dem Kopf. Der Transport in dem engen, geschlossenen Sack hatte ihn ermüdet, und er wollte sich ein wenig ausruhen. In den dichten Baumwipfeln rauschte der Wind, hoch droben im Himmelsozean schwammen Myriaden goldener Sterne, der Bach murmelte verträumt. All das war Nasreddin jetzt noch viel lieber und teurer als früher. Ja, die Welt ist zu schön, dachte er. Nie würde ich mich bereit erklären zu sterben, und wenn man mir das Paradies verspräche. Da kann man ja vor Langeweile umkommen, wenn man stets unter ein und demselben Baum sitzen und immer nur von ein und denselben Huris umgeben sein soll.

So dachte er, während er unter dem sternbesäten

Himmel auf der warmen Erde lag und dem sonder Rast und Ruh pulsenden Leben lauschte. Stürmisch klopfte das Herz in seiner Brust. Auf dem Friedhof schrie ein verschlafenes Käuzchen, im Gebüsch raschelte es, sicherlich kroch da ein Igel. Das welkende Gras strömte einen würzigen Duft aus, und die Nacht war erfüllt von einem geheimnisvollen Knistern und Wispern. Die weite Welt lebte und atmete, sie erwies allen die gleiche Gastfreundschaft und bot allen gleichermaßen Raum, dem Vogel, der Ameise und dem Menschen, und verlangte dafür von ihnen nur das eine, daß sie ihr Vertrauen nicht zum Bösen mißbrauchten. Jeder Hausherr wirft mit Schande einen Gast hinaus, der an der Festtafel die allgemeine Fröhlichkeit dazu benutzt, den anderen Gästen die Taschen leer zu stehlen. Ebenso wurde jetzt der Wucherer aus der Welt hinausgeworfen, der ja auch wie ein Dieb war.

Nasreddin empfand nicht das geringste Mitleid mit ihm. Wie kann man auch einen Menschen bedauern, der mit seinem Verschwinden Tausenden und aber Tausenden von Menschen das Leben erleichtert! Nasreddin bedauerte nur, daß der Wucherer nicht der einzige und letzte Bösewicht auf Erden war. Oh, wenn man sie alle auf einmal in einen Sack stecken und im heiligen Teich des Scheichs Achmed ertränken könnte, die Emire und Würdenträger, die Mollas und Wucherer, damit sie mit ihrem giftigen Atem nicht mehr die zarten Frühlingsblumen zum Verdorren bringen, damit sie mit ihrem Geldgeklimper, ihren verlogenen Predigten und dem Rasseln ihrer Säbel nicht mehr das Zwitschern der Vögel übertönen, damit sie die Menschen nicht mehr daran hindern, sich an der Schönheit der Welt zu erfreuen und ihre vornehmste Aufgabe auf Erden zu erfüllen: immer und überall glücklich zu sein!

Unterdessen beschleunigte die Wache ihre Schritte, um die verlorene Zeit wieder einzuholen, und rannte schließlich mit ihrer schweren Last drauflos. Der Wucherer, der im Sack hin und her geschleudert wurde, sah dem Ende dieser merkwürdigen Reise mit Ruhe entgegen. Er hörte das Waffenklirren, die Schritte der Wache auf der Straße und wunderte sich, daß die mächtigen Dschinn nicht durch die Luft flogen, sondern mit ausgebreiteten Kupferflügeln über die Erde liefen wie junge Hähne, die hinter Hühnern herjagen. Dann ertönte von Ferne ein unbestimmtes Brausen, das an das Tosen eines Bergflusses erinnerte. Dschafar dachte zuerst, daß die Dschinn ihn in die Berge trugen, vielleicht gar auf den Geistergipfel Khan Tengri. Doch bald unterschied er einzelne Stimmen und begriff, daß er in irgendeine nächtliche Versammlung geraten war, an der, dem Lärm nach zu urteilen, Tausende von Menschen teilnahmen. Konnte es ein Basar sein? Aber seit wann begann der Basar von Buchara in der Nacht? Plötzlich fühlte er, wie sich der Sack hob. Die Dschinn hatten also doch beschlossen, sich in die Lüfte zu erheben. Woher sollte Dschafar auch wissen, daß die Wache die Brücke hinaufstieg? Als die Soldaten oben waren, warfen sie den Sack hin, so daß die Bretter erzitterten und dumpf dröhnten. Der Wucherer ächzte in seinem Sack.

„O ihr Dschinn", konnte er sich nicht enthalten auszurufen, „wenn ihr den Sack so werft, werdet ihr mich noch mehr entstellen, statt mich zu heilen."

 Als Antwort erhielt er einen Fußtritt.

„Du wirst sogleich geheilt werden, im Teich des heiligen Achmed, du Sohn der Sünde!“

Diese Worte versetzten den Wucherer in Erstaunen. Was hatte seine Heilung mit dem Teich des heiligen Achmed zu tun? Sein Erstaunen verwandelte sich in Verblüffung, als er über dem Sack die Stimme seines alten Freundes (Dschafar hätte schwören können, daß sie es war), des ehrwürdigen Arslanbek, vernahm. Seine Gedanken verwirrten sich. Wo kam Arslanbek so plötzlich her? Weshalb beschimpfte er die Dschinn, weil sie sich so lange aufgehalten hatten, und weshalb antworteten die Dschinn so ängstlich und mit zitternder Stimme? Es konnte doch wohl nicht sein, daß Arslanbek gar noch über die Geister der Finsternis gebot? Und was sollte er nun tun, schweigen oder ihn anrufen? Da der Wucherer für diesen Fall keine Anweisungen erhalten hatte, beschloß er zu schweigen.

Inzwischen schwoll das dumpfe Tosen der Volksmenge immer mehr an, und immer öfter und dringlicher wurde ein bestimmtes Wort wiederholt. Es schien, daß alles ringsum – Himmel und Erde und Wind – nur von diesem einen Wort erfüllt war. Es brauste dahin, immer lauter, und hallte in der Ferne wider. Der Wucherer lauschte und verstand schließlich das Wort, das Tausende von Kehlen riefen: „Hodscha Nasreddin, Hodscha Nasreddin!“

Plötzlich trat Totenstille ein, und in dieser Stille vernahm der Wucherer das Zischen von brennenden Fackeln, das Rauschen des Windes und Wassergeplätscher. Ihm war, als kröchen ihm Ameisen den buckligen Rücken hinab. Schwarzes Entsetzen packte ihn und benahm ihm den Atem.

Eine neue Stimme erklang, und der Wucherer hätte schwören können, daß es die Stimme des Großwesirs Bachtjar war.

„Im Namen Allahs, des Gnädigen und Allmächtigen, verurteilt der große, sonnengleiche Emir von Buchara, der die Weisesten aller Zeiten in den Schatten stellt, den Ketzer, Verbrecher und Unruhestifter Hodscha Nasreddin zum Tode durch Ertränken."

Irgendwelche Hände ergriffen den Sack und hoben ihn hoch. Da begriff der Wucherer, daß er in eine tödliche Falle geraten war.

„Haltet ein, haltet ein!" schrie er. „Was tut ihr? Haltet ein, ich bin nicht Hodscha Nasreddin, ich bin der Wucherer Dschafar! Laßt mich los, ich bin Dschafar, ich bin nicht Hodscha Nasreddin! Wohin schleppt ihr mich, ich sage euch doch, daß ich der Wucherer Dschafar bin."

Schweigend lauschten der Emir und sein Gefolge diesen Schreien. Hussein Guslija, der Weise aus Bagdad, der neben dem Emir saß, schüttelte bedauernd den Kopf und meinte:

„Welch ein Abgrund von Schamlosigkeit steckt doch in diesem Verbrecher! Erst hat er sich für Hussein Guslija ausgegeben, und nun versucht er uns abermals zu betrügen und will uns weismachen, er sei Dschafar."

„Und er bildet sich ein, daß es hier Dummköpfe gibt, die ihm Glauben schenken", fügte Arslanbek hinzu. „Hört nur, wie geschickt er Dschafars Stimme nachahmt."

„Laßt mich los! Ich bin nicht Hodscha Nasreddin, ich bin Dschafar", schrie der Wucherer, und seine Stimme überschlug sich, während die Wächter am Rande der Brücke den Sack gleichmäßig hin- und herschwangen und sich anschickten, ihn in das dunkle Wasser zu werfen. „Wie oft soll ich es noch sagen, daß ich nicht Hodscha Nasreddin bin!"

In diesem Augenblick gab Arslanbek ein Zeichen, der Sack überschlug sich schwerfällig in der Luft und stürzte in die Tiefe. Laut klatschend fiel er in den Teich. Das Wasser schäumte auf, die hochgewirbelten Spritzer erglühten im Fackelschein, und dann schlossen sich die kühlen Fluten und nahmen den sündigen Körper und die sündige Seele Dschafars auf.

Ein schwerer Seufzer ging durch die Menge. Sekundenlang herrschte eine furchtbare Stille, dann erklang plötzlich ein wilder, durchdringender Schrei voll unaussprechlicher Qual.

In den Armen ihres alten Vaters stöhnte und schrie die schöne Güldschan.

Der Teehausbesitzer Ali wandte sich ab und griff sich an den Kopf. Der Schmied Jussup zitterte am ganzen Körper.

Elftes Kapitel

Nach der Hinrichtung begab sich der Emir mit seinem Gefolge wieder in den Palast.

Arslanbek, der befürchtete, daß man Nasreddin aus dem Wasser ziehen könne, ehe er tot sei, befahl, um den Teich herum Wachen aufzustellen und niemand heranzulassen. Die Wachen drängten die Menge zurück, die wie eine drohende dunkle Mauer hinter dem Kordon stand. Arslanbek versuchte die Menge auseinanderzujagen, doch die Menschen gingen nur von einer Stelle zur anderen oder versteckten sich in der Dunkelheit, um gleich wieder an ihren alten Platz zurückzukehren.

Im Palast ging es hoch her. Der Emir feierte den Sieg über seinen Feind. Überall schimmerte es von Gold und Silber, Kessel und Bratpfannen dampften, Schellen und Trommeln erklangen, Trompeten schmetterten, und es brannten so viel Kerzen und Lampen, daß der Himmel über dem Serail wie von einer Feuersbrunst gerötet war.

Die Stadt hingegen schwieg. In tiefe Trauer gehüllt, lag sie in der Finsternis der Nacht.

Der Emir verteilte freigebig Geschenke, und manch einer aus dem Gefolge brachte bei dieser Gelegenheit sein Schäfchen ins trockene. Die Dichter waren schon heiser von den pausenlosen

Lobgesängen auf den Emir, und der Rücken begann ihnen heftig, aber angenehm zu schmerzen, so oft hatten sie sich nach den Gold- und Silbermünzen bücken müssen, die ihnen der Emir zuwarf.

„Ruft den Schreiber!“ gebot der Emir. Sofort kam der Schreiber angelaufen, und seine Rohrfeder kratzte heftig über das Papier.

„Wir – der Große und die Sonne überstrahlende Fürst, Herrscher, Gesetzgeber und Emir von Buchara, senden dem Großen und die Sonne überstrahlenden Fürsten, Herrscher, Gesetzgeber und Chan von Chiwa die Rosen Unseres Grußes und die Lilien Unseres Wohlwollens und teilen Euch, Unserem fürstlichen Bruder, eine Nachricht mit, die Euer Herz mit dem Feuer der Begeisterung erfüllen wird: Heute, am siebzehnten Tag des Monats Safar, haben Wir, der Große Emir von Buchara, den in aller Welt für seine ungebührlichen und gotteslästerlichen Taten bekannten Verbrecher Hodscha Nasreddin, den Allah verfluchen möge, zum Tode durch Ertränken im Sack verurteilt, welches Urteil in Unserer Gegenwart, vor Unseren Augen in aller Öffentlichkeit vollstreckt wurde, wasmaßen Wir mit Unserem Höchsteigenen fürstlichen Wort vor Euch bezeugen, daß der genannte Bösewicht, Unruhestifter und Glaubensschänder nicht mehr lebt und Euch, unseren geliebten Bruder, nicht mehr mit seinen gemeinen, gotteslästerlichen Streichen belästigen wird ...“

Ähnliche Briefe schrieb der Emir dem Kalifen von Bagdad, dem türkischen Sultan, dem Schah von Persien, den Khan von Kokand, dem Emir von Afghanistan und vielen anderen Herrschern der angrenzenden und nichtangrenzenden Länder.

Der Großwesir Bachtjar rollte die Briefe zusammen, versiegelte sie und übergab sie Boten, die den Befehl erhielten, unverzüglich aufzubrechen. Und noch in der gleichen nächtlichen Stunde öffneten sich mit kreischenden Angeln alle elf Tore von Buchara, und mit funkensprühendem Hufschlag jagten die Pferde davon, die die Boten nach Chiwa, Teheran, Istanbul, Bagdad, Kabul und vielen anderen Städten trugen.

Erst spät in der Nacht, vier Stunden nach der Hinrichtung erteilte Arslanbek den Wachen den Befehl, sich vom Teich zurückzuziehen.

„Und wenn er der Scheitan selber war, jetzt muß er tot sein, nachdem er vier Stunden im Wasser gelegen hat", sagte Arslanbek. „Fischt ihn nicht heraus. Mit dieser verfluchten Leiche mag sich abgeben, wer will!"

Nachdem der letzte Wächter in der Dunkelheit verschwunden war, stürzte die Menschenmenge erregt ans Ufer. Fackeln, die schon zuvor im Gebüsch versteckt worden waren, wurden angezündet. Laut beweinten die Frauen Hodscha Nasreddin.

„Er soll bestattet werden, wie es einem guten Mohammedaner zukommt", sagte der alte Nijas.

Neben ihrem Vater, auf seine Schulter gestützt, stand schweigend und wie versteinert die schöne Güldschan.

Der Teehausbesitzer Ali und Jussup, der Schmied, stiegen mit Bootshaken ins Wasser. Lange mußten sie suchen. Schließlich fanden sie den Sack und zogen ihn ans Ufer. Als der naßglänzende, von Wasserpflanzen umrankte Sack auftauchte, weinten die Frauen noch lauter und übertönten mit ihren Klagen die fröhlichen Klänge, die aus dem Palast bis hierher drangen.

Viele Hände griffen nach dem Sack.

„Tragt ihn hinter mir her", sagte Jussup und beleuchtete den Weg mit seiner Fackel.

Unter einem Baum mit weitausladender Krone wurde der Sack ins Gras gelegt. Schweigend wartete die Menschenmenge.

Jussup holte ein Messer hervor und schnitt den Sack vorsichtig der Länge nach auf, dann neigte er sich über den Toten und prallte plötzlich zurück; starr, mit weitaufgerissenen Augen stand er da und versuchte etwas zu sagen, doch kein Wort kam von seinen Lippen.

Ali stürzte zum Schmied, um ihm zu helfen; aber auch er erstarrte. Dann fiel er mit einem Schrei auf den Rücken, den dicken Bauch gen Himmel gekehrt.

„Was ist denn?" rief es erregt aus der Menge. „Laßt uns näher heran, zeigt uns den Toten."

Schluchzend fiel Güldschan auf die Knie und beugte sich über den leblosen Körper. Jemand hielt ihr eine Fackel hin. Entsetzt und erstaunt prallte sie zurück.

Nun drängten alle mit ihren Fackeln vor, das Ufer war jetzt hell erleuchtet, und ein gewaltiger Schrei zerriß die Stille der Nacht:

„Dschafar!"

„Das ist doch der Wucherer Dschafar!"

„Das ist nicht Hodscha Nasreddin, das ist Dschafar."

Eine große Verwirrung entstand, dann brüllten die Leute laut auf vor Freude, kletterten einander auf die Schultern, stießen einander zur Seite und drängten sich vor, denn jeder wollte die Leiche sehen. Güldschan war so außer sich, daß Nijas für ihren Verstand fürchtete und sie beiseite führte.

Sie lachte und weinte, glaubte und zweifelte und strebte wieder zur Leiche zurück, um sich noch einmal zu überzeugen, daß es nicht Hodscha Nasreddin war.

„Dschafar, Dschafar", klang es jubelnd, und dieses Triumphgeschrei übertönte den frohen Lärm, der aus dem Palast drang. „Das ist der Wucherer Dschafar, das ist er! Und hier ist seine Tasche mit den Schuldscheinen!"

Es verging einige Zeit, bis plötzlich jemand zur Besinnung kam und fragte: „Wo ist denn nun eigentlich Hodscha Nasreddin?"

Und die ganze Volksmenge wiederholte, so daß es brausend über den stillen Teich schallte: „Wo ist unser Hodscha Nasreddin?"

„Hier bin ich", klang die bekannte ruhige Stimme, und als sie sich umwandten, erblickten sie verblüfft den lebendigen Nasreddin, von keiner Wache begleitet. Gähnend und sich reckend kam er heran. Er war am Friedhof eingeschlafen und kam deshalb zu spät zum Teich.

„Hier bin ich", wiederholte er. „Wer mich braucht, trete näher. Was macht ihr zu so später Stunde hier am Teich, ihr ehrwürdigen Einwohner von Buchara? Weshalb seid ihr hier?"

„Weshalb?" antworteten ihm Hunderte von Stimmen. „Wir haben uns versammelt, um von dir Abschied zu nehmen, dich zu beweinen und würdig zu bestatten."

„Mich?" fragte er. „Beweinen? O edle Einwohner von Buchara, da kennt ihr aber Hodscha Nasreddin schlecht, wenn ihr denkt, daß er die Absicht hatte, zu sterben. Ich habe mich in der Nähe des Friedhofes ein Weilchen ausgeruht, und da glaubt ihr schon, ich sei gestorben."

Weiter kam er nicht, denn der dicke Ali fiel ihm jubelnd um den Hals, ihm folgte der Schmied Jussup. Nasreddin erstickte beinah in ihrer stürmischen Umarmung. Nijas kam angetrippelt, doch er wurde sofort zurückgedrängt. Nasreddin stand inmitten einer großen Menschenmenge, und jeder wollte ihn umarmen. Einer nach dem anderen drückte ihn an die Brust, aber er strebte dorthin, wo er Güldschans ärgerliche und ungeduldige Stimme vernahm; sie bemühte sich vergeblich, zu ihm zu gelangen. Als sie sich schließlich zueinander durchgedrängt hatten, fiel ihm Güldschan, vor Freude schluchzend, um den Hals. Nasreddin schlug ihr den Schleier zurück und küßte sie vor aller Augen, und niemand, nicht einmal die strengsten Sittenrichter, nahm Anstoß daran.

Nasreddin hob, um Ruhe und Aufmerksamkeit bittend, die Hand.

„Ihr wolltet mich beweinen, ihr Einwohner von Buchara? Wißt ihr denn nicht, daß ich unsterblich bin?

Seht, ich bin Nasreddin, beug mich niemals
den Herrn,
und den Tod, glaubt es mir, halt ich ewig mir fern!“

Die hellen Flammen der zischenden Fackeln tauchten Nasreddin in leuchtendes Rot. Die Menge stimmte in sein Lied ein, das jauchzend und triumphierend über dem nächtlichen Buchara gen Himmel stieg:

„Arm und barfuß, doch froh ich stets vagabundier,
und ich leb, und ich sing, und die Sonne lacht mir.“

So groß war nicht einmal der Jubel im Palast.

„Erzähle“, rief jemand, „erzähle, wie du den Wucherer Dschafar überlistet hast, daß er statt deiner ertränkt wurde.“

„Ja“, sagte Nasreddin. „Jussup, erinnerst du dich an meinen Schwur?“

„Ich erinnere mich“, antwortete Jussup, „du hast ihn gehalten.“

„Wo ist Dschafar?“ fragte Nasreddin. „Wo ist der Wucherer? Habt ihr ihm seinen Beutel abgenommen?“

„Nein, wir haben ihn nicht angerührt.“

„Aber, aber“, sagte Nasreddin vorwurfsvoll, „begreift ihr denn nicht, ihr edlen, aber ein wenig beschränkten Einwohner von Buchara, daß die Verwandten des Wucherers, wenn sie den Beutel finden, euch zwingen werden, eure Schulden bis auf den letzten Tanga zu bezahlen? Gebt mir den Beutel!“

Schreiend und drängend stürzte ein Dutzend Leute davon, um Nasreddins Befehl auszuführen. Gleich darauf kehrten sie mit dem nassen Beutel zurück und reichten ihn Nasreddin.

Er zog auf gut Glück einen Schuldschein heraus.

„Sattler Mamed!“ rief er. „Ist der Sattler Mamed da?“

„Hier!“ antwortete eine hohe, ächzende Stimme, und ein kleiner Greis in einem bunten, zerfetzten Rock, mit einem schütteren Bart, der nur aus drei Haaren zu bestehen schien, trat vor.

„Laut diesem Schuldschein mußt du morgen fünfhundert Tanga bezahlen, aber ich, Hodscha Nasreddin, befreie dich von deiner Schuld. Verwende das Geld für dich und kaufe dir einen neuen Rock. Dieser hier sieht schon aus wie ein reifendes Baumwollfeld, aus allen Nähten quillt die Watte."

Und er zerriß den Schuldschein in kleine Fetzen.

So verfuhr Nasreddin mit sämtlichen Schuldverschreibungen.

Als der letzte Schuldschein zerrissen war, warf Nasreddin mit weitem Schwung den Beutel ins Wasser.

„Für immer und ewig soll dieser Beutel auf dem Grunde des Teiches ruhen", rief er aus, „und niemand soll ihn mehr an seinen Gürtel hängen! Ehrwürdige Einwohner von Buchara, es gibt keine größere Schmach für einen Menschen, als einen solchen Beutel mit Schuldscheinen zu tragen. Sollte einmal einer von euch reich werden, wozu übrigens wenig Aussicht besteht, solange der sonnengleiche Emir und seine Wesire über euch herrschen, sollte es aber doch eines Tages der Fall sein, dann darf er niemals einen Beutel mit Schuldscheinen besitzen. Damit würde er sich und seine Nachkommen bis ins vierzehnte Glied mit Schande bedecken. Auch darf er nicht vergessen, daß ein Hodscha Nasreddin lebt, der in diesen Dingen keinen Spaß versteht. Ihr alle habt gesehen, wie er den Wucherer Dschafar strafte! Doch nun muß ich mich von euch verabschieden, ihr Einwohner von Buchara. Ich trete eine lange Reise an. Lebt alle wohl! Güldschan, kommst du mit?"

„Ich folge dir, wohin du gehst", antwortete sie.

Die Einwohner von Buchara überschütteten Nasreddin zum Abschied mit Geschenken. Die Besitzer der Karawansereien brachten einen prächtigen weißen Esel für die Braut. Kein schwarzes Fleckchen war an seinem glänzenden Fell, und er hob stolz den Kopf und war sich seiner Überlegenheit voll bewußt, als er neben Nasreddins grauem Esel stand, dem treuen Gefährten seiner Wanderungen.

Doch der graue Esel ließ sich nicht im geringsten einschüchtern. Er kaute ruhig den saftigen Klee und stieß sogar hin und wieder mit dem Maul den weißen Esel zurück, um ihm zu zeigen, daß jener, trotz seiner äußeren Überlegenheit und seiner reineren Rasse, noch lange nicht den Vorrang besaß, den er, der graue Esel, auf Grund seiner treuen Dienste beanspruchen konnte.

Die Schmiede schleppten eine tragbare Schmiedeesse herbei und beschlugen die beiden Esel mit neuen Hufeisen. Die Sattler überreichten zwei reichverzierte Sättel, einen mit Samt für Nasreddin und einen silberverzierten für Güldschan. Die Teehausbesitzer brachten zwei Teekannen und zwei wertvolle chinesische Tassen. Die Waffenschmiede schenkten einen herrlichen Säbel aus feinstem Damaszener Stahl, mit dem sich Nasreddin unterwegs der Straßenräuber erwehren konnte. Die Teppichweber brachten Pferdedecken, die Fallenmacher eine Schlangenfalle, die, im Kreis um einen Schlafenden ausgelegt, vor giftigen Schlangen schützt: die Schlange stößt auf harte Borsten und kann nicht über sie hinwegkriechen.

Auch die Weber, Schneider, Schuster und Kupferschmiede, kurzum, ganz Buchara, mit Ausnahme der Mollas, der Würdenträger und der reichen Leute, überreichte Nasreddin Abschiedsgeschenke.

Nur die Töpfer standen traurig abseits. Sie hatten nichts, was sie Nasreddin schenken konnten. Was sollte er unterwegs mit einem irdenen Krug, wenn er schon eine Kanne aus getriebenem Kupfer von den Kupferschmieden erhalten hatte?

Plötzlich erhob der älteste Töpfer, der schon über hundert Jahre zählte, seine Stimme.

„Wer will behaupten, daß wir Töpfer Nasreddin nichts geschenkt hätten? Stammt nicht seine Braut, dieses herrliche schöne Mädchen, aus dem ruhmreichen Töpferstand?"

Die Töpfer schrien und lärmten und waren von den Worten des Alten begeistert. Dann legten sie Güldschan ans Herz, sie möge Nasreddin eine treue Lebensgefährtin sein und der Töpferinnung keine Schande bereiten.

„Es wird allmählich hell", sagte Nasreddin, „bald werden die Tore geöffnet. Wir müssen die Stadt unauffällig verlassen. Wenn ihr alle mitkommt, dann wird die Wache glauben, die gesamte Einwohnerschaft von Buchara wolle die Stadt räumen und sich andernorts ansiedeln, und sie wird die Tore wieder schließen und niemand hinauslassen. Geht deshalb ruhig nach Hause, ihr Einwohner von Buchara! Möge euer Schlaf friedlich sein, mögen Not und Unglück nie ihre schwarzen Flügel über euch breiten, möge der Erfolg alle eure Schritte begleiten. Lebt wohl! Wann wir uns wiedersehen? Das weiß ich selber noch nicht."

Im Osten glühte schon ein schmaler heller Streifen auf. Leichter Nebel erhob sich über dem Teich. Die Menschen löschten ihre Fackeln, gingen auseinander und riefen Nasreddin zu:

„Gute Reise, Hodscha Nasreddin! Vergiß deine Heimatstadt Buchara nicht."

Besonders rührend war der Abschied von dem Schmied Jussup und dem Teehausbesitzer Ali. Der dicke Ali konnte die Tränen nicht mehr zurückhalten, die in reichlichem Flusse seine dicken roten Wangen netzten.

Nasreddin blieb in Nijas' Haus, bis die Tore geöffnet wurden. Als der erste Muezzin seine traurige Stimme über der Stadt erschallen ließ, machten sich Nasreddin und Güldschan auf den Weg. Der alte Nijas begleitete sie bis zur nächsten Ecke, weiter erlaubte es Nasreddin nicht. Er blieb zurück und schaute ihnen mit feuchten Augen nach, bis sie hinter einer Straßenbiegung verschwunden waren. Ein leichter Morgenwind eilte herbei und löschte die Spuren im Straßenstaub.

Nijas lief zurück nach Hause und stieg aufs Dach, von dem aus er weit über die Stadtmauer hinwegsehen konnte. Er strengte seine alten Augen an, wischte die ungebetenen Tränen fort und schaute lange auf den grauen Weg, der hinaus in die Ferne führte und sich in den sonnendurchglühten Bergen verlor. Lange mußte er warten, und schon beschlich Sorge sein Herz, ob Nasreddin und Güldschan nicht noch der Wache in die Hände gefallen waren, als er plötzlich zwei Flecke erspähte, einen weißen und einen grauen. Sie entfernten sich immer mehr, wurden kleiner und kleiner, bis der graue Fleck schließlich mit dem Grau der Hügel verschmolz und nicht mehr zu unterscheiden war. Der weiße Fleck war noch lange zu sehen, er tauchte zwischen den Hügeln unter und erschien wieder, doch dann verschwand auch er, versank in dem aufsteigenden Höhendunst ... Der Tag brach an, es wurde heiß. Aber der Alte saß noch immer auf dem Dach, achtete der Hitze nicht und gab sich seinen traurigen Gedanken hin. Im Hals würgte es ihn, sein grauer Kopf zitterte. Er haderte nicht mit Nasreddin noch mit seiner Tochter, er wünschte ihnen ein dauerndes Glück, doch der Gedanke an das leere Haus, an sein einsames Alter, das nun kein Lied, kein fröhliches Lachen verschönen würde, erfüllte ihn mit Bitternis. Der heiße Wind wirbelte Staubwolken auf, raschelte im Weinlaub und stieß die Töpfe aneinander, die auf dem Dach in der Sonne trockneten; kläglich klirrten sie, als bedauerten auch sie des Hauses Leere.

Nijas hörte Schritte und wandte sich um.

Drei Brüder, prächtige junge Burschen, alle drei Töpfer, kamen die Treppe zum Dach heraufgestiegen. Sie näherten sich dem Alten und verneigten sich tief und voller Ehrfurcht vor ihm.

„O ehrwürdiger Nijas", sagte der älteste der Brüder, „deine Tochter hat dich verlassen, um Hodscha Nasreddin zu folgen. Du darfst aber nicht klagen und darfst sie nicht schelten, denn so ist das ewige Gesetz der Welt, daß die Häsin nicht ohne Hasen, die Hindin nicht ohne Hirsch, die Kuh nicht ohne Stier und die Ente nicht ohne Erpel sein kann. Wie vermag ein Mädchen ohne treuen Freund zu leben? Allah hat ja alles Lebendige in Paare geteilt. Doch damit dein Alter nicht gar zu einsam werde, o ehrwürdiger Nijas, wollten wir dir folgendes sagen: Derjenige, der ein Verwandter Hodscha Nasreddins geworden ist, ist mit ganz Buchara verwandt. Also bist du von heute an unser Verwandter. Du weißt, daß wir im vorigen Herbst unseren geliebten Vater und deinen Freund, den ehrwürdigen Usman Ali, verloren haben, und seitdem ist der Platz am Herd, der dem Familienältesten gebührt, leer, und wir sind des Glückes beraubt, täglich voller Ehrfurcht auf den weißen Bart zu blicken, ohne den, ebenso wie ohne Kindergeschrei, ein Haus leer ist. Glücklich ist der Mensch nur dann, wenn er die um sich sieht, denen er das Leben verdankt, wie diejenigen, denen er das Leben geschenkt hat. Wir bitten deshalb dich, ehrwürdiger Nijas, in unser Haus zu ziehen und den Platz einzunehmen, der dem Ältesten gebührt, und uns dreien Vater, unseren Kindern aber Großvater zu sein."

Die Brüder baten so herzlich, daß Nijas ihre Bitten nicht abschlagen konnte. Er siedelte in ihr Haus über und wurde mit großer Ehrfurcht aufgenommen; für sein reines, ehrliches Leben empfing er im Alter den höchsten Lohn, der einem Mohammedaner zuteil werden kann: Er wurde Großvater, das Haupt einer großen Familie mit vierzehn Enkeln, und er konnte sich stets am Anblick mit Weintrauben und Maulbeeren beschmierter rosiger Bäckchen erfreuen. Stille beängstigte ihn nie. Manches Mal wurde ihm der Lärm sogar zuviel, da er ihn so wenig gewohnt war. Dann zog er sich in sein altes Haus zurück und gedachte traurig derjenigen, die ihm an nächsten standen, von denen er aber nicht wußte, wo sie jetzt weilten. An Basartagen ging er auf den Basar und fragte die Karawanenführer, die aus allen Teilen der Erde nach Buchara kamen, ob sie nicht zwei Wanderern begegnet seien, einem Mann auf einem grauen und einer Frau auf einem weißen Esel, dessen Fell keinen einzigen schwarzen Fleck aufwies. Die Karawanenführer runzelten die sonnverbrannten Stirnen, überlegten und schüttelten den Kopf. Nein, solchen Menschen waren sie nicht begegnet.

Hodscha Nasreddin war wie stets spurlos verschwunden, um plötzlich da aufzutauchen, wo man ihn am wenigsten erwartete.

Das letzte Kapitel

welches der Anfang eines neuen Buches sein könnte

„Sieben Reisen habe ich gemacht, und an jeder hängt eine wundersame Geschichte, die den Verstand verwirren kann."
(Sindbad der Seefahrer.
Fünfhundertachtunddreißigste Nacht der Schehrezâd.)

Und er tauchte da auf, wo man ihn am wenigsten erwartete: in Istanbul.

Das war am dritten Tage, nachdem der Sultan den Brief von Emir von Buchara erhalten hatte. Hunderte von Ausrufern zogen durch Dörfer und Städte des türkischen Reiches und verkündeten überall den Tod Hodscha Nasreddins. Die erfreuten Mollas lasen den Brief des Emirs zweimal täglich in der Moschee vor und dankten Allah.

Der Sultan feierte die frohe Kunde im Garten des Serails, im kühlen Schatten der Pappeln, auf deren Blättern Wassertropfen von den sprühenden Fontänen glitzerten. Weise, Wesire und Poeten drängten sich um ihn und hofften auf reiche Geschenke. Schwarze Sklaven trugen dampfende Tabletts, Nargilehs und Krüge herbei. Der Sultan war in ausgzeichneter Stimmung und scherzte ununterbrochen.

„Warum fühlt man heute trotz der großen Hitze einen erfrischenden Hauch, und warum duften alle Blumen herrlicher als sonst?" fragte er verschmitzt die Weisen und Poeten. „Wer von euch kann diese Frage beantworten?“

Sie warfen einen liebevollen Blick auf den Beutel in seiner Hand und antworteten:

„Der Atem unseres großen Herrschers erfüllt die Luft mit einem frischen Hauch, und die Blumen duften so herrlich, weil die Seele des sündigen Hodscha Nasreddin nicht mehr mit ihrem Giftodem die Welt verpestet.“

In einiger Entfernung stand der Hüter der Ruhe und Ordnung in Istanbul, der Kommandant der Wache, der sich von seinen Kollegen in Buchara, Arslanbek, nur dadurch unterschied, daß er noch grausamer war als dieser und außerdem eine hagerere Figur hatte. Seine Grausamkeit nahm in dem Maße zu, in dem sein Körpergewicht abnahm. Das wußten die Einwohner von Istanbul, und besorgt erkundigten sie sich täglich bei den Bademeistern nach seinem Wohlbefinden. War die Nachricht schlecht, dann versteckten sich diejenigen, die in der Nähe des Palastes wohnten, und verließen bis zum nächsten Badetag ihre Häuser nur, wenn es unbedingt notwendig war. Dieser Mann stand nun abseits und beobachtete alles. Sein turbangeschmückter Kopf thronte auf einem langen, dünnen Hals, der einem Pfahl glich. (Viele Einwohner von Istanbul hätten bei diesem Vergleich einen genießerischen Seufzer ausgestoßen.)

Alles war in Ordnung, nichts störte das glänzende Fest oder deutete gar auf ein kommendes Unglück hin. Niemand bemerkte, daß der Palastaufseher lautlos zum Kommandanten der Wache glitt und ihm etwas ins Ohr flüsterte. Jener fuhr zusammen, erbleichte und verließ eilig den Garten. Gleich darauf kehrte er blaß und mit zitternden Lippen zurück. Er stieß die Höflinge beiseite, näherte sich dem Sultan, verbeugte sich vor ihm.

„O großer Gebieter ...“

„Was ist denn nun schon wieder los?“ fragte der Sultan unzufrieden. „Kannst du mich nicht einmal an so einem Tage mit deinen Gefängnisneuigkeiten verschonen? Sag schnell, worum es sich handelt.“

„O herrlicher Gebieter und mächtiger Sultan, meine Zunge sträubt sich, diese Nachricht ...“

Des Sultans Antlitz umwölkte sich. Besorgt runzelte er die Stirn.

Der Hauptmann fuhr im Flüsterton fort:

„Er ist in Istanbul.“

„Wer?“ fragte der Sultan dumpf, obwohl er sofort verstanden hatte, wen der Kommandant meinte.

„Hodscha Nasreddin.“

Der Hauptmann sprach den Namen sehr leise aus, aber Höflinge haben ein feines Gehör. Durch den Garten ging ein Raunen:

„Hodscha Nasreddin! Er ist in Istanbul! Hodscha Nasreddin ist in Istanbul.“

„Woher weißt du das?“ fragte der Sultan. Seine Stimme klang heiser. „Wer hat es dir gesagt? Wie ist das möglich, wenn ich soeben ein Schreiben des Emirs von Buchara erhalten habe, in dem er mir bei seinem Wort versichert, daß Nasreddin nicht mehr lebt?“

Der Kommandant gab dem Palastaufseher ein Zeichen, und gleich darauf wurde ein Mann mit einer flachen Nase und gelben, unruhigen Augen im pockennarbigen Gesicht vor den Sultan geführt.

„O großer Gebieter“, erklärte der Aufseher. „Dieser Mann war lange als Spitzel im Dienst des Emirs von Buchara und kennt Hodscha Nasreddin sehr gut. Dann siedelte er nach Istanbul über, und ich nahm ihn in meinen Dienst. Seitdem arbeitet er für mich."

„Hast du ihn gesehen?" wandte sich der Sultan an den Spitzel. „Mit eigenen Augen gesehen?"

Der Spitzel nickte. „Vielleicht hast du dich geirrt?"

Der Spitzel verneinte. Das sei ausgeschlossen. Hodscha Nasreddin sei in Istanbul, und neben ihm sei eine Frau auf einem weißen Esel geritten.

„Warum hast du ihn nicht sofort verhaften lassen? Warum hast du ihn nicht sofort der Wache ausgeliefert?" fragte der Sultan.

„O herrlicher Gebieter", rief der Spitzel und fiel zitternd auf die Knie. „Ich bin in Buchara einmal Hodscha Nasreddin in die Hände gefallen und wäre nicht mehr am Leben, wenn mich Allah nicht gnädiglich gerettet hätte. Als ich ihn heute in Istanbul sah, trübte sich mein Blick vor Angst, und als ich die Fassung wiedergewann, war er verschwunden."

„So sind deine Spitzel", rief der Sultan aus und warf dem Kommandanten, der sich vor ihm verneigte, einen wütenden Blick zu. „Allein der Anblick eines Verbrechers versetzt sie in Angst."

Verächtlich stieß er mit dem Fuß den pockennarbigen Spitzel zurück, erhob sich und begab sich in seine Gemächer. Eine lange Reihe schwarzer Sklaven folgte ihm.

Die Weisen, Wesire und Poeten strömten erregt dem Ausgang zu. Binnen kurzer Zeit war der Garten leer. Nur der Kommandant stand noch da. Mit trüben Augen betrachtete er die Leere ringsum, setzte sich mit starrem Blick auf den Rand eines Marmorbassins, saß lange in Einsamkeit da und lauschte dem leisen Plätschern der Springbrunnen, das ihm wie Gelächter im Ohr klang. Er sah plötzlich so verfallen und abgemagert aus, daß die Einwohner von Istanbul Hals über Kopf die Flucht ergriffen haben würden, wenn sie ihn so gesehen hätten.

Inzwischen lief der pockennarbige Spitzel keuchend zum Hafen. Er fand dort ein arabisches Schiff, das bereit zum Auslaufen war. Der Kapitän zweifelte keinen Augenblick daran, daß ein aus dem Gefängnis entsprungener Räuber vor ihm stand, und verlangte eine hohe Summe.

Der Spitzel bezahlte sie ohne Feilschen, lief an Deck und versteckte sich in einer dunklen, schmutzigen Ecke. Als die Spitzen der schlanken Minarette im blauen Dunst versanken und eine frische Brise die Segel füllte, kroch er aus seinem Versteck hervor, wanderte durch sämtliche Schiffsräume, schaute jedem Mann ins Gesicht und beruhigte sich erst, als er feststellte, daß Hodscha Nasreddin nicht an Bord war.

Seine weiteren Lebensjahre verbrachte der pockennarbige Spitzel in ständiger Furcht. Wohin er kam – nach Bagdad, Kairo, Teheran oder Damaskus –, überall erschien nach kurzer Zeit Hodscha Nasreddin. Es gelang ihm kaum, irgendwo drei Monate in Ruhe zu verbringen. Zitternd vor einer Begegnung, floh der pockennarbige Spitzel immer weiter und weiter. Man konnte Hodscha Nasreddin mit einem Wirbelsturm vergleichen, der ein welkes, gelbes Blatt in erbarmungslosem Spiel vor sich hertreibt. So wurde dieser Spitzel für das Böse gestraft, das er den Menschen zugefügt hatte.

Am nächsten Tag traten merkwürdige Ereignisse in Istanbul ein … Aber der Mensch soll nie von Ereignissen berichten, deren Augenzeuge er nicht war, noch Länder schildern, die er nie zu Gesicht bekam. Damit beschließen wir das letzte Kapitel, das zugleich der Anfang eines neuen Buches sein könnte, in dem von weiteren Abenteuern des unvergleichlichen Hodscha Nasreddin in Bagdad, Istanbul, Teheran, Damaskus und vielen anderen ruhmreichen Städten berichtet wird.

Erklärung der hauptsächlichsten fremden Begriffe

Bakschisch:	Trinkgeld, Almosen
Derwisch:	Bettelmönch
Diwan:	Staatsrat
Dschinn:	Dämonen, böse Geister. Einzahl Dschinni
Dshugara:	eine Futterpflanze
Huri:	schönes Mädchen im islamischen Paradies
Jatagan:	krummer Türkensäbel
Medresse:	islamische Hochschule für Juristen und Theologen
Molla:	mohammedanischer Gelehrter
Muezzin:	Gebetsrufer
Nargileh:	Wasserpfeife
Pilaw:	Reis mit Hammelfleisch
Scheitan:	Teufel
Serail:	fürstlicher Palast
Tschibuk:	türkische Tabakspfeife
Ulema:	islamischer Gelehrter
Wesir:	Minister